Geldsetzer · Die Philosophenwelt

*Lutz Geldsetzer*

Die Philosophenwelt
In Versen vorgestellt

Philipp Reclam jun.
Stuttgart

Umschlagabbildung:
Titelblattvignette aus: Simon Starovolski,
Institutorum rei militaris libri VIII,
Amsterdam 1641

Universal-Bibliothek Nr. 9404
Alle Rechte vorbehalten
© 1995 Philipp Reclam jun. GmbH & Co., Stuttgart
Gesamtherstellung: Reclam, Ditzingen. Printed in Germany 2001
RECLAM und UNIVERSAL-BIBLIOTHEK sind eingetragene Marken
der Philipp Reclam jun. GmbH & Co., Stuttgart
ISBN 3-15-009404-6

www.reclam.de

# Inhalt

## I

## Die Philosophie der Antike

Das Abendland sich damals schuf
Philosophie als Denkberuf . . . . . . . . .   19

### Prolog

Was wohl der Anfang davon sei?
Vermuten läßt sich mancherlei . . . . . . .   19

1 Die Vorsokratiker
  Von ihnen gibt es schriftlich Kunde
  der Suche nach dem ersten Grunde . . . .   20

2 Die Sophisten
  Sie haben uns zuerst entdeckt
  den Grund im menschlichen Subjekt . . .   22

3 Sokrates
  Obwohl er keine Zeile schrieb,
  er doch in aller Munde blieb . . . . . . . .   23

4 Die sokratischen Schulen
  Was logisch, ethisch von Betracht
  ward hier schon gründlich vorbedacht . .   24

5 Demokrit
  Atome und des Raumes Leere
  allein uns hier Natur erkläre . . . . . . . .   25

## 6 Platon
Es stimmt wohl, daß das Spätere wäre
Fußnote zur Ideenlehre . . . . . . . . . . . 26

## 7 Aristoteles
Bei ihm sind uns zuerst erschienen
method'sche Forschungsdisziplinen . . . . 30

## 8 Epikur und die Epikureer
Was Freiheit sei und Einzelwesen,
kann man zuerst bei ihnen lesen . . . . . . 34

## 9 Zenon und die Stoiker
Gesetze und Notwendigkeiten
Natur und Staat zum Ziele leiten . . . . . 37

## II

### Die Philosophie des Mittelalters

Was sich in dieser Zeit gestaltet
ist weder finster noch veraltet . . . . . . . 44

#### Der Platonismus

Von Augustin bis Nikolaus
sieht Christentum platonisch aus . . . . . 44

## 10 Ganz dialektisch Tertullian
nimmt Glauben als unglaublich an . . . . 46

## 11 Die mittlere Akademie
der Sinnenskepsis Ausdruck lieh . . . . . . 46

## Inhalt

12 Von Plotin bis Boethius
man »geistig schauend« wissen muß .... 47

13 Der Hintersinn von heil'gen Texten
bei Philon kommt dem Ziel am nächsten . 48

14 Die »Väter« dann der Welt verkünden,
in Christus' Lehr' müßt alles münden . . 49

15 Der Augustinus aus Thagaste
die Lehre gut zusammenfaßte . . . . . . . 50

16 Und Dionys, als Kunstfigur,
verstärkt den Platonismus nur . . . . . . . 51

17 Eriugena hat's übersetzt,
es klingt aristotelisch jetzt . . . . . . . . . 52

18 Anselm dann logisch vor uns stellt,
was der Begriff von Gott enthält . . . . . 53

19 Was die Begriffe wirklich seien
führt dann zu großen Streitereien . . . . . 54

20 Duns Scotus setzt sich dafür ein:
aus Formen nur besteht das Sein . . . . . 54

21 Wie die in Gott koinzidieren,
kann uns Cusanus demonstrieren . . . . . 54

22 Doch Bruno, der dies auch vertritt,
dafür den Flammentod erlitt . . . . . . . . 56

## Inhalt

### Der Aristotelismus

    Meist stützt Scholastik nun ihr Wissen
auf Aristoteles' Prämissen . . . . . . . . . . 57

23 Auch die islamischen Gelehrten
sich selbst durch seinen Namen ehrten . . . 59

24 Der Jude Rambam hoch ihn schätzt
als »Führer der Verirrten« jetzt . . . . . . 60

25 Doch so, wie man ihn da erfaßte,
zur Kirchenlehre er nicht paßte . . . . . . 61

26 Ein tiefer Abgrund trennt nun Wissen
von dem, was Christen glauben müssen . . 61

27 Albertus, Thomas von Aquin
ein Kompromiß zu glücken schien . . . . 63

28 Doch Ockham schränkt das Gläubigsein
gänzlich auf Praxisfragen ein . . . . . . . . 66

29 Logik-Szienz bei Lullus da
ward Ars combinatoria . . . . . . . . . . . 67

## III

## Die Philosophie der Renaissance

Es wird anstelle Gottes jetzt
der Mensch ins Zentrum eingesetzt . . . .   69

30 Platonische Naturerfahrung
   entziffert nun die Offenbarung . . . . . .   72

31 Und triviale Spracherkenntnis
   erschließt ein neues Schriftverständnis . .   75

32 In Utopien wird vorgestellt
   des Menschen schöne neue Welt . . . . . .   78


## IV

## Die Philosophie des 17. Jahrhunderts

Die jetzo Denksysteme bauen,
Euklids Methode streng vertrauen . . . . .   83

33 Von Hobbes bis zu Newton blühn
   korpuskulare Theorien . . . . . . . . . . .   85

34 Zum Körper fügt Descartes den Geist,
   was Zwei-Substanzen-Lehre heißt . . . .   88

35 Leibniz erläutert den Adepten
   den Geist in physischen Konzepten . . . .   93

36 Spinoza aber zeiget endlich:
   Natur und Geist sind ganz identisch . . .   95

## V

## Die Philosophie der Aufklärung im 18. Jahrhundert

Nun schwingt sich auf die Denkerzunft
zum Tribunale der Vernunft . . . . . . . .  99

37 Vernunft, der Stoa Erbe, jetzt
wird bildlich auf den Thron gesetzt . . . .  99

38 Es blüht die Lexikographie
zu einer großen Industrie . . . . . . . . . .  102

39 Die neuen Intellektuellen
sich selbst nun an die Spitze stellen . . . .  103

40 Die Menschenbildung wird zur Tugend
– vor allem an der zarten Jugend . . . . .  104

41 Und alles in den Sog gerät
der All-Perfektibilität . . . . . . . . . . . . .  106

42 Thomasius und Wolff, die beiden,
in Deutschland nun den Weg bereiten . .  109

43 Erkenntnistheorie bringt Ruhm
dem Locke, Berkeley und Hume . . . . .  112

44 In Frankreich bilden den Geschmack
Voltaire, Rousseau und Condillac . . . . .  118

45 Als Commonsense bei uns gedieh
die Popular-Philosophie . . . . . . . . . . .  124

## Inhalt

46 Jedoch zuletzt sind Kants Synthesen
das Ende der Vernunft gewesen . . . . . . 125

## VI

### Die Philosophie in der ersten Hälfte des 19. Jahrhunderts

Zwei Richtungen, die sich bestreiten,
der Gegenwart den Weg bereiten . . . . . 133

#### *Der deutsche Idealismus*

Ein Platonismus deutscher Art
nun auf der Szene herrschend ward . . . . 134

47 Reinhold sich Kantens Lehr' verschwor:
er stellt sich das Bewußtsein vor . . . . . . 135

48 Und Fichte pragmatistisch dachte:
Tathandlung zum Prinzip er machte . . . . 136

49 Natur und Geist durch Phantasie
vereint bei Schelling das Genie . . . . . . . 137

50 Bei Hegel absoluter Geist
sich durch Erinnerung beweist . . . . . . . 140

51 Der Wille kommt bei Schopenhauer
aus purem Nichts, sieht man's genauer . . 148

52 Ein Platonismus reinster Art
hat bei Bolzano sich bewahrt . . . . . . . 152

## Der deutsche Realismus

Am Ding-an-sich-Problem wird klar,
was ferner Realismus war . . . . . . . . .  154

53 Auf Glaube und auf Ahndung stellt
uns Fries die ganze Außenwelt . . . . . .  154

54 Bei Herbart bleibt es, sehr bequem,
das ungelöste Grundproblem . . . . . . .  159

55 Bei Humboldt wird davon entdeckt
in jeder Sprach' nur ein Aspekt . . . . . .  162

## VII

## Die Philosophie der Gegenwart

Philosophie wird meistens jetzt
durch Einzelwissenschaft ersetzt . . . . .  168

56 Bei Comte wird die Haltung schon
positivist'sche Religion . . . . . . . . . . .  168

57 Geschichte und Philologie
wird Trivialphilosophie . . . . . . . . . . .  170

58 Dem echten Philosoph hingegen
bleibt nur die Logik noch zu pflegen . . .  171

59 Die dann, quadrivial gewendet,
als mathemat'sche Logik endet . . . . . .  172

## Inhalt

60 Wahrheit und Falschheit, unentdeckt,
   sich in Wahrscheinlichkeit versteckt .... 175

61 Als Widerspruch, gegebnen Falles,
   gilt sie mal nichts, mal gilt sie alles .... 178

62 Kein Wunder, daß dann laut erklang
   das »Wider den Methodenzwang« ..... 179

### Der Materialismus

Aufstieg und Überzeugungskraft
bewirkt exakte Wissenschaft ........ 180

63 Die ihn vertraten mit Geschick
   beriefen sich auf die Physik ........ 181

64 Er ward verbreitet in der Runde
   durch Ostwald im Monistenbunde .... 182

65 Energetismus nennt er's eben,
   was auch erklärt Kultur und Leben .... 182

66 Die große Technikindustrie
   erwählt's als Ideologie ........... 183

67 In Wiener und Berliner Kreisen
   hört man Physikalismus preisen ...... 184

68 Das hat sich dann bei Angelsachsen
   sprachanalytisch ausgewachsen ........ 185

69 Und von der Bühne schnell verdrängt,
   was noch idealistisch denkt ......... 188

70 Mit internationalem Flair
kehrt's heim als Analytik-Lehr' . . . . . . 188

71 Auch der Marxismus, wie bekannt,
mat'rialistisch sich verstand . . . . . . . . . 191

72 Doch die Methode, die er nützte,
sich ganz auf Dialektik stützte . . . . . . . 192

73 Drum war in allem, was er spricht,
Wahrheit und Falschheit stets gemischt . . 193

74 Auch jetzt noch täuscht er weiter fort
die Wahrheit mit dem falschen Wort . . . 196

### Die Lebensphilosophie

Als Fundament betrachtet sie
Evolutions-Biologie . . . . . . . . . . . . . 197

75 Von Schelling über Fries und Schwann
zu Darwin man's verfolgen kann . . . . . 198

76 Bei Herbert Spencer sieht man gleich
den weiten Anwendungsbereich . . . . . . 200

77 Doch Nietzsche formt's zum Meisterstück:
Irrational-Metaphysik . . . . . . . . . . . . 200

78 Die neue Anthropologie
ward Existenzphilosophie . . . . . . . . . 203

79 Ganz ich-zentriert und körpernah
man hier nun alle Dinge sah . . . . . . . . 204

## Inhalt

80 Da wird zum neuen Schlüsselwort
   der Körperkult, mithin der Sport . . . . . 205

81 Und man behandelt sportgerecht
   nun auch den Lebensquell Geschlecht . . . 205

82 Normal – pervers, Gesundheit – Leiden
   läßt sich nun kaum noch unterscheiden. . . 206

83 Natur, die früher Heilung stiftet',
   gilt nun als krank und ganz vergiftet . . . 207

84 Das Manns-Bild schwindet langsam hin,
   das Frauenbild wird maskulin . . . . . . 208

85 Alsbald schon man erwarten muß
   den technischen Homunkulus . . . . . . . 212

86 So wundert's nicht, daß wieder lärmt
   der Darwinismus – aufgewärmt . . . . . . 213

### Die Philosophie des Geistes

Ihr Faszinosum – wie man sieht –
aus Geisteswissenschaft sie zieht . . . . . . 214

87 Der Zeitgeist hat sie, weitverbreitet,
   als Spiritismus eingekleidet . . . . . . . . . 215

88 Theologie, als alte Stütze,
   ist ihr dazu nun nichts mehr nütze . . . . 215

89 An ihre Stelle tritt nun schick
   Informations-Mathematik . . . . . . . . . 216

90 Auch was Physik verschweiget ganz
   erhält vielleicht hier Relevanz . . . . . . . . 216

91 Doch mehr gilt hier Psychologie
   mit der Bewußtseinstheorie . . . . . . . . . 217

92 Brentano, Meinong, Husserl auch,
   die machten viel davon Gebrauch . . . . . 217

93 Vor allem auch Psychiatrie
   befruchtet Geistestheorie . . . . . . . . . . . 219

94 Geschichte aber, wohlverstanden,
   läßt uns des Geistes Wesen ahnden . . . . 221

95 Wozu dann auch Philologie
   noch kräftig ihren Beistand lieh . . . . . . 223

96 Cassirer hat's uns klargemacht,
   wie sich der Geist in Form gebracht . . . 224

97 Philosophie, die dies vereint,
   uns Heidegger zu gründen scheint . . . . . 225

98 Doch in der postmodernen Welt
   die Geisteswissenschaft verfällt . . . . . . . 229

99 Statt philosophischer Durchdringung
   herrscht nun die richtige Gesinnung . . . . 231

100 Wer da die Wahrheit will erfühlen,
    benutzt den Test des Ridikülen . . . . . . 231

## Nachwort

Prinzipienfragen man zum Schluß
ganz für sich selbst entscheiden muß ... 232

## Bibliographisches Namenregister

Autorennamen und die Werke
im Namenindex noch bemerke.
Wie ihr Prestige fällt und steigt,
die Zahl der Editionen zeigt ........ 235

## Sachregister

Die Wörter für Begriffe, Themen
kannst du dem Sachindex entnehmen ... 281

... quod risum movet
et quod prudenti vitam consilio monet

# I

# Die Philosophie der Antike

## Prolog

Bekanntlich war's in Griechenland,
wo man Philosophie erfand,
zumindest die uns wohlbekannte,
die herrschend blieb im Abendlande.
Sie standen über Land und Meer
mit vielen Völkern im Verkehr:
Der Thraker Gold, Britanniens Zinn
fand seinen Weg zu ihnen hin.
Wo immer Flüsse günstig münden,
sah man sie Kolonien gründen.
Die Weisheit aus dem Indienland
war hier vermutlich schon bekannt,
und auch Ägyptens Sternenkunde
bei Griechen war in aller Munde.
Ein reiches Erbe an Kultur
– von manchem blieb uns nur die Spur –,
das pflanzt' sich durch der Sänger Wort
durch Stadt und Land und Zeiten fort.
Da ist es schwerlich ausgemacht,
wer irgendwas zuerst gedacht.
Nur was sie später aufgeschrieben,
ist in Erinnerung geblieben.
Doch war vermutlich vordem lange
schon Philosophisches im Schwange.
Der ersten Denker scharfe Sprache,
ihr Wissen in so manchem Fache
mag daher das Ergebnis sein

jahrhundertlanger Streiterein.
Noch *Sokrates* in dieser Art
hat nichts durch Schriften aufbewahrt.
Nur *Hesiod*, der brave Bauer,
zeigt uns in »Werk' und Tag'« genauer,
wie man sein Landgut wohl bestellt
und auch durch Handel mehrt sein Geld;
»Theogonie«, sein zweites Buch,
ist dann der früheste Versuch,
die Götter und des Kosmos Sphären
aus Göttererzeugung zu erklären.
Sie fragten nach dem Grund der Dinge,
der alles zur Entstehung bringe,
der Ursprung, Wesen und Prinzip
im Wechsel der Erscheinung blieb.
Die Herrschaft und zugleich Beginn
vereinten sie in einen Sinn.
Arché benannten sie die Einung.
Doch jeder pflegt' die eigne Meinung,
wo dies zu finden, was es sei,
bestritt der andern Werk dabei.
So manches konnten sie nur ahnen,
doch jetzt noch gehn wir ihre Bahnen.

## Die Vorsokratiker

1 Im Wasser fand der *Thales* Grund.
*Anaximander* tat dann kund:
Das Apeiron, das Unbestimmte,
sei dieser Grund. Doch das ergrimmte
den *Anaximenes*, der ruft:
Der Grund der Dinge ist die Luft!
*Xenophanes* führt drauf Beschwerde:

Der Grund der Dinge ist die Erde!
Das war dem *Heraklit* zu dumm:
Das Feuer wandelt alles um.
Es tauscht die Dinge wie das Geld
und ist der Logos dieser Welt!
Nein, sagt nun *Anaxagoras*,
die Elemente sind nur das,
was man mit Geisteskraft erdenkt.
Der Nous, der Geist, doch alles lenkt!
Gemach, wirft *Parmenides* ein,
das Denken denkt doch nur das Sein,
und dies ist unbewegt und eines,
und der ist Opfer bloßen Scheines,
der Vielheit und Bewegung hält
für etwas Wahres in der Welt!
Das geht *Pythagoras* zu weit.
Er liebt die Mannigfaltigkeit.
Doch schätzt er auch die Einheit sehr:
Die Zahl ist beides, die muß her!
Als dies *Empedokles* vernommen,
ist er auf die Idee gekommen,
es sei in allen diesen Thesen
ein Körnchen Wahrheit dringewesen:
Der Elemente Viererzahl
ist Einheit und auch Vielheit mal;
der Haß zerspaltet, schafft Getriebe,
doch Einheit stiftet dann die Liebe.
So wird aus Element und Kraft
die ganze Wirklichkeit erschafft!

## Die Sophisten

2 Als so der Grund geleget war,
betrat ihn der Sophisten Schar.
Sie nahmen Geld für ihre Lehre,
und mancher bracht's zum Millionäre.
Arzt, Ingenieur und Advokat
verkaufen heut noch so den Rat.
Berühmt war da der *Gorgias*,
er zweifelte an allem »was«.
Geschickt und listig dreht' er drum
*Parmenides'* Behauptung um:
Nicht Sein, vielmehr das Nichts nur ist!
Vermutlich war er ein Buddhist.
*Protagoras* bewirkt' perfekt
die erste Wende zum Subjekt:
Der Mensch ist aller Dinge Maß,
des Seins – und Nichts des *Gorgias*.
Der Mensch bestimmt, was etwas ist!
Er war der erste Humanist.
Auch *Hippias* man nennen muß,
den ersten Poly-Technikus.
Was er zum Leben nötig fand,
das bastelt' er mit eigner Hand.
Man sieht, Kultur und Technik hatten
sie jetzt als Thema der Debatten.
Das Menschgemachte allerwegen
trat nunmehr der Natur entgegen,
und es entstand die Grundsatzfrage,
was stärker sei in dieser Lage:
Ob die Gesetze der Natur
beherrschend sind auch für Kultur;
und umgekehrt: Ob Satzung nicht
sogar auch das »Naturrecht« bricht?

Ob das Gesetz die Schwachen stärkt
– wie es *Protagoras* bemerkt –,
die Unterschiede auszugleichen,
daß Schwache nicht den Starken weichen,
hingegen die Natur uns lehrt,
daß dieses gerade umgekehrt.
Was da »gerecht« zu jeder Zeit,
blieb offen im Parteienstreit.


Sokrates

3 In der Sophisten Streit jedoch
hat zweifellos von allen noch
der *Sokrates* in unsern Tagen
am meisten Ruhm davongetragen,
indem er honorarlos lehrte
und jenen das Geschäft erschwerte.
Gelernter Steinmetz von Beruf,
er wohl die erste Logik schuf,
worin zuerst man deutlich sieht
den Art- und Gattungsunterschied.
Mit dummen Fragen – seinem Kniffe –
bracht' er das Wissen auf Begriffe
und lockt's aus jedermannes Munde
als käm's aus dessen Seelengrunde.
Maieutik nannt' er's, wenn er machte,
daß einer weiß, was er schon dachte.
Von sich jedoch behauptet' er,
er wisse nichts, und das sei mehr,
als jeder andre wissen könnte.
Worauf der Gott es ihm vergönnte,
der Weiseste genannt zu werden
von allen Menschen auf der Erden.

Das Leben mocht' es ihm versüßen,
doch mußt' er's mit dem Tode büßen.
Als erster Mann im Abendland
er Gott in seiner Seele fand:
Als Stimme, die mit gutem Rat
ihn warnt vor einer schlechten Tat.
Doch gut zu handeln, sagt er, heißt,
daß du auch um das Gute weißt,
denn alles Tun und der Entschluß
der rechten Einsicht folgen muß.
So mußt' er's auch als gut erachten,
die Staatsgesetze zu beachten.
Im Tod noch das Gesetz er ehrte,
als er den Schierlingsbecher leerte.
Solch' Konsequenz bei Philosophen
wird seither selten angetroffen.


## Die sokratischen Schulen

4 Was vor ihm lag, galt schnell als alt.
Die nach ihm kamen glaubten bald,
er sei der Meister aller Dinge,
bei dem man in die Schule ginge.
In Megara *Euklid* sich mühte
um unsrer Logik erste Blüte.
Und *Diodoros Kronos* sagte,
was später kaum noch einer wagte:
Was wirklich ist, man möglich nennt!
– ein »königliches Argument«.
Athen, so reich mit Kunst gesegnet,
der kynischen Kritik begegnet:
*Diogenes* in seinem Faß,
dem macht das Provozieren Spaß,

und *Krates* und *Hipparchia*
die trieben's auf dem Marktplatz da.
Aus Libyen *Aristippos* kam,
bei *Sokrates* Lektionen nahm.
Als Kaufmann er Bilanzen machte,
was Lust bringt und was Ärger brachte.
*Hegesias* empfahl darum:
Gibt's keinen Spaß, so bring dich um!
Doch *Platon* nahm das alles kühler.
Schnell profiliert als Meisterschüler,
hat er die Akad'mie begründet,
die heut noch seinen Ruhm verkündet.
Er bildet mit dem *Demokrit*
und *Aristoteles* zu dritt
am Himmel der antiken Denker
so etwas wie den »Wagenlenker«.


## Demokrit

5 Der *Demokrit* aus Abdera
auch in Athen die Chance sah.
Er nahm das Nichts des *Gorgias*
und macht's zum »leeren« Irgendwas.
Dies füllt er aus mit den Atomen,
die er *Empedokles* entnommen.
Der Elemente Viererzahl
vermehrte er unendlichmal:
Aus Leerem und aus Vollem mischte
er dann das ganze Weltgeschichte.
Da die Atome aber klein,
so sollten sie nicht sichtbar sein,
und auch das Leere – unsichtbar –
nur denkerisch erfaßbar war.

Seitdem greift man in der Physik
auf's Theorie-Modell zurück.
»Idole« nannt' er die Modelle
– für *Platons* Lehre eine Quelle.
Zugleich war er ein Humanist,
dem nichts von dem entgangen ist,
was Menschen tun, was Sitten prägt;
noch jetzt man's fruchtbar nacherwägt.
Er war ein Freund und auch Berater
*Hippokrates*, dem Ärztevater.
Daß Krankheit ganz natürlich sei,
Natur sich selber hilft dabei,
der Leib als Ganzheit zu betrachten,
der Umwelt Einfluß zu beachten,
das ist von ihm noch jetzt bekannt,
auch schwört noch jetzt der Ärztestand,
sich fernzuhalten von den Mördern,
das Leben, nicht den Tod zu fördern!

Zwei Schulen knüpfen an ihn an,
wie man erst später sehen kann:
die Stoa und der *Epikur*.
So viel an dieser Stelle nur!


## Platon

6 Von *Sokrates* der *Platon* lernte,
wie man das Nahe und Entfernte
durch den Begriff im Denken faßt
und logisch bildet einen Ast,
an dem Ideen wie Blätter sprießen.
Das hat er Koinonie geheißen.
Ideengemeinschaft mag man's nennen:

Der Grund von Sein und auch Erkennen!
Die Wurzel der Ideenruten
sah er begründet in dem Guten.
Vom Ganzen und als Allgemeinstes
galt es als der Ideen Reinstes.
Aus ihm entsproß Begriff und Zahl
als erste Stämme allzumal,
sich dann verästelnd in Gefilde
der logischen Begriffsgebilde
sowie von Zahlen und Gestalten,
die innerlich Natur durchwalten.
Der Sinnen täuschende Erscheinung
– als Gegenstand von Glaub' und Meinung –
macht er zum Abbild von Ideen,
als letzte Zweige anzusehen.
Man sieht nun leicht, daß er damit
den Logos unsres *Heraklit*
mit *Parmenides*' Sein vereint
und dadurch zu erkennen meint,
wie Einheit sich in Vielheit spaltet,
wodurch der Kosmos sich gestaltet.
Von *Demokrit* entnahm er dann,
daß man Ideen nicht sehen kann.
Man muß sie denken, »geistig schaun«,
darf seinen Sinnen nicht vertraun.
*Pythagoras*' Mathematik
schult diesen innren Geistesblick.
Man »schaut« und hat stets schon erkoren,
was in der Seele eingeboren,
und diese ist, so kann man's lesen,
ein göttlich' und unsterblich' Wesen.
Sie kehret in den Körper ein,
der selber nur ein Sinnen-Schein.
Im Tod verläßt sie ihn im Sprung

zu weitrer Seelenwanderung.
Auch dies sagt' schon *Pythagoras*,
und in den Veden man es las.
Doch *Platons* Lehre auch enthält
den Schlüssel für die Geisteswelt,
die die Geschichte bietet dar
von dem, was nicht mehr ist, doch war.
Dies Ferne der Vergangenheit,
entrückt vom Heute durch die Zeit,
wir können es erkennen nur
durch der Erinnrung sichre Spur.
Auch was die Sinne flüchtig bieten
wird ständig von uns abgeschieden,
versinkt im Nichts des *Gorgias*.
Bleibt uns davon noch irgendwas?
Gewiß, was sollt' es anders sein
als die Idee davon allein!
Dies hat nun *Platon* festgestellt:
Ideen sind der Grund der Welt,
was immer bleibt, nie wird zunichte,
das ist das Wesen der Geschichte.
Und wer Idee und Sache trennt,
dies Wesen sicherlich verkennt.
Um die Ideen nun festzuhalten,
läßt man Erkenntniskräfte walten.
Doch unter ihnen ist gewiß
die sicherste Anamnesis.
Was wir auch denken, was wir sehen,
Erinnerung nur kann's verstehen,
weil das, was war, und das, was ist,
sich nach Erinnerung bemißt.
Ja, auch die Zukunft wird erbaut
nur nach dem Plan, der uns vertraut,
durch das, was den Erinnerungen

als Phantasiegebild' entsprungen.
So baute er denn in der Tat
auch seinen allerbesten »Staat«
als ein Vermächtnis allen Zeiten,
zum klugen Handeln anzuleiten.
Daß alles Handeln, alles Streben
zum Guten neigt in diesem Leben,
das war ihm ausgemachte Sache.
Selbst wer sich täuscht in seinem Fache,
wer Schlechtes treibet frevlen Mutes,
der glaubt, er tue sich was Gutes.
Daraus schloß *Platon* messerscharf:
Zum guten Handeln es bedarf
des Wissens, was das Gute sei
– man wird zum Philosoph dabei.
Vielleicht hat er zu scharf geschlossen,
ist übers Ziel hinausgeschossen,
denn *Augustinus* später lehrt,
es sei damit grad umgekehrt:
Nicht Wissen kann das Handeln leiten,
der Wille muß den Weg bereiten!
Sei's, wie's auch mag, es ist bekannt,
daß er das Gute Gott genannt
und mit der Sonne es vergleicht,
die allem Licht und Nahrung reicht,
doch ebenso durch ihre Strahlen
die Finsternis erzeugt und Qualen.
So auch der Gott, indem er straft,
das Gute und das Böse schafft.
Er liebt die Menschen, hat sie gerne;
das Böse ist die Gottesferne.
Erkenn das Gute mit Gewinnst,
so treibst du wahren Gottesdienst!
Verwandle dich dem Gotte an,

so hast das Beste du getan!
Gewiß war er damit nicht weit
von abendländ'scher Frömmigkeit.
Der Platonismus wurde später
Theologie der Kirchenväter.
Die sich Idealisten nennen,
als Schüler *Platons* so bekennen.


## Aristoteles

7 Nun war für zwanzig lange Jahr'
der *Aristoteles* Scholar
bei ihm an der Akademie.
Was er gelernt, vergaß er nie.
Aus Stagira im hohen Norden
war Wahlathener er geworden.
Doch später dann als reifer Mann
trat er bei König *Philipp* an
als der Erzieher seines Sohnes
und Erben seines Königsthrones.
An diesem Zögling zeigt sich klar,
wie effektiv die Lehre war:
Mit Dreiundzwanzig war er schon
des halben Erdkreises Patron.
Was *Platon* nur geträumt im »Staat«,
das wurde *Alexanders* Tat.
Doch hat, wie man ja seither weiß,
der *Aristoteles* mit Fleiß
noch manches andere betrieben,
wovon uns viel Gewinn geblieben.
Mit seiner tiefen Geisteskraft
umfaßt er jede Wissenschaft
und ordnet sie in ein System

## Antike

für Lehr' und Forschung sehr bequem.
Die Logik stellt er vornean
für alle Forschung als Organ.
Begriff und Urteil, auch den Schluß
man streng formalisieren muß.
Jedoch der Intensionen-Baum
des *Platon* fand hier keinen Raum.
Die Wissenschaft der Theorie
umfaßt Physik, Geometrie,
Arithmetik und dann die hehre
Metaphysik – Prinzipienlehre.
Der Praxislehre Disziplinen
ihm zweierlei zu fassen schienen:
Das reine Handeln schied er schon
vom Schaffen und der Produktion.
Das erstere erforscht mit Glück
die Ethik und die Politik.
Vom letzteren ist uns erhalten
nur ein Fragment vom Kunstgestalten.
Doch hat er wohl behandelt auch
die Technik und den Handwerksbrauch.
In jeder Wissenschaft sodann
man mit ihm unterscheiden kann
die Faktenbasis, die uns die
Historie und Empirie
aus sinnlicher Beobachtung,
verbunden mit Erinnerung,
vor Augen stellt; und andrerseits
die Theorie mit ihrem Reiz.
Sie erst verknüpft die Einzelheiten
zu neuen Mannigfaltigkeiten
von Ursach, Grund und Wirkungskraft
und gibt von ihnen Rechenschaft.
Substanz heißt jedes Einz'lne hier,

als Ur-Sach magst du's denken dir.
Er hat's, wie sonsten ja bekannt,
To ti en einai auch genannt:
»Was etwas war und auch noch ist«
– was du erinnerst und noch siehst –,
und darum können wir es lesen
als sich erhaltendes Ge-Wesen.
Befragst du's, wie's beschaffen sei,
so füg die Akzidenzen bei.
Beschreib das Ding, so gut es geht,
bis es dir klar vor Augen steht.
Verknüpft mit andern im Geviert
daraus nun deren Wirkung wird.
Die Form, Materie, das Woher
und auch der Zweck erklären näh'r,
wie und aus was, warum, weswegen
Substanzen lassen sich bewegen.
Bewegter Körper Kreises-Schwung,
die innere Veränderung,
das Wachstum und der Niedergang
erklärt sich aus der Vieren Zwang.
Ein jedes ist der Kräfte voll
zu werden, was es irgend soll:
Potenzen oder Möglichkeiten,
die sich im Akt ein Sein bereiten.
Entelechien führen bald
zum Ziel vollkommener Gestalt.
So kommt es, daß das Schwere fällt
zur Erde hin in dieser Welt.
Das Wasser deckt der Erde Klüfte,
nach oben streben alle Lüfte.
Das Feuer, sonn- und sternverwandt,
steigt auf zum fernsten Himmelsrand.
Und jedes strebt zum rechten Ort

## Antike

in stetem Wandel fort und fort.
Doch ewig in des Himmels Gleisen
ziehn Sterne auf vollkommnen Kreisen.
Zweitausend Jahr im Abendland
hat dies Naturbild dann Bestand.
Den Menschen sah er als erstellt
aus allem, was die Welt enthält.
Den Leib der Elemente viere,
die Sinnlichkeit die Art der Tiere,
die Triebe Pflanzenart gestalten,
so kann ihn die Natur durchwalten.
Doch was den Menschen dann belebt,
ihn übers Tierreich hoch erhebt,
die schaffende Vernunft allein,
konnt' nur ein himmlisch Wesen sein.
Sie schafft die Sprache, führt die Hand
und macht zu allem ihn gewandt.
Wo Triebe treiben, Ängste binden,
muß sie die rechte Mitte finden.
Die Ethik leitet ihn zur Tat,
die Politik erbaut den Staat.
Herrscht die Vernunft in diesen Dingen,
muß alles Große ihm gelingen.
Die Frage nach den letzten Gründen
mußt' in die Meta-Physik münden:
Ob in dem Ursachen-Geviert
ein letztes Glied gefunden wird?
Drei Gründe nahm er an als letzte
und sie in eine Einheit setzte:
Den Erst-Beweger, selber träge,
die höchste Form, die alles präge,
den Endzweck aller Dinge auch,
das nannt' er Gott nach *Platons* Brauch.
Jedoch als vierter Grund allein

die Letzt-Materie konnt' nicht sein.
Als gänzlich aller Formen bar
und reines Nichts bestimmt sie war.
*Anaximanders* Apeiron
und auch das Nichts, das *Gorgias* schon
für einen letzten Grund gehalten,
das konnt' unmöglich Sein gestalten.
Doch wenn der Gott mit seiner Kraft
aus reinem Nichts die Welt erschafft,
so bietet sich die Frage dar,
ob dieses Nichts ein Etwas war.
So haben's manche sich gedacht,
das Nichts zum Gegen-Gott gemacht.
Mat'rialismus nennt man's dann,
wo er die Oberhand gewann.
Man sieht, warum im Mittelalter
die Theologen dem Gestalter
der Dreiheits-Einheits-Gotteslehre
so vielfach zollten hohe Ehre.
Und ebenso erkennt man schon
die ständ'ge Gegenposition.

## Epikur und die Epikureer

8 Was dies betrifft, so braucht man nur
den etwas jüngren *Epikur*
und seine Schule hier zu nennen,
um diese Position zu kennen.
Als Enkelschüler *Demokrits*
hat er mit Scharfsinn und mit Witz
den Atomismus fortgedacht
und Mat'rialismus draus gemacht.
Im Leeren wollt' er tummeln lassen

der Ur-Atome große Massen.
Durch Zufall kräftig durchgemischt,
so liegen sie nun dicht bei dicht,
verhakeln sich durch Druck und Stoß
und bilden so den Erdenkloß,
auch Pflanzen, Tiere, Mensch, Kultur,
doch alles dies aus Zufall nur.
Der Indeterminismus waltet
in allem, was Natur gestaltet.
Vor allem gibt es keine Götter:
Die Furcht gebiert sie, sagt der Spötter,
und sollten sie doch etwas gelten,
dann nur in fernen Zwischenwelten,
von wo aus sie uns nicht belangen,
vor ihnen braucht man nicht zu bangen!
Wer die Natur nur recht studiert
vom Aberglauben ist kuriert.
Auch das Erkennen klärt er schnell
als durch und durch materiell:
Was von den Dingen abgegangen
wir durch die Sinne stets empfangen.
In uns hinein die Dinge kriechen,
wir sehen, wie wir schmecken, riechen.
Was sich in uns zusammenbraut,
durchs Denken wird es dann verdaut.
Doch auch den Menschen und sein Währen
sucht atomistisch er zu klären.
Der Mensch ist erstens, sagt er drum,
durchaus ein Individuum:
Ein zufällig' Atomgemisch,
das lebt und denkt und sorgt für sich.
Der Zufall, dem er selbst entstammt,
hat ihn zur Freiheit auch verdammt.
In dieser instabilen Lage

wird ihm das Leben leicht zur Plage.
Drum muß er, zweitens, etwas finden,
sich so mit andern zu verbinden,
daß ihm das Schutz und Halt verleiht:
ein Molekül der Sicherheit.
Dies schafft der Freundschaft Liebeslust,
wie schon *Empedokles* gewußt.
Als einziges soziales Band
hat er nur diese anerkannt.
Kein größer Gut gibt es auf Erden,
als eines Freundes Freund zu werden.
Gesellschaft, Staat und Großverbände
hielt er für schwankendes Gelände.
Der Weise hält sich davon fern,
beschränkt sich auf die Freunde gern.
Er lebt privat und ganz bescheiden,
so läßt sich Unbill meist vermeiden.
Und trifft ihn ein zu hartes Los,
so braucht es des Entschlusses bloß,
es ein für allemal zu wenden
und solches Leben zu beenden.
Der Meister, den man sehr verehrte,
in seinem Garten solches lehrte.
Die Schüler saßen drum herum,
das war dann ein Symposium,
bei dem mit Wein, Weib und Gesang
und vieler voller Becher Klang
die Lehre sich der Tat verband,
der Freundschaft Freude Pflege fand.
Aus dieser Schule ging hervor
der *Polyän* und *Metrodor*,
auch der *Hermarch* aus Mytilene
nebst andern, die ich nicht erwähne.
Nur der *Lukrez* sei noch genannt,

der durch sein Lehrgedicht bekannt.
In ihm – noch vor der Zeitenwende –
die Schule ging charmant zu Ende.
Doch nicht das Werk, es lebte heiter
als Poesie und Lehrbuch weiter.
Vor allem bei dem Ärztestand
es meistens großen Beifall fand,
und auch die Forscher der Natur
stets schätzten ihren *Epikur*.
So sehr die Frommen sich ereifert
und gegen *Epikur* gegeifert:
Noch jeder Lebemann von Welt
hat sich auf *Epikur* gestellt.
Auch der moderne Mat'rialist
noch immer dessen Schüler ist.


## Zenon und die Stoiker

9 Auch *Zenon* nahm so manches mit
vom großen Meister *Demokrit*,
als er mit ein'gem Wagemut
das dritte Forschungsinstitut,
Athens Stoá, inaugurierte.
Schon längst die Akad'mie florierte,
und jüngst auch der Peripatos
des *Aristot'les* Ruhm genoß.
Gemeinsam mit dem *Epikur*
ist ihm der Atomismus nur
und seine Lehre vom Erkennen,
Sensualismus wohl zu nennen.
Nennt man auch Mat'rialisten ihn,
so doch in ganz speziellem Sinn:
Er konnte sich das Kunststück leisten,

Materie selber zu begeisten.
Der Nous des *Anaxagoras*
wurd' ihm zu einem feinsten Gas,
das alles in der Welt durchdringt
und Ordnung in das Chaos bringt.
Als Pneuma – Geistesluft – benannt,
ist es seither bei uns bekannt.
Als Geistes-Samenkräfte fein
zieht Wurzeln es in jedem Sein.
Vernunft und Leben wird geschenkt,
wo immer es die Wurzeln senkt.
So muß Vernunft als Grundstruktur
in allem zeigen ihre Spur.
Doch wo sie fehlt, wo Pneuma weicht,
da ist das Chaos schnell erreicht:
Gleich wie im Tod der letzte Hauch
entführet uns das Leben auch
und läßt den Körper dem Zerfall,
so gelte es im ganzen All.
Da nun Vernunft die Welt regiert,
ist alles streng determiniert.
Notwendigkeit – Ananke – heißt
mit Götternamen dieser Geist.
Kein Zufall stört die Weltstruktur,
und Freiheit Illusion ist nur!
Der Weise ist davon durchdrungen,
der Tor wird ohnehin gezwungen.
Die Stoa war, man kann's erwarten,
hier Gegner derer aus dem Garten!
Notwendigkeitsideen indes
entnahm man *Aristoteles*,
denn sein Bewegungsgrund und -ziel
bei ihnen nun zusammenfiel.
Was immer Grund und Folge hieß

sich danach zwiefach sehen ließ:
Kausalität von vorne, wie
von rückwärts Teleologie
ein Erstes an ein Zweites bindet,
durchs eine man das andre findet.
Die Wirkung, die den Grund bezweckt,
ist selber ein Kausalaspekt.
*Chrysippos'* Lehre von dem Schluß
man darauf wohl beziehen muß.
Was so sie suchten, oft nur ahnten,
Gesetze sie es durchweg nannten,
und keineswegs beschränket nur
auf die Gesetze der Natur!
Nein, auch wovon die Sitte kündet,
worauf das Recht im Staat gegründet,
es ist für sie zu guter Letzt
auf göttliches Gesetz gesetzt:
»Naturrecht« – später oft beschworen –
ist dem Gesetze eingeboren.
Wer durch Gesetz den Staat gestaltet,
wer richtet, wer das Recht verwaltet,
der muß Naturrecht wohl verstehen,
auf die »Natur der Sache« sehen.
Als ob's seither nicht alle wüßten:
Die Weltanschauung der Juristen
ist von der Stoa tief geprägt;
das Recht sie durch die Zeiten trägt.
Und offensichtlich dieses gilt
nun auch von ihrem Menschenbild.
Vernunft als Mitgift der Natur
ist wesentlich am Menschen nur.
Zur Menschheit sie die Völker eint,
und keines ist des andern Feind.
Vernunft schafft Solidarität,

was immer wohl und gut gerät,
wird mit Vernunft zustand gebracht,
sie ist des Menschen größte Macht.
Wo Eintracht herrscht und Friedensruh',
da geht es halt vernünftig zu.
Wo Menschen gleiche Meinung hegen,
da ist es von Vernunftes wegen.
Und wer für sich denkt ganz allein,
der muß wohl ein Verrückter sein.
Der lebt privat und abgeschieden
und wird als Idiot gemieden.
Man merkt, sie sahen solcherarten
die Einzelgänger aus dem Garten!
Vernunft in sich zu kultivieren,
die Leidenschaften zu regieren,
den Trieben Maß und Ziel zu geben,
das nannten sie ein gutes Leben.
Der »Stoiker«, dem dies gelang,
als Ideal hat guten Klang.
Wer nun die Welt vernünftig sieht
und sein Talent zu Rate zieht,
der macht sich selber zum Beruf,
wozu Notwendigkeit ihn schuf.
Das Leben wird ihm nicht zum Spiel,
vielmehr entsteht von selbst das Ziel,
Vernunft und Kräfte auszurichten
auf die Erfüllung seiner Pflichten.
Beruf und Leistung macht den Mann.
Wer nichts tut, von sich sagen kann,
er lebe auf der Erden hier
mehr wie ein Pflänzchen oder Tier.
Man hat zwar diese nicht verachtet,
doch – fürcht' ich – Frauen so betrachtet.
Denn seither war in jedem Fache

## Antike

Beruf und Leistung Männersache.
Und mit Vernunft, sagt mancher Spötter,
begabten nur den Mann die Götter.
Die Triebe und die Leidenschaften
als liebenswerte Eigenschaften
den Frauen blieben nur zurück
zu ihrem Unglück oder Glück.
Der höchste Gott, das ist nun klar,
für sie Ananke – Fatum – war.
Auch Heimarméne ward's genannt,
als Vorsehung noch jetzt bekannt.
Von andern Göttern sprachen sie
nur metaphorisch irgendwie
als von den Kräften der Natur,
die unser Schicksal leiten nur.
Ihr Gottesdienst darin bestand,
zu deuten Zeichen allerhand,
wodurch Natur uns offenbare,
wohin das Schicksal mit uns fahre.
Das Wetter und die Vogelflüge,
des Antlitz' und der Hände Züge,
der Sterne Botschaft und Bescheide,
der Opfertiere Eingeweide,
dies alles, wie man heute weiß,
studierten sie mit großem Fleiß.
Sie ließen das Orakel spielen:
Prognosen wollten sie erzielen.
Die Wissenschaft dem viel verdankt,
doch mancher Aberglaube rankt
sich drum herum bis heutzutage,
dem einen Spaß, dem andern Plage.
Als Grundgesetz sie daraus lehrten,
daß alle Dinge wiederkehrten:
Apokatástasis pantôn!

Nichts, das nicht tausend Male schon
sich ebenso und gleich entwickelt'.
Durch Weltenbrand nur sind zerstückelt
die Zyklen ew'ger Wiederkehr,
doch alles stellt sich wieder her.
Die Stoa selbst lag in Athen.
Doch kann man an den Schülern sehn,
daß ihre Lehre ziemlich leicht
die ganze alte Welt erreicht'.
Der *Zenon* stammt' aus Kition
auf Zypern, und der *Ariston*
von Chios kam, *Kleanthes* gar
in Troas einst zu Hause
war.
Kilikiens Soloi war der Ort,
von dem *Chrysipp* gezogen fort.
Ein zweiter *Zenon* Tarsos nannte
als Heimatstadt, die wohlbekannte.
Dort kam dem *Paulus* noch als Jude
der Stoa Bildung sehr zugute.
Aus Rhodos der *Panaitios*
in Rom der Mächt'gen Gunst genoß.
*Poseidon*, wie sein Schüler hieß,
aus Apameia zu ihm stieß.
Er macht' in Rom die Stoa groß
auch als der Lehrer *Ciceros*.
Latein'sche Bildung seitdem ward
mit stoischer Lehre stets gepaart.
Erwähnen wir zum guten Ende
die Stoa nach der Zeitenwende:
Sie drang durchs ganze Römerreich,
erfaßte Hoch und Niedrig gleich.
Der arme Sklave *Epiktet*
fürs eine uns als Beispiel steht.
Sein kleines »Handbuch der Moral«

erleichtert uns der Handlung Wahl.
Und auch der Kaiser *Mark Aurel*
verkörpert Stoa ohne Fehl.
Was er von sich hat aufgeschrieben,
sympathisch klingt's, man muß es lieben.
Dazwischen steht der *Seneca*,
er kam nach Rom aus Córdoba.
Als Lehrer *Neros* war er schlecht,
doch war sein Stoizismus echt,
und seine Briefe sind uns teuer,
man liest sie mit Gewinn noch heuer.
Danach sind keine mehr zu nennen.
Doch nur weil viele, die bekennen,
sie seien Christen, eigentlich
zur Stoa rechnen müßten sich.

## II
## Die Philosophie des Mittelalters

### Der Platonismus

Aus *Platons* Schule ging hervor
der Theologen mächt'ger Chor.
Der Gotteswissenschaft bei ihnen
mußt' alles andre Wissen dienen,
ihr neuplatonischer Gehalt
als Spiritualismus galt.
Daß alles geistig sei zuletzt,
das hatten sie vorausgesetzt:
Natur- und Geisteskund' vereint
beweist, daß alles, was erscheint,
Erscheinung ist des höchsten Geistes:
der Phänomene Rettung heißt es!
Doch was der Geist nun selber sei,
das wurde ihr Problem dabei.
Katholisch war die Konzeption
des Geistes ja am Anfang schon:
Der Nous des *Anaxagoras*
vereinigt mit dem Pneuma-Gas
der Stoa und dazu noch mit
dem Logos unsres *Heraklit*,
die Einheit in der Vielheit auch
nach der Pythagoräer Brauch,
des Stagiriten letzte Gründe
– dergleichen, sagt man, schließlich münde
in einen Vorbegriff vom Geist,
den *Platon* selbst »das Gute« heißt.
Bei so viel Synkretismus nun

war es vor allem drum zu tun
zu zeigen, daß der Namen Fülle
das Wesen Gottes nicht enthülle,
doch daß zugleich in allem ward
ein Stückchen Gottes offenbart.
Zur negativen fügten sie
die positive Theologie.
Indes die Weisen darum ringen,
in Gottes Wesen einzudringen,
erlaubten sie doch jedermann,
Gott zu verehren, wie er kann.
In allen Kulten, Religionen
sahn sie die Gottessehnsucht wohnen:
Der Veden heil'ge Bücherschätze,
des *Moses* jüdische Gesetze,
auch der Ägypter Tieridole
– sie waren ihnen nur Symbole,
dem unbekannten Gott zu dienen,
der diesen Völkern so erschienen.
Wenn dieser Gott auf solche Art
sich diesen Völkern offenbart',
wenn er als Geist in der Natur
in allem zeiget seine Spur,
wie sollte der nicht auch den Seinen
als Menschenkind zuletzt erscheinen?
Gewiß, so mancher große Held
als Gottessohn ward vorgestellt;
*Pythagoras* den Seinen galt
als Gott in menschlicher Gestalt.
Doch erst als aus dem Judenland
die Kunde wurde allbekannt
vom Kreuzestod auf Golgatha
– und was dabei noch sonst geschah –,
da hielten's manche für wahrscheinlich

  – doch andre fanden's eher peinlich –,
daß Gott in diesem Mann gehandelt
und selbst auf Erden sei gewandelt.

10 »Unglaublich!« sagt' *Tertullian*
– er war der Stoa zugetan –
»ein Gott, der als Verbrecher stirbt,
schon dadurch sich den Ruf erwirbt,
er sei ein Gott in Menschsgestalt,
drum glaub' ich's ohne Vorbehalt.
Und daß vom Tod er auferstanden
– man sah das nie in unsern Landen –,
das ist so höchst absonderlich!
Und darum überzeugt es mich.«
Was nun der Glaube selber war,
das war ja schon seit *Platon* klar:
Nur Glaub' und Meinung galt den Sinnen
und dem, was wir durch sie gewinnen.
Doch wissend schaun wir die Ideen,
die wir mit geist'gem Auge sehn.

11 Die mittlere Akademie
den Sinnen traute daher nie.
Die Skepsis gegen Phänomene
war ihre eigenste Domäne.
Wir lesen's bei *Aenesidem*
und auch *Karneades* bequem.
Erst recht macht Skepsis uns Genuß
bei *Sextus* dem *Empirikus*.
Die Kunde nun vom Hörensagen
– von weither an das Ohr getragen –,
die mocht' man glauben oder nicht,
viel mehr fiel hier doch ins Gewicht
das Wissen, daß der Gott sich zeigt
den Menschen freundlich zugeneigt.

12 So dachten sie fünfhundert Jahr':
*Plutarch*, der selbst ein Priester war,
*Plotin* und auch *Porphyrios*
und dessen Schüler *Jamblichos*
bis auf den *Proklos* aus Byzanz,
ja noch *Boethius* war ganz
durchdrungen von der Gotteslehre,
er, der den Römern einst zur Ehre
der Griechen Weisheit übersetzt'.
Er fand auch Trost noch ganz zuletzt
in diesem wunderbaren Gott,
als er sein Haupt legt' aufs Schafott.
Als höchste Einheit ward gedacht
der Gott, der über allem wacht.
Wollt' man auf den Begriff ihn bringen,
so konnte dieses nur gelingen,
wenn er zur höchsten Gattung wird,
die alles in sich impliziert.
Die Gattung aber spaltet man
ganz dihairetisch auf sodann,
so daß der Arten Zwiegestalt
mit jener nun als Dreiheit galt.
Dies führt man fort, wie's logisch frommt,
bis man zuletzt zur Basis kommt
der Pyramide – weit verzweigt –,
*Porphyrios* hat's uns gezeigt!
Man sieht aus logischer Räson,
daß man die Spitze selber schon
ganz trinitarisch denken soll
– in allen Teilen bleibt's Symbol.
Nach tausend Jahrn an andern Orten
*Cusanus* sagt's mit gleichen Worten!
Doch wenn man Gott und diese Welt
im Bilde sich vor Augen stellt,

so stellt uns dar der Wasserfall
die Quelle und das ganze All
als aus der Quelle ständig fließend
und in Kaskaden sich ergießend,
erst mächtig sprudelnd voller Schwere
und dann zerstiebend in die Leere.
So auch die Quelle spendet Leben
und muß es allen Wesen geben.
Die aber – gleich wie Lachse tun –
in ihrem Leben dann nicht ruhn:
Zur Quelle streben sie zurück,
ihr nahe kommen bringt das Glück!
Gott ist die Quelle allen Lebens
und auch der Endpunkt allen Strebens.
Doch solch ein Bild vor unsern Augen –
was sollt' es der Erkenntnis taugen?
Das geist'ge Auge schauet hin –
und schaut hindurch auf Hintersinn.
Was sie geschaut und was sie fanden,
was alle Denker wohl verstanden,
sie sagten's nicht in solchen Bildern,
und keine Sprache konnt' es schildern:
Des Hintersinnes Überfülle
ergießt sich nicht in solche Hülle.
Das Bild, die Sprache schätzten sie
daher nur als Allegorie,
die schnell der Weise übersteigt.

13 Der Jude *Philon* hat's gezeigt,
daß hinterm Wortsinn liegen muß
ein tiefer Sensus mysticus.
In einem Buch, in der Tora,
für Juden er verzeichnet war.

Auch Christen hielten sie in Ehren,
doch fügten sie hinzu die Lehren
des *Paulus* und der Christus-Jünger
als froher Botschaft Überbringer.
Und auch *Mohámmad* hielt sich dran,
als er verfaßte den Koran.
Doch wer platonisch echt gesinnt,
für den auch heil'ge Bücher sind
nur schlechte Bleibe für das Wort,
das sonst sich zeugt lebendig fort.
So rankten sich im Lauf der Jahre
um diese Bücher Kommentare.

14 Die Theologen legten dar,
was eigentlich die Botschaft war.
In Rom verkündete *Justin*:
Der »neue Sokrates« erschien
als Weltvernunft in Menschsgestalt.
Er büßt' es mit dem Tode bald.
Und *Irenäus* von Lyon,
der erste Bischof Galliens schon,
bezeugt, daß es ein Gott nur ist,
derselb' für Jude und auch Christ.
*Origines* und *Clemens* dannen
in Alexandrien Ruhm gewannen:
Den Grund gelehrter Exegese
verdankt man ihrer Blütenlese.
*Basilius* der Caesareer
erklärt den Schöpfungsmythos näher.
Der Patriarch *Chrysostomos*
Byzanz dem Christentum erschloß.
In Mailand lehrt' *Ambrosius*,
was nun der Klerus wissen muß.

15 Doch alle überragte bald
   durch seiner Schriften Sprachgewalt,
   mit der er alle Dogmen faßte,
   der *Augustinus* aus Thagaste.
   Wenn Gott als Vater, Sohn und Geist
   selbdritt zugleich auch Einheit heißt,
   so schau nur in die eigne Seele
   und dort das Beispiel nicht verfehle!
   Gedächtnis ist dein Vatergrund
   für alles, was zu jeder Stund
   die Einheit des Bewußtseins trägt.
   Dein Intellekt ist schon geprägt
   gleichwie der Sohn durch Vaters Art,
   er denkt, was im Gedächtnis harrt.
   Dein Wille aber strebt mit Macht,
   was du erinnert und gedacht
   zu Werk und Taten zu gestalten:
   das nennt man deines Geistes Walten.
   So auch der Gott im Vaterbild
   als Ort der Grundideen gilt.
   Der Geist als Gottes Willenskraft
   nach ihrem Bild die Welt erschafft.
   Doch ist's der Sohn, der Gott und Welt
   als Exemplar zusammenhält:
   Der Schöpfung wird er einverleibt
   als Mensch, der doch der Gott auch bleibt.
   Er rettet alle Kreaturen,
   erweist in ihnen Gottes Spuren,
   erlöst die Menschen aus der Not
   von Gottesferne, Sünde, Tod.
   Nun ist's nach *Augustin* der Wille,
   der alles wirket in der Stille,
   auch der Vernunft die Wege weist,
   er ist in Gott und Welt der Geist.

Drum muß es auch vergeblich sein,
zu forschen mit Vernunft allein,
wie und warum etwas geschehen:
Nur guter Wille kann's verstehen!
Wer Gottes Ratschluß anerkennt
und sich in Liebe zu ihm wend't,
der erst des Geistes Kräfte ahnt
und der Vernunft die Wege bahnt.
Das Credo ut intelligam
bei Christen nun in Geltung kam.
Der Glaube wurde Willenssache,
die erst das Wissen sicher mache.
Wer also glaubt, meint *Augustin*,
den zieht es zu dem Gotte hin.
Ein Bürger ist er in der Tat
im unsichtbaren Gottesstaat,
im himmlischen Jerusalem
– den ird'schen Mächten unbequem.
Ecclesia – die Auserwählten –
sich dann zu diesem Staate zählten.

16 Nicht lange nach dem *Augustin*
ein Kommentator dann erschien:
ein *Dionys* nach alter Sage,
Athener vom Areopage,
der erste Bischof dieser Stadt,
den *Paulus* selbst belehrt noch hat.
Doch war, wie später man erfuhr,
der Bischof eine Kunstfigur,
sein Buch von andern raffiniert
aus *Plotin-Proklos* kompiliert.
Es zeiget hilfreich, wie der Fromme
hinauf zu seinem Gotte komme,
wie ihm in mystischer Versenkung

Vergottung wird zuteil als Schenkung.
Die Hierarchie der Geisterwelt
wird in Triaden vorgestellt,
ihr Abbild dann ganz unverhohlen
der Kirche als Modell empfohlen.
Das Buch ersichtlich blieb darum
in höchster Ehr' beim Christentum.
Im neunten Saeculum zuletzt
ward's ins Latein'sche übersetzt.

17 *Johannes Scotus* – wohlbekannt –
*Eriugena* auch zubenannt,
so hieß der Mann, dem dies gelang,
ein Neuplatoniker von Rang!
Er teilt' die Welt in vier Naturen
und zeigt' in allem deren Spuren:
Die ungeschaffne Schöpferkraft,
Geschaffenes, das selber schafft,
nichtschaffendes Erzeugtes dann,
und schließlich, was nicht schaffen kann,
weil selbst es nie erschaffen war,
der Schaffenskräfte also bar.
Im ersten wollte Gott er sehen,
im zweiten alle Grundideen,
dann alles Ding in Raum und Zeit,
im vierten reine Möglichkeit.
Man sieht an diesem Beispiel, wie
die Seins- und Geisterhierarchie
peripatetisch ausgedrückt
sich nun mit neuen Wörtern schmückt.
Denn mittlerweile ward es Brauch,
daß nun der Platonismus auch
aristotelisch formulierte,
was die Gelehrten int'ressierte.

## Mittelalter

Als die Scholastik voll erblühte
und man sich überall bemühte,
die Dogmen logisch zu begründen,
mußt' dies in eine Krise münden!
Denn Christen dachten allermeisten,
dies sei nun logisch nicht zu leisten:
Was uns die Logik klar erklärt,
sei theologisch ganz verkehrt,
und was ein Christenmensch so glaubt,
sei überlogisch überhaupt!

18 Nicht so dacht' *Anselm* dazumal
– er stammte vom Aostatal –
von Canterbury Erzbischof,
zugleich ein echter Philosoph.
Wenn Gott – so sagt der fromme Weise –
das allergrößte Wesen heiße,
so sei es logisch ausgemacht:
die höchste Gattung wird gedacht.
Sie schließet alles in sich ein,
mithin notwendig auch das Sein.
Wer den Begriff nur recht bedenkt,
der wird auch darauf hingelenkt,
daß er zu denken nur vermag,
was wirklich ihm vor Augen lag.
So sieht er Gott in allen Dingen.
Die höchste Gattung muß erbringen,
daß er ihr Merkmal immer schon
erschaut in aller Extension.
Darum hat's *Anselm* nicht beirrt,
daß solch ein Gott zum Menschen wird.
Dies schien ihm nicht verwunderlich:
Er ist zuletzt auch du und ich!

19 Daraus alsbald ein Streit entbrannt',
Universalienstreit genannt.
Es ging darum, ob's Allgemeine
im Ding nur ist, ob auch alleine
für sich bestehend vor den Sachen,
ob schließlich wir ein Abbild machen,
so daß Begriffe nach den Dingen
an diesen als am Vorbild hingen.
Wie Platonismus eingestellt,
aus Vorigem schon selbst erhellt:
Jed' Ding ist selber allgemein!
Wer's recht erkennt, kann sicher sein,
daß er dabei Ideen schaut,
aus denen sich das Ding erbaut.

20 Selbst das konkrete Hier und Jetzt
aus Formen sich zusammensetzt.
*Duns Scotus* nennt's Haecceitas,
was etwas macht zum Dies und Das.

21 Als dann zur neuzeitlichen Wende
Scholastik neiget sich zum Ende,
drückt der *Cusaner Nikolaus*
den Platonismus richtig aus.
Ganz logisch ihm der Gott enthält
in seinem Wesen diese Welt:
In ihm ist implizit vereint,
was explizit als Welt erscheint.
Nimm einen Punkt, den Kreis darum,
vergrößre ihn zum Maximum,
so wird der Kreis zugleich zur Geraden.
Läßt du ihn nun ganz klein geraten,
so hat im Minimum alsbald
er nur noch eine Punktgestalt.

So auch in Gott, im Infiniten,
ist nichts Konkretes mehr geschieden.
Er ist der Globus und der Punkt,
wo alles, was für uns disjunkt,
was unterschieden in der Welt,
koinzidiert, zusammenfällt.
Ist Gott unendlich – apeiron –,
so ist es auch die Schöpfung schon:
Nicht Erde, Sonne, sonst ein Stern
mag bilden ihren Zentrumskern,
auch hat sie keinen festen Rand,
ein Firmament ist unbekannt.
Peripherie und Zentrum so
sind überall und nirgendwo,
und jedes Ding bleibt relativ,
das Gott nur je ins Leben rief.
Entsprechend ist das Wissen nur
Vermutung, reine Konjektur.
Und wär' auch einer sehr gelehrt,
hätt' alles Wissen dieser Erd',
so würd' es niemals dazu langen,
das Infinite zu umfangen.
Gilt aber dieses schon hienieden,
so ist's dem Frommen nur beschieden,
das Wissen hinter sich zu lassen,
sich Gott zu nähern, ihn zu fassen
– nicht wissend, wie es ihm geschah –
durch Docta ignorantia.
Man siehet nun mit einem Male
in dem berühmten Kardinale
den Platonismus auf der Suche
nach Gottes Spuren in dem Buche,
das vor uns aufschlägt die Natur.
Geschrieben ist's in Zahlen nur

und geometrischen Symbolen,
von *Platon* selbst schon anempfohlen
als eigentliches Alphabet
von dem, was in dem Buche steht.
Was *Roger Bacon, Greathead* trieben,
als mathematisch sie beschrieben
der Kräfte sphärische Verbreitung
und ihre lineare Leitung,
was einst im Buch Jezira schon
in der Kabbala Tradition
pythagoräisch vorgedacht,
das wird hier fruchtbar eingebracht:
*Cusanus* gründet mit Geschick
die kabbalistische Physik.
Wie ward gerühmt *Kopernikus*
für seinen genialen Schluß:
Die Sonne stehe jedenfalls
im Mittelpunkt des Weltenalls
– was *Galilei* auch gemeint,
obwohl er's vor Gericht verneint –,
das übertraf *Cusanus* weit
mit seiner Zentrumslosigkeit.

22 Auch *Brunos* infinite Welten
dergleichen in den Schatten stellten.
Doch weil er mutig dies bekannte,
man auf dem Marktplatz ihn verbrannte.
Sein Beispiel machte vielen klar,
daß es seither gefährlich war,
zum Platonismus treu zu stehn.
Wir werden später weitersehn,
was daraus fürder sich ergeben
im neuzeitlichen Geistesleben.

## Der Aristotelismus

Doch vorher wollen wir betrachten,
was denn die andern Schulen machten
in jener Zeit, die schlecht man kennt,
wenn man sie Mittelalter nennt,
teils, weil sie jetzt noch dauert an,
teils, weil man Unrecht ihr getan:
daß zwischen Neuzeit und Antike
sie nur als Lückenbüßer liege.
Auch war sie finster nicht und wild,
wie sie gemalt in manchem Bild.
Zwar fielen Throne, brannten Schätze,
die Völker wechselten die Plätze,
doch was der Geist einmal erschafft,
das wird nicht mehr dahingerafft.
Auch manche ehrwürd'gen Paläste
besetzten einfach neue Gäste,
und viele Tempel blieben stehen
– mit Heil'gennamen nun versehen.
Erstaunlich blieb der Bücher Fülle
– des Geistes materielle Hülle.
Verbrannt' auch manch ein Büchersaal,
so schrieb man ab ein andermal
die Schriften, heilig und profan,
die uns zur Andacht stiften an.
Auch ward nun ständig umgeschrieben,
was von den Alten überblieben.
Manch' Anonymem mocht' es glücken,
mit großem Namen sich zu schmücken,
so daß noch jetzt nicht ausgemacht,
was echt und was hinzugebracht.
Doch kommt es wohl darauf nicht an:
Es wirkt der Geist und nicht der Mann,

und was als Geist wird aufgefaßt,
das ist, was zueinander paßt.
*Diogenes Laertios*
in seinem Werke einbeschloß,
was man den Geist der Schulen nannte
im ganzen spätren Abendlande.
Aus ihm hat man noch stets gelernt,
je mehr die Zeiten sich entfernt,
was von Milet bis nach Eleia,
von Rom bis nach Alexandreia
die alten Denker vorgedacht:
Es wurd' ins Leben eingebracht.
Selbst wenn die Schule nicht mehr blühte,
sich mancher doch persönlich mühte,
die Weltanschauung auszurichten
nach jener Denker frühen Sichten.
Bemerke wohl – wir sagten's schon:
der Ärzte große Profession
hielt *Epikur* in hohen Ehren,
nicht minder ließ sie sich belehren
durch des *Empedokles* System.
Juristen fanden es bequem,
der Stoa Weltbild auszubauen.
Und immer blickte voll Vertrauen
ein Theolog' von Konfession
auf seinen göttlichen *Platon*.
Was *Aristoteles* betrifft,
so war bekannt durch diese Schrift,
daß er der Schüler *Platons* war
in seiner Lehrzeit: zwanzig Jahr.
So lag recht nahe der Verdacht,
daß er nichts anderes gemacht,
als *Platons* Werke zu ergänzen,
wo dieser fühlte seine Grenzen.

Die Rettung aller Phänomene
galt als die eigenste Domäne
des Schülers, der dann unentwegt
fast jede Wissenschaft gepflegt.
Sich über diese informieren
hieß: *Aristoteles* studieren!
Vom Element zum Firmament
die Lehre alles wohl benennt.
Der Pflanzen Bau, der Tiere Teile
beschreibt sie ohne Langeweile.
Den Menschen, seine Fähigkeiten,
und wie zum Handeln er zu leiten
auf jedem Tätigkeitsgebiet,
man leicht in seinen Schriften sieht.
Doch mehr noch Anklang hat gefunden,
daß alles mit System verbunden
im Kreuzgeflecht von Grund und Ziel
und Form und Inhalt – dies gefiel!
Es leitete zum Forschen an
in jeder Richtung auf der Bahn,
die diesen Vierergründen frommt,
bis man zum allerletzten kommt.
Und hier, bei diesen letzten Gründen,
sah man des Schülers Lehre münden
in seines Meisters Gotteslehre,
die sie durch Wissenschaft bewehre.

23 Zwei Schriften unter seinem Namen
bei Arabern in Umlauf kamen,
so daß des Islams Theologen
ihn bald dem *Platon* vorgezogen.
Die eine schlicht »Theologie
des Aristot'les« nannten sie.
Doch wußte man erst späterhin:

sie war ein Auszug aus *Plotin*!
Als »Buch der Gründe« dann erschien,
was man aus *Proklos* ausgeliehn.
Wie dem auch sei, man muß gestehn,
sie lehrten manchen besser sehn,
was uns vom Meister selber blieb,
als er die »Metaphysik« schrieb.
Auf jeden Fall es kam so weit,
daß man den Meister zu der Zeit
im ganzen weiten Morgenlande
nur noch »den Philosophen« nannte
und die islamischen Gelehrten
sich selbst durch seinen Namen ehrten:
*Al Kindi*, *al Farabi* dannen,
auch *Avicenna* sich gewannen
den Titel »Aristoteles«.
Zuhöchst verdiente ihn indes,
weil er am meisten kam ihm nah,
*Averroes* aus Córdoba.
In kolossalen Kommentaren
sie alle emsig tätig waren,
des Meisters Lehre auszulegen,
dabei die Wissenschaft zu pflegen
und darzutun die Harmonie
von Glauben und Philosophie.

24 Auch wollen wir Erwähnung tun
des Rabbi *Moses ben Maimun*,
des *Rambam*, wie ihn solche nennen,
die sich zum Judentum bekennen.
Sein »Führer der Verirrten« blieb
für alle Zeit den Juden lieb
als ihres Glaubens sichre Schnur,
auch er ging in des Meisters Spur.

25 Nun muß man sagen überhaupt:
Das, was ein Christenmensch so glaubt
und was von *Platon* er gelernt,
war ziemlich weit von dem entfernt,
was Judentum und Islam prägt
und dem die Lehre Rechnung trägt.
Von Gottes heil'ger Trinität
bei *Aristoteles* nichts steht.
Daß dieser Gott auch Mensch indes
– nicht bei dem *Aristoteles*!
Daß eine Seele unbeleibt
im Jenseits ganz erhalten bleibt,
das paßte nicht zu Stoff und Form!
*Averroes* macht's drum zur Norm,
daß nach dem ird'schen Lebenslauf
die Seelen gehn in einer auf.
Das paßte gut dem Mamelucken,
auch tat's den Juden nicht bedrucken,
doch machte es dem Christen Pein:
So konnt' und sollte es nicht sein.
Schon damals stand zur Diskussion:
Was ist die beste Religion?
Ist's die, die durch die Wissenschaft
beweist der Dogmen Geltungskraft?
Galt dies, so war es ziemlich klar,
daß der Islam die bessre war.

26 Man sieht, warum an allen Fronten
die Christen immer mehr betonten,
daß Glaub' und Wissenschaft verschieden
– zumindest für den Christ hienieden.
Am radikalsten traten auf
die Dialektiker zuhauf,
beweisend durch der Schlüsse Reihen,

daß Dogmen Widersprüche seien.
Drum sei es falsch und gänzlich toll,
daß man die Dogmen glauben soll.
Nur was vernünftig ist, ist wahr,
belehrt aus Tours der *Berengar*.
Der Glaub' ist höher denn Vernunft!
beschwört der Theologen Zunft
und half sich aus der schweren Not
durch Dialektik-Lehrverbot.
Doch machte dies erst, wie bekannt,
die Logik richtig int'ressant
als wissenschaftlichen Berater
samt *Aristot'les*, ihrem Vater.
Die Logik so in Mode blieb,
daß gar ein Papst ein Lehrbuch schrieb:
*Petrus Hispanus* hieß der Mann,
der einundzwanzigste Johann.
Doch damals hatte sich die Welt
auf Waffenstillstand eingestellt:
Die Wahrheit nahm man doppelt an,
damit sie jeder haben kann.
Was Wissenschaft als wahr bewies,
vom Glaubensstandpunkt Falschheit hieß,
und was der Glaub' als wahr verehrte,
die Wissenschaft ins Falsche kehrte.
Das war gewiß, wie man's auch nehm',
für unsre Christen sehr bequem,
und für die meisten Christenleute
ist dies ihr Standpunkt auch noch heute.
Doch es gewöhnte diese Haltung
an eine Art Bewußtseinsspaltung.
Auf diesem Fuß konnt' es nicht bleiben,
die Sache mußte weitertreiben,
die Grenze mußt' man besser ziehn!

27 Das tat dann *Thomas von Aquin*
mit dem *Albertus*, seinem Lehrer,
beid' Aristoteles-Verehrer.
Die Früchte standen schon bereit
arabischer Gelehrsamkeit.
Was übersetzt und was studiert,
ward nun in »Summen« investiert,
die ließen elegant verkraften
das Resultat der Wissenschaften.
Am besten schaute man sich um
in *Vincenz'* großem »Speculum«,
der großen Enzyklopädie
– ein Werk von Fleiß und von Genie!
Doch sollten die Gelehrsamkeiten
dem Glauben nur den Weg bereiten,
die Wissenschaften hier allein
des Glaubensstempels Vorhof sein.
Das Sein der Dinge nahm man hin
– als selbstverständlich es erschien –,
sodann bewies man ohne Spott,
daß existieren muß ein Gott.
Doch seines Wesens tiefen Grund
tat nur die Offenbarung kund.
Doch was sie Offenbarung nannten,
das waren nur die wohlbekannten
neuplatonistischen Ideen
– drum konnte man sie auch verstehen –,
doch unverträglich ganz und gar
mit *Aristoteles* das war.
Indes, man sollte wohl beachten,
daß sie auch Kompromisse machten:
Die Theorie der reinen Geister
beruft sich nicht auf ihren Meister.
Für sie der *Thomas*, wie bekannt,

die abgetrennte Form erfand,
so daß Ideen, Geistern, Seelen
zuweilen die Materien fehlen.
Zwar fehlt's dann auch, wie man versteht,
an Individualität.
Da dies averroistisch klang,
gerieten sie nun in den Zwang,
die Geister, welche stofflos bleiben,
als Gattungswesen zu beschreiben.
Man sieht, daß dies nicht weit entfernt
von dem, was man bei *Anselm* lernt.
Doch über körperlose Seelen
ließ sich dergleichen nicht erzählen:
Daß sie auch Einzelwesen wären,
konnt' nur die Offenbarung lehren.
In summa übernahmen sie
die neuplaton'sche Hierarchie
von Geister- und von Körperwelt
– aristotelisch dargestellt!
Wie dort aus höchster Geistesquelle
entspringt der Hierarchie Gefälle,
teilt nun der Gott als reinster Akt
in pausenlosem Schöpfungstakt
das Sein den Kreaturen zu
– ohn' ihn vergingen sie im Nu –,
und jedes wirkt nun selber fort
an dem ihm zubestimmten Ort.
Der Abstand von des Seines Quelle
bestimmt das Energiegefälle.
Es drückt die Hierarchie des Baus
Analogia entis aus.
Denn alles, was hier unten steht,
hat Sein von mindrer Qualität
mit Potentialität vermischt,

weil es an reinem Sein gebricht.
Den Stufenbau benutzten sie
auch als Gesellschaftshierarchie:
Zuhöchst die geistlichen Gewalten,
die alles Weltliche gestalten;
sodann der Fürsten Adelsränge
mit ihres Status' Schaugepränge.
Es folgt Handel und Gewerbe,
damit das Ganze nicht verderbe.
Noch weiter unten steht sodann
der sogenannte kleine Mann.
Doch unter ihm noch findet ihr
den Sklaven als ein menschlich' Tier.
So spiegelt denn die Menschenwelt
wie's auch im Kosmos ist bestellt:
Die Ordnung, die Natur durchwaltet,
sich auch im Menschlichen entfaltet,
Naturgesetze herrschen dort,
Naturrecht setzt's in diesem fort.
Wer's nur vernünftig schauet an,
Vernunft in allem finden kann!
An solchen Thesen läßt sich sehn
die Wirkung stoischer Ideen,
die sie mit den uns schon bekannten
des *Aristoteles* verbanden.
Daß Gott und Welt vernünftig sei,
war gänzlich ausgemacht dabei:
Rationalismus heißt seitdem
die neue Mischung sehr bequem.
Das ward zur Gegenposition
zu der seit *Augustinus* schon
dem Platonismus teuren Lehre,
daß alles Willenssache wäre.
Der Streit darüber blieb dann hart

bis hin in unsre Gegenwart.
Er ward geführt mit Bitterkeit
und spaltete die Christenheit.
Denn was katholisch sich dann nannte,
zu *Thomas* fürder sich bekannte.
Der ward dann später, wie bekannt,
zum Kirchen-Philosoph ernannt.
Dagegen sich die Protestanten
fortan zu *Augustin* bekannten.
Doch bis es kam zum großen Bruch,
geschah noch anderes genug.
Daß *Thomas'* Aristotelismus
auch Züge zeigt von Synkretismus:
mit *Platon* und Stoa vermischt,
das zeigte schon dies Lehrgedicht.
Drum war im Universalienstreit
er ohne weiteres bereit,
das Allgemeine anzusehen
im Vor- und In- und Nach-Bestehen
bezüglich der realen Dinge,
mit denen es zusammenhinge.

28 *Wilhelm von Ockham* dachte bloß
im Sinne des Peripatos:
Für ihn als Logikfachmann galt:
Das Allgemeine hat Gestalt
nur nach den Dingen im Verstand,
der es durch Abstraktion erfand.
Die Sinnendinge ganz allein
Realitäten sollten sein.
Drum auch Begriffe und Ideen
allein in Nomina bestehn.
Nominalismus nannt' man dies,
was *Ockham* hier so scharf bewies,

und sein Verfahren, wie bekannt,
ward Ockham's razor dann genannt.
Sein Messer – das man nie gefunden –
schnitt ontologisch tiefe Wunden:
Was man aus einem Grund erklärt,
darüber man nicht mehr erfährt,
wenn man dazu noch vielerlei
aus andern Gründen zieht herbei.
Prinzipien grundlos zu vermehren,
das wollt' er jedermann verwehren.
Wer drum von Gott und Engeln spricht,
erklärt dadurch die Dinge nicht.
Doch war er auch ein frommer Mann,
den Glaubensdingen zugetan,
die hielt er nur für Praxisfragen,
wozu Szienz nichts beizutragen.
Kein Wunder, daß er damit nur
verfiel der kirchlichen Zensur.
Doch kam's, wie oft im Abendland:
Sein Werk ward dadurch weit bekannt,
es fördert' wie kein anderes
die Lehr' des *Aristoteles*.
Durch ihn die Logik voll erblühte,
so daß sich mancher andre mühte,
darin sich Lorbeer zu erringen,
doch wollt' es keinem mehr gelingen.
Um noch die Logik zu befördern,
mußt' andre Wege man erörtern.

29 *Raimundus Lullus* war der Mann,
von dem man dieses sagen kann.
Als erster er die Chancen sah
der Ars combinatoria:
Begriffe technisch zu verbinden

und neuen Sinn darin zu finden.
Die Grundbegriffe ordnet er
auf Scheiben um ein Zentrum her,
dann läßt er sie mechanisch kreisen,
erzeugt so neue Ausdrucksweisen
und meint, durch solches Kombinieren
die Denkkraft auch zu inspirieren,
denn wo ein Wort sich stellet ein,
da sollt' auch Sinn nicht ferne sein.
Der Logik hat das nichts gebracht,
die Sache wurde oft verlacht.
Sie zeigt nur, wie man spekulierte,
durch Wortgeklingel imponierte
und meint', daß solche Spielereien
der Ausdruck tiefen Denkens seien.
Doch kam die Sache noch in Gunst
in *Leibnizens* Erfindungskunst,
in der er Zeichen kombinierte
und so Begriffe generierte.
Indes, er tat's in allen Sparten
mit mathemat'schen Rechenarten,
und dieser Usus machte Glück
vor allem dann in der Physik.
Die meisten halten's für genial!
Doch bitt' ich Euch, erklärt mir mal
den Sinn des Zeichens »$t^2$«,
wenn es tatsächlich einen hat,
und wenn ihn einer finden kann,
war *Llull* ein genialer Mann!
Man sieht – wie bei dem *Nikolaus* –,
das Mittelalter ging nicht aus,
denn vieles, was hier angelegt,
erst lange nachher Früchte trägt.

# III

# Die Philosophie der Renaissance

Als Renaissance bezeichnet man
die Zeit, da alles neu begann,
und Neuzeit auch der Name blieb
für alles, was uns seitdem lieb.
Die Neue Welt ward nun entdeckt,
die Alte Welt ward neu erweckt.
Mit Fernrohr und mit Mikroskop
man alle Grenzen weiterschob.
Des Pulvers Kraft erfüllt den Traum
von Energie auf kleinstem Raum,
und wie es Burg und Wälle sprengt,
es jede Sicherheit verdrängt.
Die Kriege wandeln sich jetzt ganz:
Man tötet nunmehr auf Distanz!
Doch was die Fernen überbrückt,
auch Völker aneinander rückt:
Die Wiege aller Wissenschaft
wird von den Türken hingerafft.
Das zweite Rom geht schmählich unter,
die Slawenvölker werden munter,
und Moskau übernimmt mit Glanz
das heil'ge Erbe von Byzanz.
Das erste Rom wird recht profan,
das sieht man seinen Päpsten an:
Die Gotteshäuser werden schmächtig,
doch dafür die Paläste prächtig,
darinnen Gottes Ebenbild
sich selber nun als Göttchen gilt.
Da alle Grenzen jetzt verschwinden,

muß nun der Mensch sich selber finden
als Mittelpunkt der ganzen Welt:
*Cusanus* hat's schon vorgestellt.
Nun spricht es *Pico* offen aus
– ein Fürst aus allerbestem Haus –:
Des Menschen Würde setzt ihn frei,
daß er sein eigner Bildner sei.
Er kann als Tier und Pflanze leben,
doch auch zum Gotte sich erheben,
und göttlich ist er gerade dann,
wenn er als Schöpfer schaffen kann.
Daraus alsbald im Abendland
ein neuer Gottesdienst entstand:
Der Kult des menschlichen Genies,
das sich durch Schöpferkraft bewies:
Es bahnt sich an, erst noch versteckt,
die dritte Wende zum Subjekt!
Da traten nun die Künste vor
und forderten im Dreierchor,
daß Poesie und Malerei
und auch die Musika dabei
nicht wären schnödes Handwerk nur,
vielmehr von göttlicher Natur
und jeder rechte Künstler drum
ein göttlich Individuum.
Nächstdem dann auch die freien Künste
erbaten sich dergleichen Günste.
Vor allem im Quadrivium
fand sich nun manch Ingenium,
das mathematischen Verstand
mit alter Handwerkskunst verband.
Schaut nur den *Leonardo* an,
was er nicht alles hat getan!
Als Maler, Architekt, Poet

er noch in allen Büchern steht.
Ob Mensch, ob Tier, er hat's seziert,
um auch zu sehn, wie's funktioniert,
und zeichnet anatomisch auf,
was ihm begegnet da zuhauf.
War die Mechanik erst durchschaut,
ward's als Maschine nachgebaut.
Zum Fuhrwerk, Tauchboot, Flugzeug schlicht
es nur am Kraftmotor gebricht.
Doch damals hat des Pulvers Kraft
nur Kugeln aus dem Rohr gepafft,
daß aber in derselben Weise
der Kolben im Zylinder kreise,
um seine Kraft aufs Rad zu lenken,
das konnte er sich noch nicht denken.
Auch Park und Schloß und Festungsbauten
die Fürsten solchen anvertrauten.
Noch jetzt sind sie, wie damals schon,
für Reisende die Attraktion!
Wen stimmt nicht noch der Anblick froh
der Häuser des *Palladio*,
die der Antike beste Formen
errichteten als neue Normen
für Eleganz und strenges Maß
– kein Architekt sie je vergaß!
Die Zeit war reich an solchen Leuten,
die uns noch heute viel bedeuten.
Sie schafften sich weithin Gehör,
und so entstand der Ingenieur.
Was vordem als Magie verpönt,
ward nun zur Technik, der man frönt,
und mit Geräten reich bestückt,
man der Natur zu Leibe rückt.

30 Naturerforschung dann gelinge,
wenn man Natur zum Reden bringe.
Aufs Folterbett ward sie gespannt,
bis ihr Geheimnis sie bekannt!
Experiment man dies nun nannte.
Und wenn sie erst einmal bekannte,
so zwang man sie nun ohne Ruhn,
dasselbe immerfort zu tun.
Und jed' Geständnis, das sie tat,
ward streng im Protokoll verwahrt,
bis daß die Untersuchungsakten
ein Bild ergaben aller Fakten.
Sodann aus dem Zusammenhang
die neue Theorie entsprang:
In mathemat'scher Gleichung jetzt
Verschiedenheit wird gleichgesetzt,
so daß konstanten Relationen
Identisches muß innewohnen.
Im Pendelschwung, im freien Fall
herrscht auf der Erde überall
dieselbe Kraft: Gravitation,
wie *Galilei* ahnte schon.
*Kopernikus* ließ nun mit Glück
– er kam auf *Aristarch* zurück –
die Erde um die Sonne kreisen,
doch konnt' er dieses nicht beweisen.
Den *Kepler* aber bracht's indessen
dazu, genauer nachzumessen,
und er verwandelte den Kreis
in die Ellipse, wie man weiß.
Das ptolemä'sche Weltbild jetzt
ward durch ein neues schnell ersetzt,
in dem der Mensch, an Gottes Statt,
das Weltall ganz vor Augen hat,

dieweil zuvor sein Standpunkt war
hier auf der Erde ganz und gar.
Nur *Tycho Brahe* rechnet heiter
mit seinen Epizyklen weiter.
Nicht pure Neugier, wie man sagt,
hat diese Forscher so geplagt,
daß sie das Nächste und das Fernste
erforschten mit so großem Ernste.
Der Platonismus gab die Kraft
zu dieser neuen Wissenschaft,
in ihm war längst schon angelegt,
was nun den Forschergeist bewegt.
Sie hofften nicht auf den Gewinnst:
Ihr Forschen war ihr Gottesdienst!
Wenn sie durchforschten die Naturen,
so gingen sie auf Gottes Spuren.
Der Offenbarung zweites Buch
war ihrer Frömmigkeit genug.
Nicht griechisch noch lateinisch gar
für sie der Text geschrieben war:
In Zahl und Gleichung, in Figuren
enträtselt man des Gottes Spuren,
wie längst die Kabbala gelehrt,
die Gott in Zahlenformeln ehrt.
Suchst du ein Wort in diesem Text,
so nimm ein einzeln Ding zunächst.
Miß, wie es dich die Meßkunst lehrt,
von diesem jeden Zahlenwert
von Länge, Breite, Tiefe, Zeit,
wenn's geht, auch die Geschwindigkeit,
auch wäge sorgsam das Gewicht
– mach meßbar, was noch meßbar nicht!
Nun schau, ob in der Zahlen Fülle
sich eine Harmonie enthülle:

Die Symmetrie und Proportion
ergibt den Text des Buches schon.
Mit ihm mach dich nun auf die Suche
nach weitern Stellen in dem Buche,
wo sich das Vor-Urteil bewährt,
der Sinn die Dunkelheit erklärt.
Im Kleinsten wie in fernsten Weiten
eröffnen sich Unendlichkeiten,
im Minimum und Maximum
begegnest du dem Gotte drum,
daran erkennst du, was die Welt
im Innersten zusammenhält.
Noch heute sind sie auf der Suche
nach Gott in diesem zweiten Buche:
Ganz unten in der Mikrowelt
und jenseits hinterm Sternenzelt!
Um ihren Glauben zu bekennen,
sie physikal'sche Formeln nennen,
die einstmals tiefen Sinn besessen,
doch dieser ist nun längst vergessen.
Sie pilgern jetzt in großer Zahl
nach Genf und Cap Canaveral.
Für ihre Tempel mußt' man zahlen
mehr als für alle Kathedralen;
statt Brot und Wein verwandeln sie
die Teilchen um mit Energie,
und in die fernsten Sternregionen
entsenden sie nun die Missionen.
Kein Wunder, daß die Theologen
den neuen Priestern nicht gewogen:
Sie ahnten schon die Konsequenz
der neuen Priesterkonkurrenz,
und so belegten sie mit Fluch
die Lehren aus dem zweiten Buch.

Das erste Buch, die Heil'ge Schrift,
sollt' alles lehrn, was Gott betrifft!

31 Doch war man nun in jener Zeit
nicht mehr so allgemein bereit,
selbst heil'ge Bücher so zu lesen,
wie es bislang der Brauch gewesen,
daß nämlich ohne Kommentar
davon nichts zu verstehen war.
Bei andern hatte man erfahren,
daß sie oft irreführend waren,
ja gar den echten Sinn verstellen.
Drum hieß es jetzo: Zu den Quellen!
Wenn man den *Platon* konnt' verstehn,
so mußt' es auch mit *Paulus* gehn!
Wer jetzt Latein und Griechisch las,
dem machten Quellenstudien Spaß.
Hebräisch gar, die heil'ge Sprache,
macht' *Reuchlin* nun zu seinem Fache,
wiewohl das Alte Testament
am besten noch der Jude kennt.
Doch für den ganzen heil'gen Text
braucht' man sie alle drei zunächst:
Wie man die Bibel lesen muß,
lehrt' *Flacius Illyricus*.
Philologie in aller Munde
war damals das Gebot der Stunde!
Jetzt kehrte man mit den Talaren
den Bücherstaub von tausend Jahren
von jedem alten Folianten,
den sie in einem Kloster fanden,
und ward ein Codex da entdeckt,
den Klosterbrüder gut versteckt,
so bracht' man flugs zur Offizin

von *Gutenberg* und andern ihn,
damit durch eine Edition
auch andre hätten was davon.
So ward nun das antike Erbe
zu einem stattlichen Gewerbe:
Die schwarze Kunst, der Buchverlag
bracht' manchem stattlichen Ertrag.
Noch jetzt wird *Platon* so zitiert,
wie *Stephanus* ihn hat ediert,
und Griechisches ward schnell bekannt
durch schöne Drucke seiner Hand.
Sein Wörterbuch der griech'schen Sprache
ist heut noch eine feine Sache.
Der *Frobens* und *Manutius'*
Druckwerke las man mit Genuß.
So las *Montaigne*, was er fand,
und teilte mit, wie er's verstand.
Jedoch am meisten Ruhm bekam
*Erasmus* wohl *von Rotterdam*.
Das griech'sche Neue Testament
in seiner Rezension man kennt.
Auch wandte er Gelehrsamkeit
nun auf die nachantike Zeit:
Die Kirchenväteredition
begründet die Patristik schon.
Nun wurde Übersetzen auch
ein modisch-trivialer Brauch:
Fast alles, was es griechisch gab,
das druckt' man auch lateinisch ab.
Wie konnte man sein Auge laben
an schönen Parallel-Ausgaben!
Die neuern Sprachen mehr und mehr
gerieten auch in den Verkehr,
den jetzt die Presse überhaupt

mit jedermann im Land erlaubt.
Was vordem nur von Mund zu Munde
recht mühsam machte seine Runde,
das kreiste jetzt im ganzen Land
als Druck-Pamphlet von Hand zu Hand,
verbreitet sich mit Windeseile
als Zeitung, als gedruckte Zeile.
Als neue Macht von Trennung-Einung
entstand die öffentliche Meinung!
Sogleich bewirkt mit tausend Zungen
sie überall Veränderungen:
Was Augustiner und Thomisten
längst diskutiert in hitz'gen Zwisten:
Ob Gott ein Willenswesen sei,
ob stärker die Vernunft dabei;
ob er sich wohl versöhnen lasse
allein durch Glauben – oder Kasse;
ob der in Rom sein Stellvertreter –
nicht vielmehr Gottes Kind ein jeder;
ob, wie's der Kannibale tut,
man speiset Christi Leib und Blut; –
nicht vielmehr dien' die heil'ge Messe,
damit man seiner nicht vergesse;
ob wohl die Heil'ge Schrift alleine –
ob sie nur gültig im Vereine
mit aller Kirchenväter Lehre
des Gottes Offenbarung wäre ...
Kurz: was einst esoterisch war,
bot sich nun auf dem Marktplatz dar.
Ein jeder nahm nun flugs Partei
und schaut auch, was sein Vorteil sei.
*Calvin* und *Luther*, *Zwingli*, *Hus* –
ein jeder sich entscheiden muß
für oder gegen ihre Lehre,

dieweil nur dieses jetzt gewähre
Verdammnis oder Seelenheil
in dieser Welt und alleweil.
Ein jeder spürt: das Schicksal sei
die Wahl der richtigen Partei!
Europa bebt in allen Landen
vom Aufgebot der Protestanten,
die nun mit Feder und mit Schwert
die alte Ordnung umgekehrt.
Doch auch die alten Mächte kämpfen,
den Aufruhr, wie es geht, zu dämpfen,
das neue Denken aus den Herzen
mit allen Mitteln auszumerzen.
Doch wo vergeblich dies Bemühn,
alsbald die Scheiterhaufen glühn:
Zuerst der *Hus*, *Savonarola*,
*Giordano Bruno* auch aus Nola,
*Vanini*, *Pierre de la Ramée* –
ein jeder uns als Mahnung steh'
für alle Zeiten ernst vor Augen,
daß weder Mord noch Feuer taugen,
Gedanken aus der Welt zu bringen,
an denen Glaub' und Hoffnung hingen.

32 Als noch die Glaubenskämpfe tobten,
schon andre ihre Kraft erprobten,
weit in die Zukunft vorzuahnen
und neue Staaten zu erplanen.
So hat, im Kerker eingeschlossen,
der *Campanella* unverdrossen
den »Sonnenstaat« sich ausgedacht:
den Priesterstaat von großer Macht.
Ersichtlich lag ihm noch zugrunde
von *Platos* »Staat« die alte Kunde.

Doch blieb er nicht bloß Spielerei:
Ein Priesterstaat in Paraguay
und manche Ordenskolonie
ihm späterhin Gestalt verlieh,
und manche rechte Diktatur
berief sich auf sein Vorbild nur.
In England brachte Kanzler *More*
den Staat der »Utopie« hervor
und konnte so dem Planungsdenken
für alle Zeit den Namen schenken.
Sein Staat, die Insel »Keines Ortes«
ist das Gemälde eines Hortes
von aller Bürger Glück und Frieden,
die ihnen staatlich zubeschieden.
Man schafft dort nur sechs Arbeitsstunden
und läßt sich dann die Nahrung munden,
denn jedem wird sein täglich Essen
von der Regierung zugemessen.
Auch den Beruf und Haus und Garten
kann man von Staates Gunst erwarten.
Man führt auch nur gerechte Kriege,
um dann im Falle, daß man siege,
die Feinde, die man ließ am Leben,
zu Arbeitssklaven zu erheben:
Die Arbeit, die ein jeder scheute,
besorgt man sich als Siegesbeute.
Fürwahr, der Kanzler sah recht gut,
worauf moderner Staat beruht:
nicht Land noch Gold den Wohlstand schafft
– es ist die bill'ge Arbeitskraft!
So ist sein Staat – man kann es lesen –
nicht lange »Nirgendwo« gewesen.
Ansonsten uns der Kanzler steht
als Beispiel von Moralität:

Als König *Heinrich* sich, der achte,
zum Oberhaupt der Kirche machte,
hat er den Treueschwur verwehrt,
und mannhaft stirbt er unterm Schwert.
Zu höchsten Ämtern schließlich kam
nach *Morus* auch *Lord Verulam*,
als *Francis Bacon* wohlbekannt
nicht nur im schönen Engeland.
Er malte mit genialem Pinsel
»Atlantis, eine neue Insel«.
Sie ist, man wird es schnell erraten,
der neue Staat der Technokraten.
Hier ist Zentralinstitution
das hohe »Haus des Salomon«,
in dem sich Weisheit aller Sparten
mit höchster Tatkraft innig paarten.
Was je ein Menschenhirn erdacht,
ist in Archiven ausgebracht,
daraus wird ständig ausgezogen
in immer neuen Katalogen,
was irgend fruchtbar sich erweist
für den gelehrten Forschergeist.
In Kollektionen wird geführt,
was je auf Erden existiert:
Kein Mineral und auch kein Tier,
kein Pflänzchen, Strauch und Baum, die hier
nicht sorgsam zubereitet stünden,
um ihre Formen zu ergründen.
Doch ist das eigentliche Ende,
daß man sie im Versuch verwende,
durch Druck und Spannung, Heizung, Kühlung,
durch Trocknung oder feuchte Spülung,
durch Putrifikation und Gähren,
sich über jenes zu belehren,

was, wenn man's in extremum trieb,
als feste »Form« erhalten blieb,
denn dies, so glaubten jene gern,
sei eigentlich ihr Wesenskern.
So wollten sie »Natur zerschneiden«,
um dann aus ihren Eingeweiden
ganz neue Körper zu kreieren,
wie sie bisher nicht existieren.
Zu diesem Zwecke dienten ihnen
gewaltige Labormaschinen,
womit der Elemente Kräfte
gezwungen wurden zum Geschäfte.
In ihren Seen und auf den Feldern,
in Käfigen und in den Wäldern
erwuchsen ihnen neue Arten,
die sie dann miteinander paarten,
so daß sie immerfort in Massen
erzüchteten ganz neue Rassen.
– Genug, die Zeichnung macht schon klar,
worauf der Staat gegründet war:
Die theoret'sche Wissenschaft
verbindet sich mit Schaffenskraft!
Es wird, wie *Bacon* uns berichtet,
»das Reich des Menschen aufgerichtet«
als Herrschaft über die Natur,
wie sie gelingt durch Technik nur.
Aus andern Schriften noch erhellt,
wie er sich Fortschritt vorgestellt:
Zuerst die Vorurteile bannen,
die als Idole Macht gewannen,
durch Tradition und falsche Lehren
der Wissenschaften Gang beschweren.
Sodann in allen Fachgefilden
sich richtige Ideen bilden:

Durch Induktion des Allgemeinen
dasjen'ge im Begriff vereinen,
das in der Phänomene Menge
identisch ist in aller Strenge.
Man muß zu diesem Zweck erstellen
Gleichheits- und Unterschiedstabellen
und dabei auch den Grad beachten,
wie diese sich zur Geltung brachten.
So bilde man aus den Instanzen
den richtigen Begriff des Ganzen.
Begriffe, die man so gefunden,
ins Urteil richtig eingebunden
und wohlverkettet in den Schlüssen,
uns Theorien liefern müssen
als wahres Abbild der Natur
und auch zugleich als Richtungsschnur
für unser Handeln, unser Schaffen.
Dies seien nun die neuen Waffen
der Herrschaft, die der Mensch errichtet,
sonst keiner Macht noch Recht verpflichtet.
Er hat es auf den Satz gebracht:
Das Wissen ist die höchste Macht!
Und diese Botschaft ward verstanden,
wie man ja sieht, in allen Landen.

# IV
# Die Philosophie des 17. Jahrhunderts

Nachdem das Alte neu entdeckt,
ward nun ein freier Geist erweckt,
gestimmt, mit frischem Selbstvertrauen
sich neue Welten zu erbauen.
Was *Bacon* nur im Bild beschrieben,
hat nun die Forscher angetrieben,
die Kunde von den Einzelheiten
in jeder Richtung auszuweiten.
Wie Handel und Gewerbe blühen
nun auch Gelehrte sich bemühen,
Gedankenmärkte zu errichten,
um schnell das Angebot zu sichten.
Wem etwas einfällt, wer was findet,
es schleunigst dorten laut verkündet.
Gelehrte hier und Dilettanten
sich ohne Zwang zusammenfanden
zu manch geselligem Vereine,
wo man – bei einem Gläschen Weine –
die neuste Neuigkeit bespricht,
die aus der Runde aufgetischt.
Auch mancher Potentat von Rang
fühlt' in sich nun den höhern Drang,
nicht nur als Kriegsheld zu erscheinen,
vielmehr sich darzutun den Seinen
als Förderer von Kunst und Geist –
was selber solchen Geist beweist.
Die Geister nun herbeizuziehen,
begründen sie Akademien.
Damit auch öffentlich sich zeigt

wie ihr Prestige nunmehr steigt,
darf Wissenschaft und Kunst jetzt glänzen
in königlichen Residenzen.
Darinnen läßt sich prächtig tagen.
Man lauschet dem, was vorgetragen
von einem just aus ihrer Mitten,
vielleicht auch eingesandt von Dritten:
Die Zahl der Beine seltner Motten,
der Heiratsbrauch der Hottentotten,
ein neuer Stern im Sternbild Hund
und vieles derart wird dort kund.
Das wird besprochen, kritisiert
und, wenn's gefällt, auch publiziert
in bänderreichen Fachberichten,
auf die bald keiner mag verzichten.
Doch fehlt's bei dieser Blütenlese
ersichtlich noch an der Synthese.
Die läßt nicht lange auf sich warten:
Als Rosen blühn im Blumengarten
– aus altem Stamm hervorgetrieben –
Systeme, die wir heut noch lieben.
Die reichen Fakten der Erfahrung
dem Denken bieten neue Nahrung,
die Fülle gliedernd zu durchdringen,
ihr eine Ordnung aufzuzwingen.
Nun sei es *eine* Grundidee,
auf der der ganze Bau ersteh'!
Was in ihr liegt, nur klar gedacht,
den Übergang zum nächsten macht,
und dieses führt von selber weiter
herab die ganze Stufenleiter
von Gattung, Art und Unterart,
bis sich's mit der Erfahrung paart.
*Euklid*, den jeder noch verehrt,

hat so Geometrie gelehrt.
Systeme bauen hieß denn auch
der geometrische Gebrauch.

33 Aus England *Thomas Hobbes* kam,
der dieses sich zum Ziele nahm.
Mit *Aristoteles* vertraut,
hat er uns ein System gebaut,
in dem er das, was jener lehrte,
durch stoische Gedanken mehrte.
Da er als Mathematikus
auch den *Euklid* verehren muß,
und daß auch jeder dies erkännte,
nannt' er sein Hauptwerk »Elemente«.
Im ersten Teil, nach kühnem Plan,
greift er die alte Logik an:
Das Denken, lehrt er hier geschliffen,
ist nur ein Rechnen mit Begriffen.
Wer die Begriffe kombiniert,
der hat sie nur im Geist addiert,
und wer durch Abstraktion will glänzen,
der subtrahiert die Akzidenzen.
Noch immer ist den Briten heuer
die mathemat'sche Logik teuer!
Natur, so lehrt uns *Hobbes* dann,
man nur als Körper deuten kann,
die aufeinander wirken bloß
nach dem Gesetz von Druck und Stoß.
Der alte Atomismus war
bei *Hobbes* nun korpuskular.
Von Freiheit gibt's da keine Spur,
denn alles wirkt gesetzlich nur:
Ananke, Göttin der Stoa,
stand als Kausalgesetz nun da!

»Vom Menschen« kann man weiterlesen:
Auch er ist nur ein Körperwesen,
getrieben von Instinktgewalten,
sein armes Leben zu erhalten.
Besitz und Macht ihm nur erlaubten,
sich gegen andre zu behaupten.
Wie irre Wölfe sie sich neiden,
und keiner möchte sich bescheiden.
So gibt's im Leben keinen Schutz,
nur Starke bieten sich noch Trutz
und hätten sich schon umgebracht,
wenn nicht Vernunft würd' selbst zur Macht.
Die Ungesichertheit des Lebens
wird selbst zum Grunde ihres Strebens,
sich lieber friedlich zu verbünden
und einen Körper-Staat zu gründen,
in dem jed' Teil das Ganze stützt,
das Ganze jeden Teil beschützt.
Darüber nun im dritten Buch
»Vom Bürger« lieset man genug,
und noch genauer steht es dann
in seinem Werk »Leviathan«.
Der Staat beruht hier ohne Frage
auf einem ersten Staatsvertrage.
Und wer auf Beitritt eingerichtet,
zuerst auf all sein Recht verzichtet.
Zugleich jedoch wird festgestellt:
Nur einer all sein Recht behält.
Er ist der Macht und aller Güter
nun einzig legitimer Hüter!
Da er die Macht allein behält,
ist er zugleich zum Schutz bestellt
von aller Untertanen Leben,
die sich so machtlos ihm ergeben.

Und nur solange dies beschieden,
herrscht in dem Staate wirklich Frieden.
Schützt er das Leben aber nicht,
ist jeder frei von seiner Pflicht
und nimmt zurück sein altes Recht,
sich selbst zu schützen gut und schlecht.
Es herrscht dann in dem ganzen Land
wie vordem der Naturzustand,
und dieser ist, mit Tod und Sieg,
ein allgemeiner Bürgerkrieg.
Aus ihm zog *Hobbes* seine Lehren,
ihm wollte er vor allem wehren.
Doch blieben England solcher Art
die Bürgerkriege nicht erspart.
Auch zwischen Staaten gibt es nur
den alten Zustand der Natur:
Der ein' den andern stets bekriegt,
und, wenn er schwach ist, auch besiegt.
Worauf dann auch die Briten bauten,
stets nur der eignen Macht vertrauten,
und wie sie diese größer machten,
blieb nachmals all ihr Tun und Trachten.
Die Körperlehre aber blieb
seitdem den Wissenschaftlern lieb.
Der *Robert Boyle* ist hier zu nennen,
den alle Chemiker noch kennen:
Korpuskulare Theorie
bei ihm begründet die Chemie.
Auch *Newtons* klassische Physik
auf *Boyle* und *Hobbes* wies zurück.
Doch waren sie auch fromme Männer,
der Bibel und Kabbala Kenner,
und wollten durch die Körperlehren
zugleich den Gott als Schöpfer ehren.

Er wird für sie die große Kraft,
die in den Körpern wirkt und schafft.
Drum können wir bei *Newton* lesen,
er bilde keine Hypothesen
zu dem, was da die ganze Welt
im Innersten zusammenhält.
Wie sollt' er auch, er wußt' es schon:
Der Gott ist selbst Gravitation!

34  Auch Frankreich hat nun ungeniert
die Körperlehre kultiviert.
Zum einen man den *Hobbes* kannte
– er lebte zwanzig Jahr im Lande –,
sodann ward, nicht von ungefähr,
der *Epikur* recht populär
durch des *Gassendi* Prachtausgabe
– für Atomisten eine Labe –
und weil er brachte unterdem
den *Epikur* in ein System.
Von dem *Gassendi* kannt' ihn schon
der junge Leutnant *du Perron*,
der die Physik so heftig liebte,
daß er sich täglich darin übte.
Er war auch, wie man sagen muß,
brillant als Mathematikus.
Was Geometer sinnlich malen,
das faßte er abstrakt in Zahlen
von Ordinaten und Abszissen
– die Gleichung folgt den Kurvenrissen.
So stellt er Punktbewegung dar
als funktionelles Zahlenpaar.
Zur dritten Dimension sodann
man Zahlentripel schreiben kann.
Die Körper, die im Raum bewegt,

man heut noch zu beschreiben pflegt
nach dieser Art, und nennt's seitdem
Cartesianisches System.
Indes, die Körperlehre blieb
ein Teil von dem nur, was er schrieb.
Es fehlte noch zu einem Ganzen
die Lehre von den Geistsubstanzen.
Die schrieb er voller Ambitionen
in seinem Werk »Meditationen
von Gott, dem Körper und der Seele«
und legt's, daß ich es nicht verhehle,
gewiß des Beifalls dort im Chor,
Pariser Theologen vor.
Doch die sind äußerst reserviert
– den Röm'schen Index bald es ziert! –,
auch Freund' und Gegner dann in Scharen
mit Einwand und Kritik nicht sparen.
Was ist's, was an der Geisterlehr'
so vielen schien so ganz verquer?
Nun, erstens tat ihr ganzer Gang,
als ging's um einen Neuanfang,
doch konnt' ein jeder Kenner sehn:
Es handelt sich um Grundideen,
die ganz platonisch ausgerichtet,
vor allem *Augustin* verpflichtet,
was im kathol'schen Frankreich noch
vernehmlich protestantisch roch.
Auch gab es in dem ganzen Buch
so manchen kräft'gen Widerspruch,
der unter glatter Oberfläche
sich bald erweist als große Schwäche.
Doch wie bedenklich auch die Blößen:
Das Werk zählt heute zu den Größen.
Den Zweifel nutzt es wie ein Sieb,

in dem *ein* Satz nur hängen blieb:
»Ich denke, also auch: Ich bin!«
Äquivalenz macht hier nur Sinn
von Sein und Denken, wie indes
schon längst gesagt *Parmenides*.
In dieser Gleichung als Konstante
er aber auch das Ich benannte,
und dies war eine Subreption
– auch *Augustin* benutzt sie schon
für seine Wende zum Subjekt –,
die damit auch *Descartes* bezweckt.
Bewußtsein heißet nun das Ding,
um das es schließlich nur noch ging,
und was es ferner in sich schließe,
das zeigte dann die Analyse.
Er glaubt, drei Arten von Ideen
in seiner Reflexion zu sehn:
Die eingebornen, selbstgemachten
und ihm von außen beigebrachten,
und sie erhielten ihre Wahrheit
durch ihre Deutlichkeit und Klarheit.
Was dunkel sei und indistinkt,
Verdacht der Falschheit mit sich bringt!
Die eingeborenen Ideen
hier nun im ersten Range stehen
– von *Platon* hat er sie genommen –,
die aber, die von außen kommen
– wie *Aristoteles* erzählt –,
bewiesen uns die Außenwelt.
Die selbstgemachten aber wohl
sind das, was *Bacon* nannt' Idol.
Er deduziert sodann mit Fleiß
den ontologischen Beweis
von einem höchst vollkommnen Wesen

– bei *Anselm* konnt' man's auch schon lesen –,
doch fügt' er gleich den Schluß daran,
daß Gott uns niemals täuschen kann.
Dies ruft nun das Problem herbei,
wie denn der Irrtum möglich sei.
Nun: Falsches, gerade wie das Wahre,
sich nur im Urteil offenbare;
Begriffe der Verstand vereint,
der Wille dann bejaht, verneint.
Da nun Verstand nicht weit uns reiche,
der Wille aber Gott selbst gleiche,
der uns auch das hat wollen lassen,
was wir verständig nicht erfassen,
so steht uns manches Urteil fest,
wo uns Verstand im Stiche läßt.
Und dies, so meint *René Descartes*,
geschieht, wenn uns ein Irrtum narrt!
Das ist wohl alles nicht ganz richtig,
doch scheint das Argument mir wichtig,
weil es beweiset klipp und klar:
Rationalist *Descartes* nicht war.
Nachdem nun dieses abgemacht,
Natur und Geist kommt in Betracht.
Da lehret er uns ziemlich dreist,
nur denkende Substanz sei Geist
und ausgedehnt sei die Natur
– sie zeigt vom Denken keine Spur –,
so daß die Welt sich teilt im ganzen
in diese zweierlei Substanzen.
Obwohl der Geist nicht ausgedehnt,
*Descartes* ihn im Gehirn nun wähnt
und meint, er spüre Leibbewegung
an seiner Hypophyse Regung
und treibe auch den Körper an

durch dieses selbige Organ.
Das war, so heißt's als Terminus,
direkt Influxus physicus.
Dann sei, was keine Seele hat,
nur selbstbewegter Automat
wie bei den Pflanzen und den Tieren,
die weder Lust noch Schmerzen spüren.
Die Lehre machte viel Spektakel
und gilt auch heut noch als Orakel:
Natur und Geist erkläre sie,
die Zwei-Substanzen-Theorie
verleihe Überzeugungskraft
Natur- und Geisteswissenschaft!
Indes, die Lehre hat nicht allen
in allen Punkten so gefallen.
Die einen spürten viel Verdruß
bei dem Influxus physicus
und meinten, zwischen Leib und Seele
es gänzlich an Berührung fehle,
es müsse vielmehr zwischen diesen
ein Drittes diese Lücke schließen:
Das könne, zwischen diesen zwein,
die göttliche Substanz nur sein!
Doch wie nun, wenn aus eignem Rat
die Seele planet böse Tat?
Soll für die körperlichen Sachen
der Gott dann noch den Kuppler machen?
Sie klang gar sehr nach Blasphemie,
die Gottes-Eingriffs-Theorie.
Dem Pater *Malebranche* mißfällt
die Theorie der Außenwelt.
Auch Körper, die wir vor uns sehn,
erkennen wir nur als Ideen,
die hat der Gott durch seine Macht

in unserm Geist hervorgebracht.
Daher ist, was man Körper heißt,
doch letzten Endes auch nur Geist,
und das bedeutet – schließt er flott –:
Wir schauen alle Ding' in Gott!

35 In Deutschland war auf alle Fälle
der Freiherr *Leibniz* gleich zur Stelle,
wie überhaupt in allen Fragen
auch hier sein Votum vorzutragen:
Wenn schon allhier ein guter Mann
zwei Uhren derart bauen kann,
daß sie, obwohl doch nicht verbunden,
beständig weisen gleiche Stunden,
um wieviel mehr mag's Gott gelingen,
zwei Dinge in Akkord zu bringen.
Die Körper- und die Geisterwelt
sind unter ein Prinzip gestellt:
Prästabilierte Harmonie
als Gleichklang ganz durchweset sie!
Doch wenn mein Eindruck mich nicht trog,
war diese Lösung recht ad hoc,
denn andrerseits behauptet er,
daß Körper nur Erscheinung wär';
es gäbe in der Welt im ganzen
partout nur geistige Substanzen!
Monaden meistens nannt' er sie
und manchmal auch Entelechie.
Drum wurde sein System im Land
als »Monadologie« bekannt.
Es ist – mit einem Wort skizziert –
ganz neuplatonisch konzipiert
und wurde auch in deutschen Landen
sogleich als solcherart verstanden.

Der Boden war gut vorbereitet,
als *Jakob Böhme* hier verbreitet
sein mystisch-theosophisch' Ahnen,
es mußte an *Plotin* gemahnen.
Doch lebt es nunmehr von dem Kniffe,
daß *Leibniz* darin die Begriffe
der Körperlehre zieht herbei,
um darzutun, was Geist nun sei.
Atom er die Monaden nennt
und von einander streng getrennt,
und keine sei der andern gleich
im ganzen weiten Geisterreich.
Auch Zentren nennt er sie von Kräften,
die ständig tätig in Geschäften
– des *Aristot'les* Energie
im Inneren beweget sie.
Für diese aber greifet Platz
der Energie-Erhaltungssatz,
so daß Monaden nie vergehn,
sie müssen ewig fortbestehn!
Nichts dringt von außen in sie ein
– sie haben keine Fensterlein –,
und doch soll jede auch zugleich
ein Spiegel sein, an Bildern reich
von den Monaden, die da draußen
genauso eremitisch hausen.
Das Spiegel-Bild, es steht hier nur
für des Bewußtseins Grundstruktur.
Sodann wird weiter ausgeführt:
Die Spiegel sind nicht blank poliert,
so daß ein jeder das nur faßt,
was gerade auch zu ihm nur paßt.
Vom trübsten bis zum klarsten drum
gibt es hier ein Kontinuum,

und jeder spiegelt seine Welt
dem Ort nach, da er aufgestellt.
Die Sache war – gesteh' ich's frei –
beileibe keine Spielerei,
denn heute denkt man doch noch meist,
so wie er's zeigte, sei der Geist:
Monadisch-individuell,
ein Kräfte- und Vermögensquell,
nur ein Reflex der Außenwelt,
die er zugleich in sich enthält,
der eine hell und klar poliert,
der andre dumm und fast vertiert,
dazwischen täglich oszillierend
zum Schlafe, gleichsam vegetierend.
Ward hier der Geist nun vorgestellt
durch Bilder aus der Körperwelt,
die Körper aber selbst – so heißt es –
sei'n Phänomene unsres Geistes,
so wird wohl klar, daß alles schrie
nach einer beßren Theorie.

36 Die hat dann unter manchem Zagen
*Baruch Spinoza* vorgetragen.
Sein Buch er nannte »Ethik« zwar,
doch davon kaum die Rede war,
»nach geometrischer Methode«
verweist nur auf Euklidsche Mode.
Vielmehr war es hier sein Bestreben,
der Logik alle Ehr' zu geben.
Kein andrer tat sich so befleißen,
streng syllogistisch zu beweisen,
was mit beachtenswertem Mut
er Satz für Satz hier kund uns tut.
Was alle als Problem behandelt,

das hat er zum Prinzip verwandelt,
und dies Prinzip bei ihm nun heißt:
Es gibt nicht Körper und nicht Geist.
Was man so nennt sind beides nur
zwei Akzidenzen der Natur.
Und diese selbst wird nur erkannt
als das, was man sonst Gott genannt.
Gott und Natur sind beide ganz
nur eine einzige Substanz!
Die vorher auseinanderklafften
sind nunmehr Gottes Eigenschaften,
denn Geist und Körper sind verwoben
in Gottes Wesen aufgehoben.
*Spinoza* damit offen sagte,
was mancher kaum zu denken wagte.
Doch rühmten ihn die größten Geister
hernach als ihren großen Meister!
Zu seiner Zeit – wie man versteht –
ward er als Atheist geschmäht,
auch hieß man ihn Panentheist,
was damals noch dasselbe ist.
Vor allem unsre Protestanten
ihn einen tollen Juden nannten
– recht sonderbar, da doch bekannt,
wie ihn die Juden selbst verbannt.
Die Katholiken blieben leise,
erkannten sie doch, daß der Weise
nur zeitgemäß zum Ausdruck brachte,
was *Anselm*, was *Cusanus* dachte.
Die Resonanz war auch sehr schlecht
auf seine Meinung von dem Recht:
Denn mit der Stoa meinte er,
Naturrecht ganz dasselbe wär'
wie die Naturgesetzlichkeit;

drum reiche auch das Recht soweit
des Lebewesens auf der Erde,
als Kraft und Macht zuteil ihm werde.
Die meisten hatten unumwunden
die Macht als ungerecht empfunden
und so zu wenig mitbedacht,
daß es kein Recht gibt ohne Macht.
Jedoch *Spinoza* weitergeht:
Die Macht nicht ohne Recht besteht!
Und das bedeutet gut und schlecht:
Wer erst die Macht hat, hat das Recht!
*Machiavelli* läßt hier grüßen
– *Spinoza* mußte dafür büßen.
Er ward, solang er hier gewandelt,
fast wie ein toter Hund behandelt.
Indessen spricht auf lange Frist
doch viel dafür, daß es so ist.
*Spinoza* aber hat gedacht,
daß Gott besitzt die größte Macht,
und so regiert er alle Mächte
und setzt sie ein in ihre Rechte.

Gewiß klingt's heute recht exotisch,
und manchem scheint es gar idiotisch,
dies Reden von der Hypophyse,
von Gott, der dauernd helfen müsse,
von einer Gottesschau der Dinge,
daß alles gar zusammenhinge
nach dem Prinzip der Harmonie,
da Dinge sich berühren nie,
von der Substanz als einer nur,
die doch umfaßt Gott und Natur ...
Das liest man so – und lächelt milde,
und prägt sich's ein, daß man sich bilde.

Und doch enthält dies alles schon
auch heute für uns die Lektion,
daß, wenn man A als wahr gesetzt,
auch Z behaupten muß zuletzt,
wobei das ganze Alphabet
für alles in der Welt nun steht.
Die Lehren der Systemerbauer,
sie blieben Muster auf die Dauer,
von der Geschichte gut verwaltet,
wie man sein Weltbild ausgestaltet.

# V

## Die Philosophie der Aufklärung im 18. Jahrhundert

Bis heute wird es noch bewundert,
das große achtzehnte Jahrhundert,
da es, wie viele damals schworen,
den Homo sapiens geboren!
Der Mensch, so wird hier angenommen,
ist jetzt dem Tierreich erst entkommen,
da er in allem nun allein
Vernunft als höchstes setzet ein.
Kunst, Technik, Wissenschaft erblühen,
die Menschen redlich sich bemühen,
sie immer mehr an allen Enden
zu ihren Zwecken anzuwenden.

37 In Frankreich wurde gar zuletzt
Vernunft auf einen Thron gesetzt
als eine weibliche Person
und Kultbild neuer Religion.
Die Kirchen wurden umgeweiht
zu Tempeln ihrer Heiligkeit,
auf deren Fries geschrieben steht
die neue heil'ge Trinität
von Freiheit, Gleichheit und was eh'
französisch heißt Fraternité.
Das hat die Zeiten tief bewegt,
auch heut noch man's im Busen hegt,
dies Ideal der neuen Frommen:
Es möchte endlich so weit kommen,
daß alle Menschen frei und gleich

vereint in brüderlichem Reich!
Doch scheint's dem Menschen nicht vergönnt,
daß er's auf einmal haben könnt':
Erfahrung lehrt – und recht beschau's –,
das eine schließt das andre aus.
Doch wer bisher gefolget treu,
der sieht: Vernunft ist nicht so neu
als metaphysisches Prinzip,
das dieses Zeitalter beschrieb:
Die Stoa hat's schon hochgehalten,
das röm'sche Weltreich zu gestalten
– und »Römisch« trug man mit Genuß
als aufgeklärten Habitus!
Auch meldeten nicht ohne Grund
wir weiter vorne den Befund,
daß der Juristenstand uns wär'
der Stoa Hauptdepositär.
Drum liegt es ziemlich auf der Hand,
daß damals der Juristenstand
mit seiner Denkungsart dabei
bestimmt, was wohl vernünftig sei.
Selbst wem es an Verstand gebricht,
saß damals gerne zu Gericht,
und alles wurde angeklagt,
nach seinem Rechtsgrund streng befragt.
All überall zur Frage steht:
Quid juris? – Legitimität.
Was keinen Rechtsgrund nennen kann,
das steht zur Liquidierung an.
Die Spätern haben's übernommen
und sind dann übereingekommen,
daß Recht in der Geschichte hier
in Staatsaktionen kulminier',
von denen aber, meint man, macht sich

*Aufklärung · 18. Jahrhundert*

am besten die von neunundachtzig.
Die Nationalversammlung sollte,
wie Abbé *Sieyès* es wollte,
repräsentiern als lauter Gleiche
das Volk im ganzen Frankenreiche.
Doch schloß man aus zu jener Zeit
den König, Adel, Geistlichkeit.
Als man dann Deputierte stellte,
da warn zwei Drittel Rechtsanwälte.
Die sorgten dann mit ihrer Massung
für eine neue Staatsverfassung,
in deren Rahmen – rechtsbehütet –
alsdann der Terror schrecklich wütet:
Der Klassenmord ward eingeführt
und nach Gesetz exekutiert!
In herrschaftslose Länderein
stieg dann der schlaue Bürger ein
und übernahm für seinen Samen
die alten Titel samt den Namen,
was ohne Zweifel dazumal
in jeder Hinsicht ganz legal.
Statt eines Königs hat man bald
den Chef der Militärgewalt,
der nennt sich, als er etwas weiser,
dann schließlich der Franzosen Kaiser
und hat – wie die Geschichte kündet –
den ersten Weltkrieg angezündet.
Revolutionen, die gelingen,
die Menschheit nicht viel weiterbringen.
Sie führen höchstens – mit viel Glück –
zu dem, was schon mal war, zurück!
Drum laßt uns denn woanders sehn,
was in der Aufklärung geschehn.
Geht's um Prinzipien, dann ist klar:

Metaphysik im Spiele war,
und Aufklärung ist nur ein Stück
der alten Licht-Metaphysik,
die nun in neuen Ausdrucksformen
den Menschen setzte neue Normen.

38 Die erste Norm ersichtlich war:
Macht die Begriffe deutlich, klar!
Das aber heißt: Setzt sie ins Licht!
– *Descartes* erhob's für uns zur Pflicht –
denn ohne Deutlichkeit und Klarheit,
so dacht' man, gibt es keine Wahrheit.
Und das erklärt uns ohne Zwang,
daß daraus allsogleich entsprang
als eine neue Industrie
gelehrte Lexikographie.
Nichts gab es in der ganzen Welt,
was nicht begrifflich vorgestellt:
*Descartes'* System auch selber schon
*Chauvin* bracht' in ein Lexikon.
*Pierre Bayle* wandte viel Kritik
im »Dictionnaire historique«
auf Trug und Fehler von Gewichte
der überlieferten Geschichte
– ins Deutsche übersetzt genau
von *Gottsched* oder seiner Frau.
Mit Recht der Ruhm wohl ewig währt
von *Diderot* und *d'Alembert*,
zu deren »Encyclopédie«
fast jeder seine Feder lieh.
Mit ihren fünfunddreißig Bänden
kann man sie heut noch gut verwenden.
Doch war in Deutschland gerad' vor ihnen
der »Große *Zedler*« schon erschienen

*Aufklärung · 18. Jahrhundert*

mit achtundsechzig Folianten,
ein Riesenwerk, das alle kannten;
was philosophisch ist davon,
entstammte *Walch*ens »Lexikon«.
Dagegen war mit zwei'n das dünnste
*Jablonski*s »Wissenschaft und Künste«.
Die »Deutsche Encyklopädie«
von *Köster–Roos* gelangte nie
bis übers K und mußte enden
bei vierundzwanzig dicken Bänden.
Zweihundertzweiundvierzig Bände
begann vor der Jahrhundertwende
Herr *Krünitz* dann herauszugeben,
doch konnt' er sie nicht all erleben.
»Cyclopedia« englisch hieß
das Werk von *Chambers*, das dann *Rees*
noch mal vermehrt herausgebracht,
was beiden große Ehre macht.
Zugleich jedoch auch die entstand,
die als »Britannica« bekannt.
Sie wird noch immer fortgeschrieben
und ist stets aktuell geblieben.
Das alles wurde auch gelesen,
drum sind sie so gelehrt gewesen
sowohl im Tiefen wie im Breiten,
die starken Köpfe jener Zeiten!

39 Ein Zweites folgt daraus sofort
– wir nehmen *Leibniz* hier beim Wort –:
Wenn der Monade geist'ger Rang
darin bestand, daß ihr gelang,
ein klarer Spiegel selbst zu werden
von allem, was geschieht auf Erden,
so kann sich dieses nur bewähren,

wenn es gelingt, sich aufzuklären.
Das mutet jedermann nun zu,
daß er was für die Bildung tu'!
Und dieses bot nun die Gewähr,
daß Aufklärung ward populär.
Zum ersten Mal im Abendland
ward Bildung als Geschäft erkannt,
und Philosophen, groß und klein,
die steigen ins Geschäft nun ein,
denn keiner mocht' mit seinem Hause
noch länger gelten als Banause.
Jetzt gründen sie mit einem Male
die philosophischen Journale,
es blühn moral'sche Wochenschriften,
die nützliche Erkenntnis stiften.
Daraus entstand auf alle Fälle
der stolze Intellektuelle,
der alles weiß und in der Tat
zu allem eine Meinung hat.
Die andre Seite der Medaille:
Er schaut herab auf die Canaille,
die nicht so aufgeklärt wie er
und deshalb dumm und tierisch wär'.
Doch wenn's mal darauf kommet an,
daß man auch Hand anlegen kann,
so kommt nur einer auf ein Lot,
sich selbst zu helfen in der Not.

40 Das Dritte liegt in der Tendenz
und ist nur ihre Konsequenz:
Wenn Bildung nur den Menschen macht,
wird sie ihm zeitig beigebracht,
und soll sie möglichst lange währen,
dann sind die Kinder aufzuklären!

## Aufklärung · 18. Jahrhundert

Wir sagen's so auch heut noch häufig,
doch ist der Ausdruck nur geläufig,
weil Aufklärung das Kind entdeckt
als pädagogisches Objekt,
und umgekehrt wird jetzt der Lehrer
zum eigentlichen Volksaufklärer.
In jedem Haus der feinen Welt
wird nun ein Philosoph bestellt,
der hat die Kleinen anzuleiten,
den Weg ins Leben zu beschreiten.
Mit Grazie ging *Locke* voran,
erzog den feinen Gentleman.
*Rousseau*, wie er sich selber schildert,
in seiner Jugend sehr verwildert
und mancher Widrigkeit erfahren,
will seinen Zögling nun bewahren
vor dem, was vom Erwachsnen droht,
drum stellt er auf das Grundgebot,
den Emil streng zu isolieren
von allem, was ihn könnt' verführen.
Natur allein sollt' ihn belehren
und allem bösen Einfluß wehren,
denn die Natur ist gut und recht,
erst die Gesellschaft macht ihn schlecht.
Dahinter steckt, man spürt es leicht,
daß Pädagogik nun erheischt,
die Kindlichkeit zu konservieren,
um die Gesellschaft zu sanieren.
Wie lehrt uns doch die Bibel gleich:
Der Kinder ist das Himmelreich!
Genug, Jean-Jacques' Träumerein,
die schlugen bald gewaltig ein.
Protagonisten gab's in Fülle,
die Schule wurde zur Idylle,

alsbald nur Kindergarten hieß
das neue Kinderparadies.
Man grenzet ab mit Busch und Binsen
die pädagogischen Provinzen,
damit, fern von des Alltags Mühen,
die Schulen kindgerecht erblühen.
Gewiß war dieses erst einmal
ein pädagogisch' Ideal,
doch hat es dann der Lehrer Massen
bis heute nicht mehr losgelassen.
In praxi herrschte allermeist
der Prügelschule strenger Geist,
die sollt' die Kleinen halt erziehn
zu Sauberkeit und Disziplin.
Wir sehen diesen Geist sich äußern
in *Franckes* Hall'schen Waisenhäusern.
Da wurde manchem eingebleut,
was ihn im Alter noch erfreut.
Da man die Kinder so vergöttelt,
hat man die Alten nun bespöttelt,
verhöhnt die traurigen Gestalten:
»Wie habt ihr euch so jung gehalten!«
Das Alter wurde abgeschafft,
es zählte nur der Jugend Kraft:
Aus jugendlichem Sturm und Drang
jetzt überall Genie entsprang:
Genie! – das war die neue Tugend,
und ihr Begriff: Natur und Jugend!

41 Als Viertes noch zu nennen steht
die All-Perfektibilität.
Wenn man ein Lichtlein zündet an,
man's immer heller machen kann.
Wer Bildung überhaupt genossen

zur Weiterbildung ist entschlossen.
Als jugendlich sich zu begreifen,
gibt Hoffnung auch auf langes Reifen.
Das alles aber wird Symbol,
daß alles besser werden soll!
Da geht es nicht nur einfach fort,
nein: Fortschritt ist das neue Wort,
und das, was ist, wird nun gemessen
an dem, was vorher schon gewesen.
Die Renaissance hat aufgestellt
als Maßstab die antike Welt.
Sie blieb, wie man gestehet gerne,
dann auch das Vorbild der Moderne.
Jetzt aber vergleicht man emsig,
ob man das Vorbild schon erreicht,
und manche mochten damals hoffen,
man hab' es längst schon übertroffen.
Damit der Fortschritt scheinet echt,
macht man das Mittelalter schlecht.
Kein gutes Haar an ihnen ließ
– »doctoribus scholasticis« –
der *Adam Tribbechovius*,
den man darüber lesen muß.
Wenn's Mittelalter finster war,
schien Aufklärung erst hell und klar,
wenn es barbarisch und vertiert,
war man jetzt richtig »policiert«.
Auch hermeneutisch mehr gewitzt,
verdeutelt man die Quellen itzt:
Was immer man daraus entnommen
muß neue Namen jetzt bekommen,
damit es ja den Eindruck macht,
als wär's zum ersten Mal gedacht.
Den *Jakob Brucker* lob' ich mir,

der klar und deutlich zeigte hier,
wie die Modernen in den Dingen
am Gängelband der Alten gingen.
Und *Kanten* nehm' ich's ziemlich übel,
daß darob seines Spottes Kübel
er über jenes' Haupt ergoß,
dieweil es ihn zutiefst verdroß,
daß der Historiker zumeist
im Neuen findet alten Geist,
daß manches, was als Neues lärmt,
nur Altes ist, doch aufgewärmt!
Noch heute wird's nicht gern gehört,
da man den Fortschritt so beschwört.
Die Aufklärung auch selbst indes
ward zum unendlichen Progreß,
der niemals könnt' zum Ziel gelangen,
auch hab' er gerad erst angefangen,
wie *Kant* es konstatiert am Ende
noch kurz vor der Jahrhundertwende.
So schwärmt man denn auch jetzt noch gern,
das Ziel sei immer noch so fern,
und wer sich dünkt recht progressiv
zunächst nach mehr Aufklärung rief.
Jetzt heißt's zwar Emanzipation,
doch wird's verlangt im selben Ton,
und meist sind's dann nach den Entwürfen
die andern, die jetzt noch bedürfen
der richtigen Bewußtseinspflege.
So übernehmen denn die Hege
die selbsternannten Volksbelehrer:
Die Hausfrau und der Straßenkehrer,
der Säugling und der alte Greis,
sie alle zahlen ihren Preis
für die angeblichen Genüsse,

## Aufklärung · 18. Jahrhundert

daß lebenslang man lernen müsse.
Des Alters Weisheit und Erfahrung
gibt Naseweisen keine Nahrung!
– Doch wenn ich weiter so parliere,
wird mein Poem noch zur Satire.
Drum schauen wir im weitern Gang,
was philosophisch von Belang.

42 In Deutschland gab zum Start den Schuß
der *Christian Thomasius*.
Als ausgezeichneter Jurist
er alles an der Praxis mißt.
Ganz stoisch, ohne Fehl und Tadel,
philosophiert er für den Adel:
Fängt Bildung erst bei Hofe an,
dann kriegt sie auch der Untertan,
wie man an seinem Hauptwerk sah
»Philosophia aulica«.
Die »Höflichkeit« dann sehr gefiel
und blieb uns ein Erziehungsziel.
Dazu war es sein Hauptbestreben,
Moral und Sitten anzuheben,
und er bemerkte hier ganz richtig:
»Ausübung der Vernunft« ist wichtig!
Die Schule der Systemebauer
befolgt er nun im Recht genauer,
indem das ganze Recht gebündelt
er auf die goldne Regel gründet:
»Was du nicht willst, daß man dir tu',
das füg auch keinem andern zu!«
Die Regel, meint er, reicht so weit
wie überhaupt Gerechtigkeit.
Decorum – Anstand – heißt es dann,
was Politik begründen kann:

Was einer von dem andern wolle,
er diesem auch erbringen solle.
Dann sei, soweit es geht hienieden,
gesichert auch der äußre Frieden.
Honestum – Ehrenhaftigkeit –
begründet Ethik allezeit:
Was man den andern mutet zu,
daß dies man auch sich selber tu'.
Dann sei uns allen auch beschieden
der innerliche Seelenfrieden.
Bedenkt es recht, es ist was dran,
was man auch jetzt noch schätzen kann!
Ansonsten lehrt' in seinem Fache
als erster er in deutscher Sprache,
was man als großen Fortschritt pries,
doch bin ich da nicht so gewiß,
denn dadurch kam dann überall
latein'sche Sprache in Verfall,
in der vordem die Fachgelehrten
aus aller Welt so leicht verkehrten.
Vergessen fast und unterschätzt
ist darum auch der *Morhof* jetzt,
in dessen Werk die Disziplinen
von jeder Wissenschaft erschienen.
Sein »Polyhistor« – in Latein –
mußt' jedermann geläufig sein,
der auf sich hielt in dem Jahrhundert,
drum wurd' es weidlich ausgeplundert.
So manches Deutsch-Originelle
hat hier lateinisch seine Quelle!


Der Aufklärung verlieh dann Stärke
der *Christian Wolff* durch seine Werke.
Er war, wie man ersieht indes,

## Aufklärung · 18. Jahrhundert

ein neuer *Aristoteles*.
Er hat, solang er hier gewandelt,
fast jede Disziplin behandelt
latein und deutsch, in Parallele.
»Von Gott, der Welt und auch der Seele«
spricht er in der Ontologie,
und systematisch wie noch nie
wird alles, was damit verbunden,
begrifflich klar hier vorgefunden.
Alsdann »Der Menschen Tun und Lassen«
mußt' ihm die Ethik jetzt umfassen.
Er zeigt mit gleicher Gründlichkeit,
daß nichts als die Vollkommenheit
zum Ziel des Strebens uns gerät,
daher: Perfektibilität!
In jeder Wissenschaft die Paarung
zunächst empirischer Erfahrung,
dann rationaler Theorie
zu echtem Wissen ihm gedieh.
Philosophia rationalis
bei ihm, was sonsten Logik war, hieß.
Auch dafür er zum Lehrbetrieb
»Vernünftige Gedanken« schrieb:
Was einen Widerspruch enthält,
das gibt es gar nicht in der Welt.
Was ohne Widerspruch wir denken,
soll uns auf Möglichkeiten lenken.
Was aber wirklich existiert
den Satz vom Grunde bei sich führt.
Das klingt zwar ziemlich elegant,
doch hat der gute *Wolff* verkannt,
daß gerade Möglichkeitsgestalten
stets einen Widerspruch enthalten
und daß das Wirkliche daher

des Widerspruches ganz entbehr'
und daß, was es nicht gibt, sodann
man überhaupt nicht denken kann.
Macht nur die Probe mal darauf,
so gehn euch wahre Lichter auf!
Indes, von *Leibniz* war's genommen,
wie's sonst auch bei ihm vorgekommen
– auch hatte *Leibniz* ungeniert
den jungen *Wolff* schon protegiert –,
so daß man später sprach bequem
vom Leibniz-Wolffischen System.
Das hat den *Wolffen* zwar erbost,
doch reichte es ihm wohl zum Trost,
daß solch ein ehrenvoller Titel
wirkt' auch als Propagandamittel.
Es dauerte auch gar nicht lange,
bis seine Lehre kam in Schwange,
wo nur ein Lehrstuhl zu besetzen
an unsern deutschen Hochschulplätzen.
Die Schriften waren bald im Land
in jedes Philosophen Hand,
und auch im Ausland allgemach
druckt' man sie öfter heimlich nach.
Noch *Kant* hat später unverblümt
den Geist der Gründlichkeit gerühmt,
den *Wolffens* Lehre ausgebreitet
und der auch ihm den Weg bereitet'.

43 Aus englischem Enlightenment
Erkenntnistheorie man kennt.
Der *Locke* und *Berkeley* und auch *Hume*
erwarben dadurch großen Ruhm,
daß sie zur Lösung von Problemen
von daher ihren Ausgang nehmen.

## Aufklärung · 18. Jahrhundert

Wenn die Erkenntnis selbst erkannt
als Sinnlichkeit und als Verstand,
so meinten sie, daß sich auch kläre,
was Inhalt der Erkenntnis wäre.
Der *Locke* hat sich die Außenwelt
aristotelisch vorgestellt,
wonach zuerst durch alle Sinne
Abbilder man von ihr gewinne.
Primäre Qualitäten nur
verraten ihre Grundstruktur
wie Widerstand, Zahl und Gestalt,
Bewegung, Ruhe, und es galt
als sekundäre Qualität,
was uns im Subjekt selbst entsteht
wie die Gerüche, Farben, Töne,
wodurch man sich die Welt verschöne.
Doch bleibt für ihn die große Frage,
was diese Eigenschaften trage:
Substanz und Hypokeimenon,
wie es genannt ja früher schon,
das nennt er nun mit neuem Wort:
Es bleibt für uns »unknown support«
– die für uns unbekannte Kraft,
die uns den Sinneseindruck schafft.
Verstand muß dann durch Reflexionen
»sensations«, die uns innewohnen,
Kategorien einverleiben
und so Erkenntnis weitertreiben.
Er kombiniert uns die Ideen,
durch die wir nun die Welt verstehen.
Doch nur zur Grenze er uns führt,
die der Substanzbegriff markiert:
Von Gott, der Welt und unsrer Seele
uns substantielles Wissen fehle.

Metaphysik, die dies behandelt,
wird dadurch gänzlich umgewandelt:
Sie wird für *Locke* jetzt im ganzen
zu dem Asyl der Ignoranzen.

Den Bischof *Berkeley* dagegen
dieselben Fragen zwar bewegen,
doch macht die Lösung seiner Lehre
dem Platonismus alle Ehre:
Idealismus wurde jetzt
auf neue Grundlagen gesetzt.
Ideen sind das wahre Sein
– stimmt er mit *Platon* überein –,
doch gibt's bei uns kein geistig Auge,
das uns zu ihrem Schauen tauge.
Die Sinne selbst sind das Organ,
womit wir schaun Ideen an,
und was wir sinnlich perzipieren,
das muß auch wirklich existieren!
Man muß als Fehler hier vermeiden,
Idee und Ding zu unterscheiden,
vielmehr identisch nun versteh'
das Ding, die Sache und Idee.
Was uns ein Sinn vor Augen stellt,
dies und nichts andres ist die Welt!
Weshalb auch die Erfahrung findet:
Ohn' Perzeption die Welt verschwindet.
Es gilt der Satz für uns auf Erden:
Sein, das heißt Wahrgenommenwerden.
Da Subjekt-Objekt nicht getrennt,
auch *Berkeley* nicht anerkennt
den Qualitätenunterschied,
den *Locke* so begründet sieht.
Kurzum, die Welt wird wieder bunt

## Aufklärung · 18. Jahrhundert

durch diesen wichtigen Befund.
Als nächstes steht die Frage an,
wie man begrifflich denken kann.
Da lehret uns nun *Berkeley* schlicht:
Abstraktes Denken gibt es nicht!
Die Anschauung muß stets begleiten,
was wir begrifflich aufbereiten.
Sprichst du von etwas allgemein,
so muß es was Konkretes sein,
was man als Fall für alle Fälle,
als Beispiel sich vor Augen stelle.
Ein Dreieck magst du variieren
und alle Winkel ausprobieren:
Stets bleibt es ein bestimmtes nur,
von Allgemeinheit keine Spur!
Doch wenn ein Beispiel wir betrachten,
wir stets nur einen Teil beachten,
und was wir so vor Augen stellten,
muß dann für alle Fälle gelten.
Und so geschieht's in allen Dingen,
die wir nun auf Begriffe bringen.
Doch können wir das Perzipieren
nicht selber uns vor Augen führen.
Wir sagen davon allerhand,
doch wird es niemals Gegenstand.
Nun, *Berkeley* sagt als frommer Christ,
daß es ein Akt des Geistes ist
und daß des Geistes Tätigkeit
der Welt Beständigkeit verleiht.
Wir, die nicht ständig perzipieren,
wir würden unsre Welt verlieren,
wenn nicht ein Gott uns und die Welt
durch seine Tätigkeit erhält.
Soweit war dieses ungefähr

auch *Malebranches* und *Leibniz'* Lehr',
doch die den Fehler hier begingen,
vom Geist zu reden wie von Dingen.
Für *Berkeley* der Begriff vom Geist
als einziger »abstrakt« noch heißt,
den nennt er darum »notion« jetzt!
Das hat die Kritiker entsetzt,
sie hielten's für ein Eingeständnis,
daß falsch die Lehre der Erkenntnis.
Doch werden die es nie verstehn,
die meinen, »Wahrnehmung« zu sehn,
wenn im Gehirne die Synapsen
im Röntgenbild zusammenknapsen.
Und die, die lehren so erbaulich,
man denke immer unanschaulich,
die mögen zwar den Geist verrenken,
doch dabei überhaupt nicht denken.

Auch *David Hume* war's nicht geheuer.
*John Lockes* Lehre war ihm teuer.
Er kehrte drum zu ihm zurück
und folgte ihm ein weites Stück.
»Impressions« nunmehr nannte er,
was irgendwie von außen her
sich in die Sinne drücket ein.
Da sollte denn auch etwas sein,
was diesen Eindruck führt herbei,
doch unerkennbar dieses sei.
Dieweil er hier nun passen muß,
nennt er sich einen Skeptikus.
Wenn nun die Sinne nichts mehr tun,
noch schwache Bilder in uns ruhn,
die können wir durch Reflektieren
zu neuen Bildern kombinieren:

## Aufklärung · 18. Jahrhundert

Was nacheinander aufgenommen,
das muß auch so zusammenkommen.
Was ähnlich ist, das zieht sich an.
Verschiedenes, das trennt sich dann.
Die Assoziationsgesetze
regieren die Gedankennetze!
Das ist nun wichtig, um zu sehen,
woher Kategorien entstehen:
Sie sind, sagt *Hume* uns ohne Schönung,
allein die Kinder der Gewöhnung.
Zumal, was wir kausal verbinden,
ist, was wir nacheinander finden,
und wenn wir's immer so getroffen,
wir's dann auch für die Zukunft hoffen.
Das wird Kausalität genannt,
doch gibt es da kein innres Band,
so daß wir niemals sicher sind,
daß sich's nicht noch mal anders find't.
Auch der Begriff von der Substanz
beruht auf Glauben an Konstanz,
die regelmäßig wir gefunden
in der Erfahrung so verbunden.
Die Dinge und Bewußtsein gar
ein »bundle of perceptions« war.
Man sieht, hier wird Vernunftkritik
ein psychologisch' Meisterstück.
Das macht' in England Tradition:
Der Empirismus lebt davon.
Der ältre *Mill* gar faßte sie
als eine »mental chemistry«.
Jedoch die ganze Außenwelt
dem Glauben ward anheimgestellt,
wie's laut der *Thomas Reid* verkündet
und damit reichlich Beifall findet.

Enlightenment als Konsequenz
erzeuget nun den Commonsense,
wonach vernünftig sei und wahr,
was uns die Sinne legen dar.

44 Aufklärung kaum zu denken wär'
in Frankreich ohne den *Voltaire*.
Er brachte Licht in alle Ecken,
verstand's, die Geister aufzuwecken
und zu errichten die Signale
für diese neuen Ideale.
Erzogen von den Jesuiten,
hat er zunächst den Weg beschritten,
die Rechte gründlich zu studieren,
als Anwalt sich zu etablieren.
Von Zunge und von Feder spitz,
erfährt er früh schon die Justiz:
Ein Chevalier, den er genierte,
in der Bastille ihn sistierte.
Verboten wurde und verbrannt
sein erstes Buch von Henkershand.
Kein Wunder, daß ein solcher Mann
tatsächlich wurd' zum Anwalt dann
geschändeter Gerechtigkeit,
die sich in Frankreich machte breit.
Am besten man Franzosen weckte
durch theatralische Effekte,
denn alles, was hier wirken soll,
auf einer Bühne erst erscholl.
Die nutzte auch geschickt *Voltaire*
für seine Botschaft als Gewähr,
indem er mit Theaterstücken
das Publikum bracht' zum Entzücken.
So schafft' mit ähnlicher Grandeur

*Aufklärung · 18. Jahrhundert*

nur *Lessing* sich bei uns Gehör.
Doch machte er nicht nur Gedichte,
er schrieb auch emsig die Geschichte
von Sitten, Völkern, großen Herrn,
die diese selber lasen gern.
Und auch als erster schrieb er gar
»Philosophie de l'histoire«.
Als Wissenschaften-Journalist
er kaum zu überschätzen ist,
denn was in England diskutiert,
hat er in Frankreich eingeführt:
Den *Locke* und *Newton* macht' *Voltaire*
in Frankreich richtig populär,
– zusammen mit der *Châtelet*,
mit der er teilt' Physik und Bett.
Freidenkertum, Deismus auch
bracht' er in Frankreich in Gebrauch.
Auch *Leibniz* machte er bekannt,
wenn er ihn auch zu tadeln fand,
denn im »Candide« stellt' er ihn vor
als typisch teutschen tumben Tor,
des Optimismus nichts beirrt,
selbst wenn die Welt zuschanden wird.
Das wurd' berühmt des Credos wegen,
man solle halt sein Gärtchen pflegen,
wie Kaiser *Diokletian*
es einst als Pensionär getan.
Als ihm Paris ward ungemütlich,
begab er sich zum *Großen Friedrich*,
der ihm in Preußen demonstriert',
wie man ein Königreich regiert.
Der Philosophenkönig machte,
daß er von Deutschland besser dachte.
In seinen letzten Lebensjahren

benutzt' er, was er dort erfahren:
Philosophie wird praktisch nun
und leitet ihn bei seinem Tun.
Er kauft Schloß Ferney nebst Domänen
und zählt sich zu den Souveränen,
regiert weise, und darauf
blüht dieses Ländchen kräftig auf.
Von nah und fern um seinetwegen
wallfahrten fürstliche Kollegen,
bei ihm zu lernen, ihn zu ehren
und dabei seinen Ruhm zu mehren.
So ward er lebend noch Symbol,
was Aufklärung uns nützen soll.


Ein jeder weiß, cartes'scher Geist
das achtzehnte Jahrhundert speist.
Man meint hier Rationalité,
für die *Descartes* am meisten steh'.
Daß dies ein schöner Mythos war,
das legten wir schon vorne dar:
Vernunft, die fand er sehr beschränkt,
der Wille vielmehr alles lenkt!
Wer dies vertrat in diesem Land,
*Descartes* wohl richtiger verstand.
Und einer sprach es deutlich aus
und machte Politik daraus.
Warum wohl las man überall
*Jean-Jacques Rousseaus* Contrat social,
darin allein ein Grundvertrag
der Politik zugrunde lag?
Cartes'sche Rationalität
hier nicht mehr zur Debatte steht,
dafür entsproß aus ihrer Hülle
ein mystisch-allgemeiner Wille,

*Aufklärung · 18. Jahrhundert*

in dem das Volk – plebiszitär –
zur Einheit ganz verbunden wär'.
Doch wie *Rousseau* dabei verfuhr,
war es der Mehrheitswille nur.
Er meint', der Minderheiten Wille
neutralisiert sich in der Stille,
da Rechts und Links stets das begehren,
was sie sich gegenseitig wehren,
so daß die Volonté de tous
sich generalisieren muß.
Der Zaubertrick ward sehr gepriesen,
er gab der Mehrheit das Gewissen,
im Namen dieses Allgemeinen
die Minderheiten zu verneinen.
Wen wundern Terrorismuswellen,
die dieses oft in Frage stellen.
Auch heut kann man nicht drauf vertrauen,
daß viele diesen Trick durchschauen,
zumal der Wille auch noch jetzt
bei vielen die Vernunft ersetzt.
Man sieht hier, wie der heil'ge Geist,
der augustinisch »Willen« heißt,
heruntersteigt aus seinem Himmel
hinein in unser Volksgewimmel,
und neue Priester legen aus,
worauf das Volk nun will hinaus.
*Rousseau* sah wohl im Willen nur
die eigentliche Volksnatur,
die hinterm Wust der Interessen
wird allzu leicht und schnell vergessen.
Sein vielzitierter Spruch dafür
hieß ja: Retour à la nature!
Er hat im Mann das Kind gesucht,
die Zivilisation verflucht,

wodurch uns die moderne Welt
den Ursprung der Natur verstellt,
denn besser werd's nur auf der Erde,
wenn die Kultur natürlich werde.
*Diogenes* vor seiner Tonne
– Tritt mal ein wenig aus der Sonne! –,
das Paradies der Karaiben,
wie's mancher Kapitän beschrieben,
und *Franklin* aus Amerika,
den ganz perückenlos man sah,
das schlichte Mädchen, fast ein Tier
– fünf Kinder hatte er von ihr –,
die für ihn fünfundzwanzig Jahr'
Gefährtin, Frau und Mutter war,
und noch zuletzt der Pavillon
im Park des Schlosses Ermenon –
so, schien zu glauben er geneigt,
sich die Natur auch jetzt noch zeigt.
So, wie auch heute mancher meint,
Natur sei, wenn die Sonne scheint,
doch dann, beim nächsten Regenguß,
fährt sich's im Auto mit Genuß.
Wie grausam trieb sie doch ihr Spiel,
als Lissabon in Trümmer fiel,
wie oft hat sie den Mensch bedroht
mit Katastrophen, Seuchen, Not.
Auch Volksnatur, erst losgelassen,
rast manchmal schrecklich durch die Gassen,
wie's in Paris alsbald geschah
und man es dann noch öfter sah.
Wer zur Natur zurückgekehrt,
da oft nur Barbarei erfährt!

Ganz anders und mit viel Geschmack
wirkt' da der Abbé *Condillac*.
Philosophie ihm wieder war
nur Seelenforschung ganz und gar,
und wie die Seele Welt erfährt,
er psychologisch uns erklärt.
Von *Locke* ist er ausgegangen,
doch *Berkeley* hat er angehangen,
versucht, die Seelentätigkeiten
ganz von den Sinnen abzuleiten.
Sein Hauptwerk hat er elegant
»Traité des Sensations« genannt.
Wie einst der Schöpfer Adam machte,
auch er sich einen Menschen dachte
zunächst als steinern' Monument,
der nichts von außerhalb erkennt,
auch kein Bewußtsein in sich birgt,
solange nichts von außen wirkt.
Dann gibt er ihm die einz'lnen Sinne
und prüft, was er dabei gewinne,
und baut in sukzessivem Lauf
das Weltbild dieses Menschen auf.
Das Denken, Phantasie, Gedächtnis
ist hier nur sinnliches Vermächtnis
und reicht in allem nur so weit
wie transformierte Sinnlichkeit.
Auch der Begriff vom eignen Ich
aus der Erfahrung bildet sich
als das Gesamt der Sensationen
und derer, die uns innewohnen,
die im Gedächtnis wohl gespeichert
im Lauf des Lebens angereichert.
Mit solchen Studien, wie Ideen
aus unsern Sinnen uns entstehen,

hat er, wie die Geschichte kündet,
bald eine Schule sich begründet.
Sie hieß die Ideologie
und wurde Staats-Philosophie.
*Destutt de Tracy, Cabanis*
man bald als Koryphäen pries;
der gall'sche Kant: *Maine de Biran*,
gehörte dieser Schule an.
Durch sie ist Frankreich zugewachsen
der Commonsense der Angelsachsen.

45 Auch Deutschland hat sich mit der Zeit
dem Commonsense geöffnet weit.
Weltweisheit, hieß, es, dieser wär',
wer ihn vertrat, war populär!
Die *Sulzer, Meier, Garve, Feder*,
auch *Mendelssohn*, es redet jeder
von Gott, der Seele und der Welt
und wie sie dazu eingestellt.
Mir hat jedoch von diesen allen
am meisten *Lichtenberg* gefallen,
des Einfallsreichtum, Scharfsinn, Witz
der Deutschen köstlichster Besitz.
Wenn je sich Commonsense bewährt:
Der Mann war wirklich aufgeklärt!
Nächst ihm schätz' ich – wohl nicht allein –
den *Großen Friedrich* auch so ein,
den neuen deutschen *Mark Aurel*,
der gab dann auch sogleich Befehl,
daß sie auf preuß'schen Bildungsstätten
den *Locke* vorzutragen hätten.
An seinem Hof der König ehrte
noch mehr französische Gelehrte:
*Voltaire, d'Argens* und *LaMettrie*

*Aufklärung · 18. Jahrhundert*

hielt er für Männer von Genie.
Doch Leibniz-Wolffsches Denken auch
war überall noch im Gebrauch:
Die Preußische Akademie
ihm kräftig ihre Stimme lieh.

46 Da war alsbald schon abzusehn,
wohin die Richtung würde gehn:
Vermittlung, Ausgleich in der Runde
ward jetzo das Gebot der Stunde.
Und diese setzte dann ins Werk
der Philosoph aus Königsberg.
*Kant* führt die Aufklärung zum Ende
und leitet ein die große Wende
zum deutschen Idealismus hin,
dem radikalen Neubeginn.
Zum Denken, sagt er, braucht man Mut,
denn denken kann man oft ganz gut,
doch fehlt es meist an Selbstvertrauen,
aufs eigne Urteil auch zu bauen.
So zeigt er kühn, der kleine Mann,
was eignes Urteil leisten kann.
Sein Werk erweist auf einen Blick:
Er war ein Meister der Kritik,
des Scharfsinns und der Gründlichkeit
und bleibt uns Vorbild alle Zeit.
Doch ward er selber kritisiert,
hat er recht sauer reagiert:
Den *Garve* hat er fast vernichtet,
als dessen Rezension berichtet,
die Kantische Vernunftkritik
verdanke *Berkeley* manches Stück
– doch in der zweiten Edition
tilgt' er die Spuren schnell davon.

Was *Kant* vollbracht' sind die Synthesen
von allen Strömungen gewesen:
Idealismus sich ihm paart
mit Realismus solcher Art,
daß *Aristot'les* Welt der Sinne
von *Platon* her erst Sinn gewinne,
des eingeborene Ideen
bei ihm als Apriori stehen.
Zwar leugnet er dies sehr beflissen,
doch konnt' er's so genau nicht wissen,
denn *Platon* kannt' er in der Tat
nur aus des *Bruckers* Referat.
Den *Wolff* hat er recht ungeniert
als Dogmatismus rezipiert;
mit Humescher Skepsis leicht versetzt,
wird dieses Kritizismus jetzt.
Auch das cartes'sche Cogito
bei ihm sich findet ebenso,
denn das Bewußtsein überhaupt
hat er aus jenem hergeklaubt.
Was »praktische Vernunft« er nennt,
man schon von *Augustin* her kennt:
Der gute Wille ganz allein
steht für das gute Handeln ein.
Doch was dabei das Gute ist,
bei *Kant* die Ratio bemißt:
Die Stoa schon zu ihrer Zeit
nennt's die Gesetzesförmigkeit
– ein ziemlich schemenhaftes Ziel,
das den Juristen gut gefiel,
denn was die als Gesetz erstellten,
sollt' immer schon für alle gelten.
Die Urteilskraft für unsereinen
sollt' eigentlich das Denken meinen,

für *Kant* jedoch bedeutet sie
die Schöpfungskraft der Phantasie.
Die braucht er nun als Bindeglied
für das, was er gewaltsam schied:
die Sinnlichkeit und den Verstand,
die sie als Stoff und Form verband.
Als Schematismus wird betitelt,
was zwischen beiden nun vermittelt.
Da ist nun Phantasie die Kraft,
die einer Form den Inhalt schafft,
und fürs Empfindungsstoffgewühle
die zugehör'ge Form erfühle.
Die Phantasie, die er berief,
ist aber selbst auch kreativ
und schafft zugleich mit neuen Formen
für Kunst und Technik auch die Normen.
Die Norm, die er darin entdeckt,
ist das, was dadurch wird bezweckt:
der Kunst – und dieses gilt für alle –
ist nur, daß sie uns auch gefalle;
der Technik, daß sie frischen Mutes
den Menschen leiste etwas Gutes.
Was aber allen wohlgefällt,
nennt man das Schöne in der Welt,
und dies, in Kunst und in Natur,
ist selbst des Guten Signatur.
Wer nun ein schönes Gut genießt
gewöhnlich auf den Schöpfer schließt,
und in der Ordnung, Harmonie
bewundert er sein Kunstgenie.
So muß, wenn wir Natur bedenken,
uns dies auf einen Schöpfer lenken,
der alle Dinge in der Welt
so schön und zweckvoll hergestellt.

So führt die Kunst ihn zu dem Schluß,
daß einen Gott man glauben muß,
denn daß er wirklich existiert,
wird durch Beweis nicht demonstriert.
Wer aufgeklärt, muß Gott verstehn
als ein ästhetisch' Phänomen.
Seither, statt Kirchen zum Te Deum,
besucht man Oper und Museum.
Beträchtlich wirkte *Kants* Genie
für Wissenschaften-Theorie,
doch ging hier sein Bemühn darum
ausschließlich aufs Quadrivium:
Die mathematische Physik
des *Newton* hatt' er stets im Blick
als Musterstück für alle Zeit
von strenger Wissenschaftlichkeit.
Erfahrung, meint er, ist zwar wichtig,
doch werde sie erst dadurch richtig,
daß etwas mit ihr werd' verbunden,
was in ihr selbst nicht vorgefunden:
Es ging' ein Wissen noch vorher,
das von ihr unabhängig wär',
erst dies der Wissenschaft verleiht
Gewißheit und Notwendigkeit!
Geometrie und Zahlenlehre
danach nur zu begründen wäre,
weil a priori Raum und Zeit
als Formen lägen schon bereit,
ein angeschautes Material
zu ordnen in Gestalt und Zahl.
Die Zahlenmannigfaltigkeit
entsteh' durch Zählen in der Zeit,
dieweil Gestalten uns entstehen,
wenn wir euklidisch-räumlich sehen.

## Aufklärung · 18. Jahrhundert

Naturgesetze der Physik
entsprechend gehen dann zurück
auf die Begriffe im Verstand,
die er dort a priori fand:
Kategorien, meint er, seien
– vier Gruppen gibt's zu jeweils dreien –
Begriffe von den Urteilsformen,
die uns die Logik lehrt als Normen;
die Subjekt-Prädikat-Verbindung
sei apriorische Begründung
für alle Typen von Gesetzen,
durch die wir die Natur vernetzen.
Ob's sich verhält nun wirklich so,
sei hingestellt, doch hatt's Niveau,
und darum jeder Physikus
noch jetzt den *Kant* studieren muß!
Doch weiter ging nun *Kants* Bestreben,
Metaphysik auch zu erheben
zu einer strengen Wissenschaft
für alle Zukunft dauerhaft.
Dazu bemüht' er nun der Schlüsse
normierte Form, die liefern müsse
die letztbegründenden Prämissen
für alles deduktive Wissen.
Er findet sie in den Ideen,
die a priori schon bestehen,
die die Vernunft je schon enthält
von Gott, der Seele und der Welt.
Was uns ein Sinn vor Augen stellt,
ist sicher Teil der Außen-Welt,
doch kann es niemals uns geschehen,
daß wir die Welt als Ganzes sehen:
Soweit wir auch erforscht Natur,
sie bleib' Idee des Ganzen nur!

Auch unser ganzes Seelenleben
kann uns nur Einzelheiten geben,
doch Einheit und Totalität
durch die Idee der Seel' entsteht!
Was man nun Welt und Seele nennt,
hält beide Sphären noch getrennt,
die nun Vernunft zu einen strebe,
indem sie sich zuletzt erhebe
zum absoluten Ideal,
das alles gleich umfaßt zumal.
Das sei, so meint nun unser *Kant*,
was man schon immer Gott genannt!
Ich habe – daß mir Gott verzeih' –
gewisse Zweifel nun dabei:
am Apriori überhaupt,
das dieses Kunststück erst erlaubt;
sodann, daß hier die Form der Schlüsse
uns die Ideen liefern müsse,
denn Einzelnes zum Ganzen einen
ist Wesen jedes Allgemeinen
und logisch dann – bei *Bacon* schon –
Ergebnis einer Induktion.
Gott kann nur höchste Gattung sein
und schließt dann alle Dinge ein,
und jedem wird infolge dessen
das Merkmal »göttlich« zugemessen.
Doch darauf kamen schon hinaus
der *Anselm* und der *Nikolaus*,
und auch *Spinoza* war im Kern
von dieser Einsicht nicht so fern.
Im deutschen Idealismus gar
dies allgemeine Ansicht war.
Das Ideal von einem Gotte
blieb eine kantische Marotte.

*Aufklärung · 18. Jahrhundert*

Doch richtig hat er festgestellt,
daß einen Widerspruch enthält,
was uns als Ideal erscheint,
des Existenz zugleich verneint.
Er zieht daraus den Schluß zu hektisch,
Vernunft sei immer dialektisch
und denke darum antinomisch
– in allen Ehr'n, ich find das komisch!
Daß metaphysische Systeme,
wenn man sie beim Prinzipe nehme,
im Widerspruche sind zuletzt,
das ward noch stets vorausgesetzt.
Vernunft, in Schulen kultiviert,
war pluralistisch stilisiert.
Doch *Kant*, verliebt in die Synthesen,
macht nun Vernunft zum Einheitswesen
und zahlt dafür den hohen Preis,
daß die Vernunft sich selbst zerreiß'.
Statt einzusehn, wie's logisch frommt,
daß Widerspruch zustande kommt,
wenn wahr und falsch zusammenstößt,
so daß man Widersprüche löst,
indem man prüft, was wahr daran,
und Falsches scheidet aus sodann,
legt uns nun *Kant* im Ernste dar,
daß manchmal beide Teile wahr
und manchmal beides falsch selbander,
was antinomisch zueinander.
– Daß dies ganz falsch, liegt auf der Hand,
doch hat man's damals nicht erkannt.
Die einen glaubten unverdrossen,
im Widerspruch sei einbeschlossen
nur Falschheit, Irrtum, Trug und Schein:
Da konnt' Vernunft nicht nützlich sein.

Die andern aber glaubten gar,
der Widerspruch sei gänzlich wahr,
drum sei Vernunfterkenntnis künftig
nur noch als Dialektik zünftig.
So bracht' Kritik, die *Kant* erschuf,
Vernunft zuletzt in schlechten Ruf.
Metaphysik, so demonstriert,
ward fast für immer ruiniert!
Vorbei war's mit dem großen Schwung
der Aufklärungsbegeisterung.
*Kant* selbst besorgte ihr das Ende
rechtzeitig zur Jahrhundertwende.

# VI
# Die Philosophie in der ersten Hälfte des 19. Jahrhunderts

Das Gegenwärt'ge nie beruht
auf dem, was sich erst heute tut,
vielmehr sind wir doch stets befangen
in dem, was da vorausgegangen.
Aus der Geschichte wird gelernt:
Vergangenheit sich nicht entfernt,
im Gegenteil, sie rückt uns nah
als Wissen davon, was geschah
und was als Zeitgenosse man
gewöhnlich nicht erfahren kann.
Geschichte, in Ideen verwandelt,
gibt Überblicke dem, der handelt,
und wirkt im Denken und im Streben
als eigentliches Geistesleben.
So bietet auch in unserm Fall
das neunzehnte nun überall
fürs zwanzigste Jahrhundert schon
die rechte Tiefendimension.
Entzwei nun brechen die Synthesen,
die man bei *Kant* so schön gelesen,
man sieht jetzt die Prinzipien klar,
wo vordem noch viel Nebel war.
Aus *Kants* Vermächtnis – parallel –
restituiert sich nun ganz schnell
der alte Streit von Großsystemen,
die nunmehr ihren Ausgang nehmen
vom Denken über die Natur
und andrerseits vom Geiste nur.

## Der deutsche Idealismus

Idealismus freilich stand
im Vordergrund im deutschen Land,
so daß die ganze Periode
auch so zu nennen wurde Mode.
Von *Reinhold* bis auf *Schopenhauer*
erstreckt sich seine Herrschaftsdauer.
Danach sieht man aus seinen Trümmern
noch manchen sich ein Hüttchen zimmern.
Doch gab's zur gleichen Zeit daneben
den deutschen Realismus eben,
der mehr mit dem zusammenhing,
was auch im Ausland vor sich ging,
und er gewann auf lange Sicht
das dominante Vorgewicht.
Im Gegensatz zu frühern Zeiten
ließ man durch Wissenschaft sich leiten
und hat, was diese lehrten, jetzt
recht vorschnell absolut gesetzt.
Und dieses sollte sich bewähren,
um alles andre zu erklären.
Doch war's, man muß es deutlich sagen,
die Wissenschaft aus frühern Tagen,
auf deren Grund zu stehen kam,
was man dafür in Anspruch nahm,
denn solche Selbstverständlichkeiten
bedürfen langer Reifezeiten.
Wer nun Idealismus schätzte,
auf Geisteswissenschaften setzte
und setzt voraus, daß längst schon klar,
was eigentlich der Geist hier war:
Es war der Gott der Theologen;
Jurisprudenz herbeigezogen

macht selbstverständlich auch die These,
daß Geist in den Gesetzen wese;
und trivial in jedem Sinne
erschien, daß man den Geist gewinne
als Sinn, Bedeutung auch aus Texten
– den Philologen hier am nächsten;
Mathematik, Zahl und Gestalt
als geistiges Gebilde galt;
doch alles dies zusammen hieß,
daß man auf das Bewußtsein stieß,
das schon seit der Antike Geist
in allen Seelenlehren heißt.
Von *Kant* gewaltig hochgeschraubt,
ward es Bewußtsein überhaupt,
Subjekt, transzendentales auch
ward es genannt nach Kantschem Brauch.
Was man Objekt dabei noch nennt,
wird nicht mehr von ihm abgetrennt,
vielmehr wird's als Produkt verstanden
von dem, was im Subjekt vorhanden.
Die klassischen Vermögen, Kräfte
sind's nun, die wirken zum Geschäfte,
und jeder Punkt, den man berührt,
wird nun darauf zurückgeführt.

47 Als Kantianer erster Stunde
eröffnet *Reinhold* hier die Runde.
»Neue Bewußtseinstheorie«
nennt er sein Werk und zeiget, wie
die Vorstellung in sich enthält
Subjekt und Objekt beigestellt,
so daß im Vorstellungsverband
daraus die ganze Welt entstand.

48 Als nächster *Johann Gottlieb Fichte*
erwarb sich Ruhm in der Geschichte.
Die »Lehre von der Wissenschaft«
erklärt die Welt aus Schaffenskraft.
Als Ur-Tathandlung spricht er an,
womit nun alles hier begann:
Ein absolutes Ich sich setzt,
doch dies zu tun bedeutet jetzt,
daß es ein Nicht-Ich unterscheidet,
das unaufhörlich es begleitet.
So ist begrifflich schon gewonnen,
wie Geist und die Natur begonnen.
Und beides grenzt sich weiter ein,
auf daß die Vielfalt nun erschein'
der Einzelheiten beider Sphären,
da Wissenschaft sich muß bewähren.
Wie nun gehandelt hier der Geist,
das zeigt zugleich, was Logik heißt:
Denn den Begriff zu definieren
bedeutet auch zugleich negieren,
so daß erst eine Negation
bestimmt die Ausgangsposition,
und umgekehrt damit gepaart
wird erst bestimmt die Gegen-Art.
Auf gleiche Weise man sodann
die Unterarten bilden kann;
und weiter führt nach diesem Kniffe
die Pyramide der Begriffe.
Bestimmen im Gedankenfeld
ist nun auch Konstruktion der Welt.
Da wird's zu *Fichtes* Hauptbestreben,
die Freiheit in dem Geistesleben
und die Naturnotwendigkeiten
aus dem Bestimmen abzuleiten.

Nimmst du Natur als Mat'rial,
durch Geist bestimmet überall,
so hast du stets schon frei gehandelt,
Natur dem Geiste anverwandelt,
und schaffst, Gesetze gebend gleich,
Moral und Recht – ein Pflichtenreich.
Doch wo Natur den Geist bestimmt,
Notwendigkeit er auf sich nimmt,
und theoretisch eingestellt,
erkennt gesetzlich er die Welt.
Da aber *Fichte*, wie man sieht,
auf Handlung alles hier bezieht,
so ist auch seine Position
der erste Pragmatismus schon.

49 Auf seinem Weg zum Ruhm auch schnell ging
der *Friedrich Wilhelm Joseph Schelling*.
Mit dreiundzwanzig Jahren nur
erreicht' er schon die Professur
in Jena, wo auch *Fichte* weilte,
mit dem er manch' Gedanken teilte.
Zunächst verwandt' er sein Genie
auf die Naturphilosophie
und hat die materielle Welt
als Organismus vorgestellt,
worin das Große und Geringe
nun ganzheitlich zusammenhinge.
Es sollt' transzendentales Leben
die ganze Schöpfung nun durchweben.
Entwicklung und Evolution
nannt' er auch den Hervorgang schon.
Polarer Gegensatz regiert
hier alles, was er konstruiert:
Im Widerstreit mechan'scher Kräfte,

der Säuren und der Laugen Säfte,
im männlich-weiblichen Prinzip
wirkt überall derselbe Trieb,
durch den die große Lebenskraft
die Reiche der Natur erschafft.
Das war den Ärzten angenehm:
Das Schellingsche Natursystem
nun endlich zu begründen schien
den Grundbegriff der Medizin.
Naturforscher- und Ärztebund
nachher in *Schellings* Geist entstund.
Der Evolutionismus auch
durch *Schelling* kam erst in Gebrauch,
und heute noch macht *Schelling* Ehre
die Selbstorganisierungslehre.
Doch mußte es auf lange Strecken
entschiedene Bedenken wecken,
was *Schelling* oft zusammenrafft:
mehr Poesie als Wissenschaft!
Auch zog das neue Denken an
so manchen üblen Scharlatan.
Drum schaut' ein echter Physikus
auf *Schellings* Lehre mit Verdruß:
Mit Acht und Bann belegten sie
*Schellings* Naturphilosophie.
Indes, Natur – bei ihm dann heißt es –
ist nur die Odyssee des Geistes,
und dieser selbst wird erst erkannt,
wenn das Bewußtsein man verstand,
in dem Natur, mit Geist verbunden,
spekulativ wird vorgefunden.
Und er entwirft, zu klären sie,
Identitätsphilosophie.
Da hat er denn, wie *Fichte* schon,

die Welt gemalt als Produktion.
Doch war es nicht die Handlung mehr,
die hier Prinzip des Ganzen wär'.
Die kreative Phantasie
vielmehr entwirft und schaffet sie.
Sie setzt – und setzt auch gleich dagegen,
synthetisiert dann allerwegen
zunächst empfindend, unbewußt,
was dann Anschauung werden mußt',
und dieses wieder reflektierend
in Willensakten kulminierend,
so wird sie immer selbstbewußter
– nach Leibnizschem Monadenmuster.
Von hinten aber angesehen
läßt's als Geschichte sich verstehen,
in welcher die Naturerfahrung
dem Geiste bietet jeweils Nahrung
als Text- und Dokumentenquellen
die Perioden aufzustellen,
die das Bewußtsein in der Tat
am Ende ganz durchlaufen hat.
Doch gibt es für die Phantasie
kein Ende der Geschichte hie:
Sie treibet fort das Geistesleben,
sich über die Natur zu heben,
ja, diese selber zu begeisten,
und dieses kann die Kunst nur leisten.
Philosophie wird praktisch nun
in einem künstlerischen Tun
und schlägt jetzt ein die neue Richtung:
Sie wird im höchsten Sinne Dichtung!
Den Philosophen gibt's dann nur
als neuen Typ und Kunstfigur,
die der Natur die Stimme lieh.

Mit einem Wort: er wird Genie!
Das war den Dichtern sehr bequem:
Das Schellingische Kunstsystem
gab ihnen nun den höchsten Rang,
Artismus brachte es in Schwang.
Von *Schiller* über *Goethe*, *Kleist*
und was man die Romantik heißt
las man nun Dichtung ohne Makel
als philosophisches Orakel
und forscht noch jetzo nach dem Sinn
des tiefen dunklen *Hölderlin*.

50 Als *Schelling* längst in Jena las,
er seines Freundes nicht vergaß,
des *Georg Friedrich Wilhelm Hegel*,
der – etwas älter – nicht so kregel.
Sie kannten sich seit vielen Jahren,
da sie Kommilitonen waren
– was auch den *Hölderlin* betrifft –
an Tübingens berühmtem Stift.
In Jena sah man diese beiden
so manches Schriftwerk nun verbreiten,
von dem noch heute nicht ganz klar,
was jeweils wohl ihr Anteil war.
Doch hat dann *Hegel* in der Nacht
der Jena-Auerstedtschen Schlacht
noch letzte Hand ans Werk gelegt,
das späterhin die Welt bewegt:
»Phänomenologie des Geistes,
System der Wissenschaft« – so heißt es.
Da wird der Geist nun absolut,
die ganze Welt ist, was er tut,
und tritt hervor in die Erscheinung
durch seine Kräfte zur Verseinung.

## 19. Jahrhundert

Zunächst ist er nur selber da
– an sich –, eh' irgend was geschah.
Die »Logik« führt uns auf die Spur
von seiner inneren Struktur
und ist, in solchem Sinn gesehen,
als Theo-Logik zu verstehen.
Hier wird uns auch genau beschrieben,
was ihn zur Schöpfung angetrieben:
Ein Ander-Sein, Entäußerung
nennt *Hegel* nunmehr diesen Sprung,
womit begann Evolution,
wie sie beschrieben *Schelling* schon
und vordem *Jakob Boehme* auch
nach neuplatonischem Gebrauch.
Natur als erstes Reich besiegelt
die Sphäre, da der Geist sich spiegelt.
Du findest ihn in den Gesetzen,
die stets die Parität verletzen,
wie uns ja jeder Spiegel lehrt,
der ihre Bilder umgekehrt.
So auch, als unsichtbare Kraft,
er überall hier wirkt und schafft.
Als Spiegelbild der Wirkung nur
erkennt man Geist in der Natur.
Nächstdem uns *Hegel* nahebringt,
wie sich der Geist Natur entringt
und sich ein zweites Reich errichte:
das der Kultur- und Weltgeschichte.
Ging er vordem aus sich heraus,
so kehrt er nun zu sich nach Haus.
Des Geistes Gang auf dieser Erden
nennt *Hegel* nun sein Für-Sich-Werden,
dieweil, was er dabei getan,
er auch noch selber schauet an.

Als Mittel mußt' er sich bedienen
der Menschen, die nun hier erschienen,
durch ihr Bewußtsein wird ihm klar,
was er nun an und für sich war.
Da ist der Weltgeschichte Gang
sein ungeheurer Freiheitsdrang,
zuerst verwirklicht in dem Einen,
der als Despot beherrscht die Seinen,
bezeugt durch kolossale Spuren
in den antiken Hochkulturen,
wo seine Willkür und Gewalt
gerann in steinerner Gestalt.
Dann Freiheit, aufgeteilt auf viele,
wo Macht und Herrschaft wird zum Spiele,
da Aristokratie entstand
im alten Rom und Griechenland.
Hier schon die Freiheit allen blühte
zunächst im christlichen Gemüte,
das sich gestellt fand vor die Wahl
von Rettung oder Höllenqual,
doch blieb's ein innerliches Ringen,
sie konnt' noch nicht nach außen dringen.
Im Mittelalter blieb sie stehen
im adeligen Recht der Lehen.
Reformation und Aufklärung
bedeuten hier den großen Sprung,
da Freiheit bricht die alten Mächte
im Kampfe um die Menschenrechte.
Für *Hegel* kündet nun davon
französische Revolution,
wie Freiheit werde allgemein
im bürgerlichen Staatsverein.
Doch Schreckensherrschaft, Diktatur
zerstören bald der Freiheit Spur.

Da sei nun aus den Freiheitskriegen
die deutsche Freiheit aufgestiegen,
und fruchtbar werde ihre Saat
im preußischen Verfassungsstaat.
Da Freiheit so Gestalt gewonnen,
hab' nun die Endzeit auch begonnen,
da alle Völker auf der Erden
der Freiheit sich erfreuen werden.
Doch was der Geist bisher getan
gehört Vergangenheit nun an,
und was die Völker einst gelitten
ist längst ins Nichts hinabgeglitten,
was an das Zeitliche gebunden
ist mit der Zeit nun auch verschwunden.
Es bleibet uns Vergangenheit
nun selbst als geist'ge Wirklichkeit,
und was der Geist zuvor gehandelt
wird in ihr in Ideen verwandelt,
die uns historische Gestalten
abbreviiert präsent erhalten.
Bewußtseinskraft, die dieses leistet,
Geschichte immerfort vergeistet,
ist, was auch *Platon* schon besungen,
Vermögen der Erinnerungen.
Gedächtnis ist die große Kraft,
die uns das Geisterreich erschafft!
Darum, wer *Hegel* richtig kennt,
sein Denken Mnemonismus nennt.
Wie dieses aber funktioniert,
uns Dialektik demonstriert:
Was das Gedächtnis nämlich tut,
das heißt in deutscher Sprache gut
Aufhebung dessen, was erfahren:
Der eine Sinn ist das Bewahren,

der andre aber ist indessen
Beiseiteschaffen und Vergessen.
Das aber nannte *Fichte* schon
die Position und Negation.
Die wendet *Hegel* selber dann
aufs Ganze der Erfahrung an,
wo induktive Abstraktion
die Logik-Seite zeigt davon.
Zum Beispiel nimm ein Hier und Jetzt
und schaue, was damit gesetzt:
ein Ding! Doch willst du es ermessen,
mußt du das Hier und Jetzt vergessen.
Das Ding dabei erweist sich gleich
an vielen Eigenschaften reich.
Die aber sind, wie *Berkeley* sah,
nicht ohne deine Sinne da,
so daß, willst du ein Ding betrachten,
du mußt auf dein Bewußtsein achten,
denn dessen geistige Natur
erzeuget dir die Dinge nur.
Doch willst du dieses nun erkennen,
kannst du's nicht von den Dingen trennen,
denn seine Bildung ist Bewahrung
der Summe deiner Dingerfahrung,
wo aus der Arbeit mit der Hand
dir erst ihr rechtes Bild entstand.
Um dies Bewußtsein zu erreichen,
mußt du mit andern dich vergleichen,
denn selbst sich täuscht und bleibet dumm,
wer glaubt ans Individuum.
Das Selbstbewußtsein wird gefunden
als in Gemeinschaft eingebunden.
Da hilft nicht eitle Nabelschau,
vielmehr beachte nun genau,

wie andre auf dich reagieren,
dann kannst du Selbstbewußtsein spüren.
Nur durch die Tat in deinem Stand
wirst du von ihnen anerkannt!
An solcher Schätzung du bemißt,
daß du ein Teil des Ganzen bist.
Das weist nun über dich hinaus
auf die Familie, auf das Haus,
auf Recht und die sozialen Bande,
die gelten in dem ganzen Lande,
auf deine Pflichten in dem Leben,
die dich ins Ganze erst verweben.
Darüber gib dir Rechenschaft
und wende nunmehr deine Kraft
auf das Verstehen und Durchdringen
der Mächte, die's zustande bringen,
daß dies Gewebe nicht zerreißt:
Es ist Institutionen-Geist,
ein bunt' Geflecht von Wirk-Ideen,
die über dem Bewirkten stehn.
Betrachtest du hier sehr genau
den kulturellen Überbau,
erkennst du bald auch die Gewichtung,
wodurch Geschichte wird zur Schichtung:
Der Aufbau ist unzweifelhaft
Kunst, Religion und Wissenschaft.
Die Kunst wird hier nun vorgestellt
als Geistesmacht antiker Welt,
durch die die Menschheit sich entwindet
dem Joch, durch das Natur sie bindet.
Symbole und die schönen Formen
sind allererste Geistesnormen,
den Blick vom Stoffe loszureißen
und auf ein Jenseits zu verweisen.

Die Schönheit, die hier ward Gestalt,
für alle Zeit als Kanon galt,
so daß noch jeder Kunstgenuß
am Klassischen sich schulen muß.
Was aber Kunst nur sucht und ahnt,
dem wird nachher der Weg gebahnt
in religiösen Andachtsformen,
den mittelalterlichen Normen,
worin des Geistes Gegenwart
dem Mensch als Gott sich offenbart.
Der Kunstgestalten reiche Fülle
wird nun dem Göttlichen zur Hülle:
Des Steines Schwere überwindet
die Baukunst, die von ihm nun kündet,
hoch in den Himmel sich erhebend
der Andacht Raum und Stätte gebend.
Auch Plastik, Malerei, Choral
man nun zum Gottesdienst befahl,
darinnen an zentralem Ort
gelesen wird das heil'ge Wort,
in dem das Göttliche verdichtet
sich nun an die Gemeinde richtet.
Doch Kunst und Religion, so heißt es,
sind jetzt nicht mehr Gefäß des Geistes,
der die modernen Zeiten prägt:
Die Wissenschaft nun alles trägt!
Sie ist, wie *Hegel* es nun nennt,
sein eigentliches Element,
wodurch er, wie es ihm auch frommt,
zuletzt ganz zu sich selber kommt.
– Wir haben hier schon längst beschrieben,
wie *Hegel* Wissenschaft betrieben.
In ihrem Grundriß find'st du sie
in seiner Enzyklopädie.

Willst du daran partizipieren,
mußt Wissenschaften du studieren:
Als *Königs*weg in jedem Fach
vollziehe die Geschichte nach,
denn so nur kommst du ohne Frage
zur aktuellen Forschungslage,
und unterwegs dann stets bemerke
Philosophie bei ihrem Werke.
Nimmst *Hegel* du bei seinem Wort,
geht die Geschichte nicht mehr fort,
denn alles, was zu denken war,
macht sein System dir offenbar.
Was je der Geist getan, gewollt,
hat er erinnernd eingeholt,
das Falsche dabei überwunden,
das Wahre darin aufgefunden,
und dies, das absolute Wissen,
wir nur noch ruminieren müssen.
So hat's hernach in deutschen Landen
die Hegelschule auch verstanden.
Wer Hegelismus dann betrieb,
Philosophiegeschichte schrieb,
wie *Erdmann, Prantl, Feuerbach*
und *Fischer, Zeller* noch danach.
Als Markenzeichen blieb in Mode
die dialektische Methode,
nach der sie alles, was geschehen,
als Widerspruchs-Entfaltung sehen,
doch so, daß darin stets auch wese,
was nun sich eignet zur Synthese,
die ihrerseits enthält den Bruch
zu einem neuen Widerspruch.
Das führt man fort, bis nichts in Sicht,
was eigner Meinung widerspricht,

die sich ergibt als schöner Lohn
der Hegel-Interpretation.
Doch war Bescheidenheit im Fache
nicht aller Hegelschüler Sache.
Die Jungen – wie sie sich genannt –,
als Linke auch noch jetzt bekannt,
die hielten *Hegels* Denken zwar
fürs letzte, das noch möglich war,
doch gerade darum reif die Zeiten,
vom Denken nun zur Tat zu schreiten:
Die Welt – hat *Marx* nun dekretiert –
ward bisher nur interpretiert,
es kömmt drauf an, sie zu verändern
in Deutschland und in allen Ländern!
Doch was daraus sie wirklich machten,
wir bald an anderm Ort betrachten.

51 Als *Hegel* schließlich in Berlin
am Gipfel seines Ruhmes schien,
da ward die Konkurrenz recht sauer
dem jungen *Arthur Schopenhauer*.
Zum »Alten« ging man ins Kolleg,
dem »Jungen« blieben alle weg,
zumal der auch so kühn gewesen,
zur selben Stund' wie er zu lesen.
Nachdem er's öfter noch versucht,
er alle Professorn verflucht,
zieht sich zurück dann mit Ranküne
und macht privatgelehrt Fortüne.
Idealismus treibt er weiter
auf der Vermögen Stufenleiter
und will die ganze Welt enthüllen
als Ausgeburt von einem Willen.
Sein Hauptwerk mocht' erst niemand lesen,

doch später ist's berühmt gewesen,
der Titel zeigt schon seine Grille,
es heißt denn auch »Die Welt als Wille
und Vorstellung« und fand bald Platz
im bürgerlichen Bücherschatz.
Denn eines muß man ihm wohl lassen:
Gut lesbar ist's, man kann es fassen,
und *Schopenhauer* sicher ist
ein ganz vorzüglicher Stilist!
Daß nun der Wille hier zuletzt
als Grundprinzip ward angesetzt,
erweist, daß alle Protestanten
bei *Augustinus* wieder landen,
denn der zuerst behauptet' ja:
Voluntas quippe omnia!
Bei ihm war es der heil'ge Geist,
der alles schafft, von oben speist;
bei *Schopenhauer* – nota bene –
betritt der Wille nun die Szene
als eine unbewußte Kraft,
die alles nun von unten schafft.
Die toten Elemente schon
sind Willensmanifestation;
der Pflanzen und der Tiere Leben
muß aus dem Willen sich ergeben,
und die Kultur – als Kunst sie gilt –
natürlich aus dem Willen quillt.
Doch der Hervorgang bei ihm nun
hat mit Entwicklung nichts zu tun,
und von Geschichte überhaupt
zu reden wird hier nicht erlaubt.
Gar Dialektik, wie auch immer,
gibt es bei diesem Autor nimmer.
Dafür kennt unser *Schopenhauer*

die Wissenschaften viel genauer,
und mancher lernt' zu seinem Glück
bei ihm davon ein schönes Stück.
Was er dabei vor Augen führt
ist immer gründlich recherchiert,
nur fügt hinzu er ohne Schwanken,
es sei dem Willen zu verdanken!
Daß Wollen auch die Kunst regiert,
ward nachmals weithin akzeptiert.
Doch nicht die künstlerische Tat,
vielmehr was man davon nun hat
im Umgang mit dem eignen Willen,
das soll Ästhetik hier enthüllen.
Schon *Aristoteles* bescheinigt,
daß Kunst die Leidenschaften reinigt:
Wie wohlig kann die Seele beben,
wenn wir ein Schauspiel miterleben;
des Lebens Ernst und die Gefahren,
die können wir uns dabei sparen.
Darauf er sich nun auch berief:
Die Kunst wird ihm Palliativ,
des Willens übermächtig' Walten
im Leben gerade auszuhalten.
Symbolisch stellt sie vor uns hin
den Willen als der Dinge Sinn.
Nur die Musik – bisher verachtet –
den Willen ganz direkt betrachtet
und ist für *Schopenhauer* drum
das mystische Mysterium,
durch das der Mensch den Willen bannt,
sein Drängen bringt zu Ruh' und Stand.
Das hat die Musiker erfreut,
und *Nietzsche*, *Wagner* und Bayreuth
bezeugen heut noch diese Lehre,

daß die Musik was Beßres wäre.
Der Mann scheint glücklich nur gewesen,
solang' er im Konzert gesessen,
und alles andre dünkte ihm
in jeder Hinsicht furchtbar schlimm:
Den Reichen macht's die größten Plagen,
die Langeweile zu ertragen;
die Armen aber drückt die Not
und Sorge um das täglich' Brot;
drum wär's bei aller solchen Pein
am besten, nicht geborn zu sein.
Doch guten Rat bereit er hält
für die, die schon mal auf der Welt:
Es ist die Regel der Moral,
nur mitzuleiden überall!
Ich stell' mir vor, wie auf der Zeil
zu Frankfurt leidend Langeweil
mit seinem Pudel er inmitten
von armen Bettlern mitgelitten!
Geschult an *Aristoteles*,
nimmt *Schopenhauer* noch indes
der Gründe vier in Augenschein,
die Grund des Willens möchten sein.
Die Analyse schien ihm richtig,
doch der Befund war immer nichtig.
So blieb er dann auch streng dabei,
daß Nichts der Grund des Willens sei.
Das stimmte, wie er richtig sah,
ganz überein mit Vedanta,
dem klassischen System der Inder,
und zum Buddhismus paßt's nicht minder.
So kam nach langer Zeiten Lauf
der Nihilismus wieder auf,
den schon die Mystiker gekannt,

als Gott sie reines Nichts genannt.
Doch außer ein paar letzten Frommen
wär's damals niemand beigekommen
zu meinen, daß die neue Lehre
die Konsequenz der Mystik wäre.
Viel besser klang's modernen Ohren,
sie sei im Orient geboren.
Indessen bracht' die Sache doch
auch Vorteil dann den Deutschen noch:
*Paul Deussen* aus dem Sanskrit jetzt
Upanishaden übersetzt,
und er studiert mit Akribie
die indische Philosophie.

52 Doch bracht' die Nihilismuswende
Idealismus nicht ans Ende.
Ein damals kaum bekannter Mann,
der heute erst Gewicht gewann,
belebte ihn in der Gestalt,
die fortan als platonisch galt,
als Gründungstheorie zumal
von Wahrheit, Satz, Idee und Zahl.
Nur kurz er die Soutane trug,
da er nicht orthodox genug.
Was über Gott und Seel' er lehrte
von *Leibniz* stammt, den er verehrte.
Gedanken sind ihm absolut,
auch wenn sie keiner denken tut,
und wahrer Sinn von Sätzen auch,
ganz unabhängig vom Gebrauch.
Was man in Lehrbüchern notiert
schon vorher »an sich« existiert.
Mathematik und Logik eben
entdecken bloß, was vorgegeben,

Und dieser Mann, daß ich es sag',
*Bernard Bolzano* war aus Prag.

Doch schauen wir noch näher hin,
wofür die Sache machte Sinn:
Idealismus blieb in Kraft
auch sonst für Geisteswissenschaft,
nur wollen wenige gestehn,
daß sie an seinem Bande gehn.
Der Philologe, dem aus Text
Sinn und Bedeutung jäh erwächst
und der behauptet mit Bedacht,
nicht er hab' sie hinzugebracht,
der sollte sich auch eingestehen,
er spüre hier des Geistes Wehen.
Wer als Historiker bereit,
zu schildern die Vergangenheit
und seine Quellen so zu lesen,
als sei er selbst dabei gewesen –
worauf will er sein Auge richten?
Materiell ist es mitnichten,
er setzt vielmehr voraus zugleich
Vergangenheit als Geisterreich.
Doch leider ist es allzu wahr,
daß dies nur unserm *Droysen* klar.
Die meisten realistisch dachten
und so ein Nichts zum Objekt machten:
historische Realität,
die nicht mehr ist und doch besteht!

## Der deutsche Realismus

Doch nunmehr wollen wir betrachten,
was jene Philosophen machten,
die – parallel zu den genannten –
zum Realismus sich bekannten.
Aus *Kants* System am meisten blieb
das Ding an sich noch jedem lieb,
denn jeder Realismus mündet
in eine »Res«, die ihn begründet.
Doch wie das Ding zu fassen sei,
das machte das Problem dabei.

53 Der gute *Jakob Friedrich Fries*
mit großem Scharfsinn hier bewies,
daß, wer das Wissen recht bedenkt,
es auf Erscheinungen beschränkt
und daß vom Ding an sich dabei
kein Wissen jemals möglich sei:
Das sei gegeben überhaupt
nur dadurch, daß man an es glaubt!
Der Glaube also garantiert,
daß es an sich auch existiert.
So wird, auf Glauben gut gebettet,
die Außenwelt für uns gerettet,
denn unsre ganze Innenwelt
sei unsres sichern Wissens Feld.
Wer aber Glauben recht versteht,
von ihm zur Ahndung weitergeht,
daß sich in dem, was ihr erfahret,
ein Göttliches euch offenbaret.
Doch Wissen, Glaube, Ahndung eben
sind a priori uns gegeben,
und dieses können wir nur wissen

## 19. Jahrhundert

durch psycholog'sche Analysen,
die er uns vorführt mit Geschick
als »psychische Vernunftkritik«.
Das meiste, was der große *Kant*
vordem transzendental genannt,
das wurde Gegenstand allhie
der psych'schen Anthropologie,
worin nun *Jakob Friedrich Fries*
die größte Meisterschaft bewies,
zu deren Gründervätern man
ihn ohne Zweifel zählen kann.
Ansonsten war er, daß ihr's wißt,
perfekter Quadrivialist:
Die Wissenschaften der Natur
kannt' er wie selten einer nur,
auch neueste Mathematik
beherrschte er mit einem Blick.
Da war es ihm denn angelegen,
auch deren Theorie zu pflegen.
Wie mathematische Strukturen
heuristisch führen zu Naturen,
und daß wir dabei nur verstehen,
was wir durch deren Brille sehen,
das zeigte glänzend sein Genie
in der Naturphilosophie.
Dafür erhielt er viel Applaus
von *Humboldt* und dem großen *Gauss*.
Wenn's heute gilt als selbstverständlich,
vergißt man *Fries*, und das ist schändlich!
Nun war der Pfiff bei alledem
das mathematische System
auch für Chemie und Lebensformen
zu brauchen als Erkenntnisnormen.
Als erster zeigt' er dabei, wie

man deren Teleologie
kausal-mechanisch kann erklären,
um die Methode zu bewähren.
So konnte er auch davon reden,
organisch seien die Planeten,
so daß auch unsre alte Erde
– bis zum Kristall – organisch werde.
Gewiß erkennet man recht schnell:
Dies läuft zu *Schelling* parallel,
nur daß, was jener phantasiert,
bei *Fries* solide ward fundiert.
Mit Recht wurd' *Fries* darum im Land
der Forscher-Philosoph genannt.
Zudem war *Fries*, wie deutlich wird,
politisch auch sehr engagiert.
Er kritisierte laut und scharf,
wo für Reformen war Bedarf:
Die Armut sich rapid vermehre,
weil Arbeit ihren Mann nicht nähre,
so lang' der Bettel ebenso
zum miesen Existenzniveau.
Besitz und Eigentum hingegen
– privilegiert auf vielen Wegen –
die Reichen gleichsam über Nacht
von selbst nur immer reicher macht.
Die Deutschen, tüchtig zum Geschäfte,
vergeuden zänkisch ihre Kräfte
in kleinen Staaten in der Runde,
statt eins zu sein im Deutschen Bunde,
dieweil die andern unverweilt
sich Kontinente aufgeteilt,
um mit den Koloniengründern
die ganze Welt noch auszuplündern.
Die Politik soll dazu führen,

ein beßres Recht zu etablieren,
das in der Ethik sei fundiert
und das ein höchster Wert regiert.
Der höchste Wert, lehrt *Fries* hier schon,
das ist die Würde der Person.
In ihr sind alle Menschen gleich,
ob jung, ob alt, ob arm, ob reich,
wenn sie geachtet in der Welt,
wär's besser bald mit ihr bestellt.
Daß man sie achte, nie verletze,
steht heut in jedem Grundgesetze,
doch die Verfassungswirklichkeit
zeigt davon wenig weit und breit,
zumal ja kaum noch einer weiß,
was Menschenwürde wirklich heiß'.
Die Allerschwächsten, würdelos,
vernichtet man im Mutterschoß.
Die Alten, Kranken, die uns Bürde,
verlieren dadurch ihre Würde.
Pornographie verkündet munter:
Der Frauen Würde ging längst unter;
und Männer, die man würdig nannte,
die macht man zum Gespött im Lande.
Zu Friesens Zeiten war das Zunder
und wirkte bei der Jugend Wunder,
die, heimgekehrt vom Freiheitskrieg,
Reformen wünschte nach dem Sieg.
Beim Wartburgfest in erster Reih'
war *Fries* natürlich auch dabei.
Doch als sein Schüler *Sand* danach
den Herrn *von Kotzebue* erstach,
geriet er gleich in die Kartei
der *Metternich*schen Polizei.
Er ward vom Lehramt suspendiert,

wenn auch Gehalt ihm noch spendiert
von Sachsen-Weimars Landesherrn
*Karl-August*, der ihn mochte gern.
Er reist' im Lande eine Weile
und schrieb dabei so manche Zeile
und hätte sich beinah zuletzt
nach Carolina abgesetzt,
nach Salem, wo sein älter Bruder
amtiert' als Haupt der Herrnhuter.
Als später dann im Reich und Sachsen
über die Sache Gras gewachsen,
da durfte *Fries* auch wieder lehren
im kleinen Schülerkreis mit Ehren.
*Mirbt, Apelt, Schlömilch, Hallier, Schleiden*
darf man zu nennen nicht vermeiden,
die in Erforschung der Natur
so treulich folgten seiner Spur.
Die liberalen Protestanten
zu Friesens »Ahndung« sich bekannten
als apriorischer Begründung
für theologische Verkündung.
Von *Wilhelm Leberecht de Wette*
bis *Rudolf Otto* reicht die Kette,
zu der in mancher Hinsicht man
auch *Schleiermacher* rechnen kann.
Erst recht Partei-Ideologen
sich später gern auf *Fries* bezogen:
Die Liberalen allermeist,
weil er Verfassungsgebung preist;
die Völkischen und Nationalen
als Deutschtumsdenker ihn empfahlen,
der früh gewarnt vor schlechten Sitten
der Judenschaft und Jesuiten,
die durch geheime Auslandsbünde

und alte Zinsgeschäfte-Pfründe
den Sinn und Wohlstand in den Städten
gefährdet und geschädigt hätten;
die Sozialisten aber dann,
die schätzten *Fries* als ihren Mann,
weil er dem Ärmsten noch im Lande
die Menschenwürde zuerkannte,
der Hände Arbeit hoch gepriesen,
der Reichen Hochmut streng verwiesen.
*Leonard Nelson* hat's bedacht
und ganz zu eigen sich gemacht.
Durch seine Neo-Friesianer
ward Sozialismus ein humaner,
der dann zum Tragen auch noch kam
im SPD-Parteiprogramm.

54 Als nächstem Kantianer nun
mit *Herbart* haben wir zu tun.
Als dezidiertem Realist
das Ding an sich von *Kant* ihm ist
Problem, weil widerspruchsvoll nur
zu fassen seine Grundstruktur,
und diesen Widerspruch, den bösen,
Ontologie hat aufzulösen.
Darum hat redlich er gerungen,
die Lösung ist ihm nicht gelungen.
So hat er's schließlich unverweilt
in »die Reale« aufgeteilt.
Die werden in der Außenwelt
auch als Atome vorgestellt.
Doch für die Innenwelt sodann
er sich auf *Leibniz* rückbesann
und machte sie – monadengleich –
zu einem Unbewußtheitsreich,

darinnen sie dynamisch schwirren,
sich bald verbinden, bald verirren,
und Assoziationsgesetze
regieren die Beziehungsnetze.
Da springen denn besonders schnelle
wohl über die Bewußtseinsschwelle
und ziehen andre hinterher,
so daß dies im Bewußtsein wär'.
So ist, was du empfindest, weißt,
vom Unbewußten stets gespeist,
und dieses ist auf alle Fälle
für alles, was bewußt wird, Quelle.
Er meint auch, dieses sei ein Boden
für mathematische Methoden,
wonach der Gleichungen Gestaltung
ausdrücke deren Selbsterhaltung,
wie wir's auch der Physik entnehmen
bei den dynamischen Systemen.
Wenn nichts sich regt, so ist am Platz
noch immer der Erhaltungssatz:
Die Seele bleibt auch dann noch Seele,
wenn's ganz ihr an Bewußtsein fehle.
Was sie dann tue man erschließe
aus dem, was ins Bewußtsein schieße
als Wirkung ihrer dunklen Kraft,
die das Bewußte erst erschafft.
Man merkt hier, wie das Ding an sich
nunmehr ins Unbewußte schlich
und dort als Widerspruch verharrt,
fortan die Psychologen narrt:
Was keiner weiß und niemand kennt
man hier das Unbewußte nennt,
und Unbewußtes soll's auch bleiben,
wenn sie uns emsig nun beschreiben,

was es denn sei und wie's beschaffen,
gerad' so, als könnten sie's begaffen.
Und in der Tat sieht jeder dann,
was er auch sonstwo sehen kann:
Das Unbewußte ist die Welt
noch einmal, auf den Kopf gestellt,
so daß, was positiv in ihr,
als negativ erscheinet hier,
und umgekehrt natürlich auch,
wie's dann vor allem wird der Brauch.
Alsbald die Leute lesen mußten
»Philosophie des Unbewußten«,
die *Eduard von Hartmann* schrieb.
Er nahm's direkt als Grundprinzip!
Als man sich dann daran gewöhnt,
noch *Sigmund Freud* der Sache frönt.
Der Psychoanalyse-Vater
– bekanntlich Arzt und Psychiater –
erzählt vom Unbewußten das,
was man in den Tragödien las
von Vatermord und Penisneid,
Inzest und andrer Scheußlichkeit,
und findet's als Erklärung gut
für alles, was bewußt man tut.
Man sieht, recht fruchtbar war der Dünger
für *Herbarts* Unbewußtheitsjünger:
Sie machten aus der Theorie
bald eine große Industrie.
Doch *Herbarts* eigentlichen Ruf
er sich als Pädagoge schuf.
Aktivität sein Leitspruch war,
und Menschenbildung ganz und gar
ward diesem Ziele nun verpflichtet,
Erziehung darauf ausgerichtet.

Der Unterricht und jede Lehre
die Handlungsfreude stets vermehre:
Vom Spiel zum Ernst sei alles gut,
wenn einer überhaupt was tut!
Auch Höchstbegabung nützt uns nicht,
wenn Handlungsausdruck ihr gebricht.
Das machte ziemlichen Effekt,
und Handlungsdrang ward nun erweckt.
In manchem Ministerium
setzt' man nun seine Lehre um:
Die Pläne für den Unterricht
aufs Machen legten nun Gewicht.
Die *Ziller*, *Dörpfeld*, *Rein* und *Stoy*
vertraten seine Lehre treu,
und Lehrer brachten bald in Massen
den Macher-Geist in Volksschulklassen.
Für Industrie, Gewerbe, Handel
bracht' dies zur rechten Zeit den Wandel,
denn statt der alten Lethargie
entstand das »Made in Germany«.

55 Und noch ein andrer Kantianer
ward nun zum großen Bildungsplaner:
*Wilhelm von Humboldt* ist gemeint,
der manch' Talent in sich vereint.
Er setzt' in Preußen neue Normen
für Universitätsreformen.
Daß nur, wer forsche, da auch lehrt,
war nicht so gänzlich unerhört,
doch vom Student verlangt' er mehr
als jemals eine Zeit vorher:
In Einsamkeit und gänzlich frei
er nun sein eigner Bildner sei.
Universalität nun leite

sein Interesse in die Weite.
Was er gelernt, für sich gefunden,
zu einem Ganzen sei verbunden
und präge, wie zu hoffen steht,
dann Individualität.
Der Griechen Menschenbild sollt' leiten
zu aufrechten Persönlichkeiten!
Der Lehrer aber sich bemühe,
daß die Studenten möglichst frühe
an seiner Forschung nähmen teil
und forschend lernen alleweil.
Das war für damals in der Tat
ein ausgezeichnet guter Rat!
Wo er befolgt ward, schenkte er
den Staaten bald ein Forscherheer,
das nach rigidem Forschungsplan
Probleme nun in Angriff nahm.
Von Harvard bis nach Tokio
versuchte man's bald ebenso,
und was daraus nachher entstand,
das liegt ja heute auf der Hand.
Nur daß so mancher, der's beschwört,
den Sinn ins Gegenteil verkehrt,
indem er meint, ein Buch zu lesen
sei forschend Lernen schon gewesen.
Doch *Humboldts* eigentliche Sache
war die Philosophie der Sprache.
Die Sprache in dem Baskenland
*von Humboldt* ebenso verstand,
wie Javas Kawi war ihm lieb,
worüber er drei Bände schrieb.
Wie er die Sprache selbst erfaßte,
zu Kantens Realismus paßte:
Vors Ding an sich wird nun gestellt

die Sprache als die Zwischenwelt,
so daß wir durch Grammatik-Normen
ein Bild vom Ding an sich uns formen.
Doch nach Verschiedenheit des Baus
fällt dieses Weltbild anders aus,
und jeder hat, durch Muttersprache,
ein ander Bild von jeder Sache.
Darin begründen sich gewiß muß
ein Weltanschauungspluralismus!
Wer fremde Sprachen spricht und liest,
sich dadurch neue Sicht erschließt,
doch bleibt durchtränkt die neue Kenntnis
vom Muttersprachen-Vorverständnis,
wodurch nun jedes Fremdverstehen
mit Mißverstand einher muß gehen.
Vor allem *Humboldt* sehr betont:
Die Sprache nicht in Texten wohnt!
Als Laut dem Denken anverwandelt,
ist Sprache da, wo einer handelt:
nicht Ergon, doch Energeia
– im Werk begriffen – ist sie da.
Drum tönt auch stets ein einzeln Wort
durch unsre ganze Sprache fort,
und jedes hat Bedeutung nur
vom Ganzen her der Sprachstruktur.
Was *Humboldt* hiermit vorgeschlagen
sollt' später reiche Früchte tragen.
Nach *Steinthal* und nach *Lazarus*
man den *Fritz Mauthner* nennen muß,
auch *Weisgerber*, *Whorf* und *Sapir*
verdienen der Erwähnung hier,
und mancher Sprach-Strukturalist
verkappter Humboldtianer ist.
Durch sie verbreitet sich die Meinung,

Welt käm' durch Sprache zur Erscheinung:
Bei *Heidegger* als »Haus des Seins«
und in der These *Wittgensteins*,
wonach die Grenze unsrer Welt
mit der von Sprach' zusammenfällt,
wobei jedoch, man merk' es wohl,
dahinter immer stehen soll
die eigentliche Welt der Dinge,
die zu erkennen nie gelinge.

Obwohl nun dieses schon genügt,
sei doch noch kritisch angefügt:
Woran der Realismus leidet,
ist hier verschieden eingekleidet,
doch zeiget jede Position
den Widerspruch im Ansatz schon.
Erst wird der Satz da aufgestellt:
Das Ding an sich – die Außenwelt –
das existiere, sagt man gängig,
»an sich« – bewußtseinsunabhängig.
Und dies, man mache sich das klar,
schon selber Dingerkenntnis war.
Im gleichen Atemzug sodann
als wahren Satz behauptet man,
daß man die Dinge nicht erkennt,
weil sie bewußtseinstranszendent!
Daß dies zusammen so nicht geht,
noch jeder Realist gesteht
– und hofft derweil auf künft'ge Zeiten,
noch eine Lösung zu bereiten.
Das ist zwar aussichtslos, doch stramm
als Permanent-Forschungsprogramm.
Dabei ist jedem doch schon klar,
der nicht voreingenommen war,

die Lösung, die auf einen Blick sah
das idealist'sche Paradigma.
Wenn man das Ding an sich erkennt,
so ist, was Außenwelt man nennt,
von Innenwelt nicht abzutrennen,
schon gar nicht transzendent zu nennen.
Und umgekehrt bleibt da nicht »innen«,
was durch Erkenntnis wir gewinnen.
Bewußtsein und Erkenntnisgeist
ist nicht, wie's so gewöhnlich heißt
nach realistischem Geschmack,
so eine Art Gedankensack.
Schon falsch war's bei *Descartes* und *Kant*,
daß sie den Sack noch »Ich« genannt,
und *Schubert-Soldern*, *Wittgenstein*,
die kamen gar noch überein,
von Solipsismus da zu reden,
wo solcher Unsinn ward vertreten.
Idealismus gab's da nur
als witzige Karikatur.
Sieht man die Sache logisch an,
man mit Gewißheit sagen kann:
Es ist ganz einfach wahr zu nennen,
daß wir die Dinge selbst erkennen.
Der zweite Satz, den ihr behauptet
– als Realisten stets nur glaubtet –,
daß wir die Dinge nicht erkennen,
ist darum einfach falsch zu nennen.
Der Widerspruch, ich sag es schlicht,
ist stets aus Wahr und Falsch gemischt.
Laßt ihr den falschen Satz nun weg,
so schwindet auch der blinde Fleck,
den ihr euch füllt geflissentlich
mit dem gespenstigen »An sich«!

Drum ist's auch falsch und gänzlich schief,
daß Realismus »objektiv«
die Welt, so wie sie ist, beschreibe
und bei Erkenntnisfakten bleibe.
Er hat noch stets hinzugesellt
– verdoppelnd – eine Hinterwelt.
Das ist jedoch, macht man sich's klar,
ein Mystizismus offenbar,
den sonst ein Realist von Welt
dem Spökenkieker unterstellt.
Nun mag dies Bild – in groben Zügen –
für ein Verständnis hier genügen,
wie Realismus Ausdruck findet,
der sich im Ding an sich begründet.

## VII

## Die Philosophie der Gegenwart

Des neunzehnten Jahrhunderts Mitte
benützt man oft zu einem Schnitte.
Was vordem liegt alsdann man nehme
als letzte »klassische Systeme«.
Dann – bis zum Ende des Jahrhunderts –
ist's ziemlich dunkel. Doch wen wundert's:
Zu nah liegt's noch der Gegenwart,
so wird's historisch ausgespart;
doch aktuell ist's auch nicht mehr,
als daß es noch vertraut uns wär'.
Da ist denn auch nicht mehr bekannt,
wie jüngste Gegenwart entstand,
und man gefällt sich in dem Wahn,
man fange ganz von vorne an.
Der Neubeginn zog seine Kraft
nun gänzlich aus der Wissenschaft.
Für die Probleme und Debakel
ward sie allein nun zum Orakel.
Ob Industrie, ob Krieg, Kultur –
es zählten Wissenschaften nur.
Wer auf der Höhe wollte sein,
der stellt' auf Wissenschaft sich ein,
daß Fortschritt Glück und Wohlstand bringe
und daß es stetig aufwärts ginge,
wenn man es nur geschickt verstünde,
jed' Ding auf Wissenschaften gründe.

In Frankreich hört' man diesen Ton
zuerst vom *Grafen Saint-Simon*,

doch ganz auf dieser Woge schwamm
der *Auguste Comte* und sein Programm.
Positivismus er es nannte,
und wer sich dazu nun bekannte,
der hat auf Wissenschaft gestellt
sein positives Bild der Welt.
Er meinte, daß der Geist sich richte
in seinem Gang durch die Geschichte
nach dem Drei-Stadien-Gesetze,
wonach er erst den Mythos schätze,
der alle Gründe raffiniert
zu Götterbildern stilisiert;
im zweiten Stadium sodann
daraus Prinzipien er gewann,
die als okkulte Qualitäten
die Götterbilder dann verträten,
bis sie – zu seiner Zeit – zuletzt
durch echte Wissenschaft ersetzt.
Die Wissenschaft dabei ihm war
ein Savoir pour Prévoir!
Doch hat, wie *Comte* unterstreicht,
nicht jede Wissenschaft erreicht
ihr positives Stadium,
es gäbe ein Gefälle drum
im Fortschritt jener Disziplinen,
die auf der Bühne hier erschienen.
Mathematik als erste gründet
Astronomie, die selber mündet
in die Physik, die so zu dreien
am meisten fortgeschritten seien.
Chemie den Rückstand überbrücke,
wenn Mathematisierung glücke.
Mit weitem Abstand folget ihr
Biologie als nächste hier.

Als letzte und als jüngste sei
die Soziologie dabei,
die trivialen Künst' umgreifend
zur Wissenschaft nun endlich reifend.
Das ward, kaum war's herausgekommen,
als Offenbarung aufgenommen,
zumalen *Comte* sich ungeniert
als Oberpriester auch geriert
von einer neuen Religion,
der solcher Geist nun innewohn'.
Die Menschheit selbst als »Großes Wesen«
– ihr könnt's im Katechismus lesen! –
ward hier verehrt im Ritual,
das er der Röm'schen Kirche stahl.
Die eignen Werke wollt' er stiften
als Kanon neuer heil'ger Schriften.
Auch den Kalender schrieb er um:
Nicht Zeugnis und Martyrium
wollt' er im Namenstag vermerken,
nur Wissenschaftler mit den Werken,
und jährlich geißeln das Gelichter
der absoluten Bösewichter.
»Philosophie« ward's noch genannt
und »positive«, wie bekannt,
doch dankte in der Tat sie ab
und schaufelt' sich ihr eigen Grab.

57 Am Kenotaph geschrieben steht
noch »Philosoph'sche Fakultät«,
doch was man jetzt dabei verstand,
dem fehlt' das philosoph'sche Band.
Der einst quadriviale Teil
sucht' nunmehr in der Flucht das Heil:
Die Wissenschaften der Natur,

verknüpft mit Mathematik nur,
sich neue Fakultäten machten
und ohne Philosophen dachten.
Zurück blieb – trivialer Weise –
was seither, nimmt man's ehrlich, heiße:
Philologien aller Arten
nebst der Geschichte aller Sparten.
Die Philosophen, eingespannt
im Geisteswissenschaftsverband,
philosophierten à la mode
nach neuer Fakultätsmethode.
Ganz philologisch nun versiert
man Klassiker interpretiert,
was je von ihnen überkommen
wird kommentierend vorgenommen,
ein Manuskript, ein Zettel, Brief
nach der Gesamtausgabe rief,
und wo schon dreie existierten
beschäftigt' man sich mit der vierten.
Dazu gewann nun an Gewichte
auch die Philosophiegeschichte.
Man wollte alles nochmal lesen,
als sei man selbst dabeigewesen.
Der *Ritter*, *Prantl*, *Ueberweg*
sind auch noch jetzt dafür Beleg,
und *Zeller*, *Dilthey*, *Windelband*
sind dem Studenten wohlbekannt.

58 Der Philosoph im alten Stil
nur noch als Logiker gefiel,
denn Logik sei, so meint man richtig,
für alle Wissenschaften wichtig,
da sie in allen angewandt,
doch nicht aus ihnen selbst entstand.

Zwar die des *Aristoteles*
schien ziemlich ausgereizt indes,
und so bereicherte man sie
durch viel Erkenntnistheorie,
was seinerseits nicht konnt' gelingen,
ohn' das Subjekt ins Spiel zu bringen.
Wer davon aber redet' nun
mußt' es als Psychologe tun,
das aber bracht' den Vorwurf ein,
Psychologismus nur zu sein.
Man mach' sich selbst ein Bild davon
bei *Fries*, bei *Mill* und *Hamilton*
und lese *Ziehen*, *Sigwart*, *Wundt*,
ob der Verdacht zu Recht bestund.

59 In Logik sich zu profilieren
mußt' auch die Köpfe interessieren,
die sonst gepflegt als Antipoden
die mathematischen Methoden.
Schon *Hobbes*, *Leibniz*, *Condillac*
entwickelten dafür Geschmack,
das Denken werde eingeschliffen
durch striktes Rechnen mit Begriffen.
Das nannte man im neuen Stil
nun einfach logischen Kalkül.
Das »Organon« ward hier vergessen,
*Euklid* als Vorbild galt indessen,
der ja, was immer er berührte,
axiomatisch demonstrierte.
Das logische Vokabular
stellt' man jetzt mathematisch dar:
Das Urteil wird zur Gleichung jetzt,
die Kopula darinnen setzt
das Prädikat dem Subjekt gleich.

So wird der logische Bereich
von dem, was man behaupten will,
zum tautologisch-leeren Spiel.
Was man vordem als Junktor kannte
ward nun zur logischen Konstante:
Das »logische Produkt« nun stund
für das, was man verknüpft durch »und«,
und was durch »oder« wird verbunden
sollt' »log'sche Summe« nun bekunden.
Besonders wichtig ward der Fall
von »ein« und »einige« und »all«,
denn die erinnern schon den Laien
an die beliebten Zahlenreihen,
und flugs sprach man im neuen Ton
nur von der »Quantifikation«.
In dieser Logik sie erlaubten
auch ein »es gibt« mitzubehaupten.
Das »nicht« gebraucht' man in den Fällen,
wo Ungleichheit herauszustellen.
Ein negatives Urteil – klar –
als Ungleichung sei immer wahr,
jedoch als Gleichung es gelesen,
ist es schon immer falsch gewesen,
und umgekehrt symmetrisch auch
nach arithmetischem Gebrauch.
Aus gleich und ungleich man sodann
die »Wahrheitswerte« hier gewann:
Denn ungleich ungleich, gleiches gleich
zu nennen ist der Wahrheit Reich;
doch ungleich gleich und umgekehrt
führt hier zum »Falschheits«-Wahrheitswert.
Daß zwei mal zwei ist gleich der Vier,
das lernt man schnell und sieht es hier
mit aller Deutlichkeit und Klarheit,

es gilt als ausgemachte Wahrheit,
und ebenso, daß drei mal drei
in jedem Falle neune sei.
Setzt man, wie schon *Viëta* lehrte,
anstelle dieser Zahlenwerte
nun Lettern-Variable ein,
so hat man's logisch allgemein:
Denn x mal x gleich y
ist für das Beispiel die Funktion.
Noch allgemeiner wird man jetzt,
wenn man die Rechenart ersetzt
durch eine Variable f,
die jede Rechenart betreff'.
Dann heißt der Ausdruck der Funktion:
»ein x gleich f-lich y«.
Die stellt man auf als neue Norm
für jede log'sche Urteilsform.
Da aber x und y
des Zahlbegriffes Abstraktion,
mußt' man sich auch dazu bequemen,
Begriff als Menge hier zu nehmen,
wie *Cantor* dies schon vorgemacht,
als er die Mengenlehr' erdacht.
Dadurch hat diese Logik nun
es nur mit Extension zu tun:
Als Menge nur wird vorgestellt,
was unter die Begriffe fällt.
*George Boole*, *Peano*, *Russell*, *Frege*
und *Couturat*, sie suchten Wege,
die neue Logik nun zu nützen,
Mathematik darauf zu stützen.
Doch da die Logik offenbar
nur selber Mathematik war,
so konnte es nur dahin münden,

Mathematik auf sich zu gründen.
Vor allem *Frege* ward im Land
mit der »Begriffsschrift« anerkannt;
von *Whitehead-Russell* kennt man ja
»Principia Mathematica«,
und lehrbuchmäßig liest man's dann
bequem im »*Hilbert-Ackermann*«.
Die alte Lehre von dem Schluß
macht' noch am meisten hier Verdruß.
Man pflegt' an ihrer Stell' indessen
»aussagenlogische« Finessen.
Zwei Sätze, falsch und/oder wahr,
stellt man hier mit Junktoren dar
und sucht dem so verknüpften Ganzen
nun Wahrheitswerte zuzuschanzen.
Kombinationen so als Quellen
entspringen Wahrheitswerttabellen,
die im Profil von jeweils vieren
den »Wert« des Ganzen definieren.
Wer seither meint, im Fach zu taugen,
hat die Tabellen stets vor Augen
und »rechnet« nach, daß »wahr« der Schluß,
den man aus »Falschem« folgern muß,
und »wahr« ein Schluß auch dann noch hieße,
wenn »Falsches« man aus »Falschem« schließe.
– Wer drauf vertraut, ist selber schuld!
Ich referier's nur mit Geduld.

60 Am meisten wirkte weit und breit
die »Logik der Wahrscheinlichkeit«.
Hier zwischen wahr und falsch gestellt,
Wahrscheinlichkeit die Mitte hält,
womit die beiden Wahrheitswerte
um einen dritten man vermehrte.

Hier ward nun auch logifiziert,
was man statistisch induziert.
Statistik war ursprünglich mal
die Induktion der ganzen Zahl
von Fällen, die ein Merkmal tragen
in staatlichen Verwaltungsfragen,
wie bei Geburts- und Todesfällen
und Zugriff auf die Steuerquellen.
Da wurden Zahlen oft geschätzt
und Fehler gleich vorausgesetzt,
und die Statistik wandelt' sich
zum Wahrheits-Falschheitengemisch.
Wer Teile nur vom Ganzen kennt,
sein Wissen hypothetisch nennt.
Oft weiß man auch, was gilt »für alles«,
doch nichts Genaues »eines Falles«.
Nichtwissend wissend man dann spricht:
Es könnte sein, vielleicht auch nicht!
Es geht, wie man schon früher sah,
um Docta ignorantia.
Worauf nun Hypothesen leiten,
das nennt man pure Möglichkeiten,
statistisch untermauert dann
man sie auch Chancen nennen kann,
doch sind auch dieses nur die Seiten
statistischer Wahrscheinlichkeiten.
Sie schließen jedenfalls nun ein
den wahren und den falschen Schein,
jedoch, man nennt es nur »wahr«-scheinlich,
daß es auch falsch scheint, ist zu peinlich,
wie ja ein echter Logikus
stets an das Wahre glauben muß,
und das verdirbt ihm leicht die Sicht,
wie Falsches sich mit Wahrem mischt.

Wer würfelt, weiß nur dies genau:
Sechs Zahlen zeigt des Würfels Bau,
und eine Zahl muß stets erscheinen
beim Würfeln mit den Knobelsteinen,
doch niemand kann im voraus wissen
die Zahl, die er noch nicht geschmissen.
Wem eins zu sechs wahrscheinlich deucht,
sich fünf zu sechs dabei auch täuscht!
Wie aber nun die Zahl auch fällt,
auf jeden Fall man recht behält,
denn kommt sie günstig oder schlecht:
ein Sechstel ist für jede recht.
Das gilt sogar bei diesem Spiel,
wenn tausendmal der Würfel fiel,
doch dabei nicht ein einzig Mal
erschien die heiß gewünschte Zahl!
Da dies nun dunkel, tief und schwierig,
ergriff man diese Lehr' begierig.
Quadriviale Fakultäten
bald diesen Samen kräftig säten.
Der dritte Wert: Wahrscheinlichkeit,
macht' sich nun allenthalben breit,
sogar Naturgesetze heute
man als Wahrscheinlichkeiten deute.
Die Wahrheit sei nur was für Götter
– belehrt uns jetzt so mancher Spötter –,
und Falschheit gäb' es eh' nicht mehr
im wissenschaftlichen Verkehr!
Statt ihrer kennt die neue Zeit
nur noch Falsifizierbarkeit.
Doch dadurch läßt man sich betören,
Falschscheinlichkeiten zu beschwören,
die auch nur negativ benennen,
was als Wahrscheinlichkeit wir kennen.

61 Da in der Logik nicht mehr klar,
was Wahrheit und was Falschheit war,
so setzt man nun an ihre Stelle
den Widerspruch für beide Fälle.
Mit *Kant* und *Hegel* nun die einen,
der Widerspruch sei Wahrheit, meinen.
Wer adäquat sie wollt' erfassen,
müßt' Dialektik walten lassen.
Die andern insistieren stur,
der Widerspruch sei Falschheit nur,
und prompt für falsch erklären sie
die allerschönste Theorie,
in deren Aufbau, weitverzweigt,
sich nur ein Widersprüchlein zeigt.
Für axiomatische Systeme
*Kurt Gödel* man zum Zeugen nehme:
Es sei unmöglich zu vermeiden,
daß sie am Widerspruche leiden.
Seit sechzig Jahren weiß man's schon,
doch redet man nicht laut davon,
daß solche Logik in der Tat
schon längst Bankrott gemeldet hat.
Versucht's doch mal mit der Idee,
daß Widerspruch für beides steh':
für Wahr- und Falschheit konjugiert,
wie's jedes Beispiel demonstriert.
Wer etwa die Behauptung spricht:
»Es regnet, und es regnet nicht«,
spricht wahr und lügt zugleich dabei
– was immer mit dem Regen sei!
Er ist fürwahr das echte Dritte,
aus wahr und falsch gemischte Mitte,
und er erklärt euch einfach, Leute,
was uns Wahrscheinlichkeit bedeute:

Wie wir die Wahrheit kräftig lügen
und aufrichtig uns selbst betrügen,
dem Schein der Wahrheit sitzen auf,
die Falschheit nehmend gleich in Kauf.
Dadurch auch leicht Erklärung find't,
was Paradoxe wirklich sind,
die schon so lange alle narren,
die da nur auf die Falschheit starren
und stets verwundert dann entdecken,
daß Wahrheiten darin auch stecken.
Da wahr und falsch er impliziert,
wird auch das Wahre deduziert
aus Widerspruch, das ist doch klar,
wenn es darin enthalten war.
Wer dialektisch formuliert,
davon auch weidlich profitiert:
Denn just die Hälfte seiner Thesen
ist a priori wahr gewesen –
nur weiß man leider oft nicht, welche,
im dialektischen Geselche.

62 Wen wundert's, daß da Beifall findet,
wer uns emphatisch nun verkündet,
um Wahrheit an das Licht zu heben,
könnt' es Methoden gar nicht geben;
sie sei, so hält man munter feil,
Geschick, das einem werd' zuteil.
Wie frei ist nun der Mensch beim Klang
des »Wider den Methodenzwang«,
sich nun – nicht nur beim *Feyerabend* –
an kreativer Muße labend.
Erlaubt scheint nunmehr was gefällt
in dieser neuen braven Welt!
Auch das bericht' ich hier nur treu,

doch ist es weder wahr noch neu:
Moderne Logik ist nun mal
zum größten Teil irrational
und kann es darum nicht vermeiden,
den Skeptizismus zu verbreiten.
Doch ist der Schaden peripher:
Die Logik ist für Logiker,
Gedächtniskünstler, zeichenbauend
und dem Verstande nicht mehr trauend.
Drum heißt »intuitive Skizze«,
was man versteht mit leichtem Witze
und liest noch stets als schlichten Text,
eh' uns die Kabbala verhext,
die darauf folgt als die »formale
Rekonstruktion« – und »rationale«!
Auch dies beweist uns – sind wir ehrlich –,
daß solche Logik recht entbehrlich.


## Der Materialismus

Prestige und Triumphe haften
an den exakten Wissenschaften.
Was sie für Krieg und Technik leisten,
das überzeugte stets die meisten
Minister und die große Menge,
wie sehr das Staatswohl daran hänge.
Positivistische Gesinnung
ging allererst auf die Gewinnung
von Fakten- und von Datenmassen,
die sich durch Messung fassen lassen.
Da war zuerst Physik gefragt,
die alle andern überragt,
die Masse, Kraft, Geschwindigkeiten

in Räumen und exakten Zeiten
als Quantitäten isoliert
und mathematisch dann jungiert.
Produkte, Summen und Potenzen,
auch Quotienten, Differenzen
nebst Wurzeln und den Integralen
verknüpft mit ihren Messungszahlen
aus Grundbegriffen – wunderbar –
erzeugen das Vokabular.
Was Masse ist und was die Kraft,
das blieb dabei stets rätselhaft,
und ebenso, was Raum und Zeit,
blieb eine Rätselhaftigkeit.
*DuBois-Raymond* zieht hier den Schluß
mit seinem Ignorabimus.
Wie's üblich ist in solchen Fällen,
tat man sie an den Anfang stellen,
denn was man nicht erklären kann,
setzt man axiomatisch an
und hofft, daß hier die Dunkelheiten
woanders helles Licht verbreiten.

63 Mat'rialismus man es nannte,
wenn man sich frisch dazu bekannte
und alle Dinge in der Welt
auf Mass' in Raum und Zeit nun stellt.
Die *Büchner*, *Vogt* und *Moleschott*
vertraten diesen Standpunkt flott,
auch *Eugen Dühring*, viel gelesen,
ist prominent dadurch gewesen,
und *Marx* und *Engels*, die ihn haßten,
den Standpunkt dialektisch faßten;
sie wußten beide ganz genau:
Der Mann stiehlt ihnen fast die Schau

als Ökonom und Kritikaster
der deutschen Professorenlaster.
Historisch folgt man seinem Gange
bei unserm *Friedrich Albert Lange*.

64 Propagandistisch dafür stund
bei vielen der Monistenbund,
von *Wilhelm Ostwald* streng geführt,
dem – mit Nobelpreis dekoriert –
als Chemiker von hohem Rang
ein neues Grundkonzept gelang:
Die Massen, die in den Bezirken
von Raum und Zeit als Kräfte wirken,
die deduziert' mit einem Hieb
er aus dem Energieprinzip,
und dieses muß man dabei fassen
als das Prinzip bewegter Massen.

65 Energetismus hieß nun schick
monistische Metaphysik.
Da ward die Welt nun neu gesehn
als energetisch' Phänomen:
Die physikalisch-toten Massen
sich energetisch deuten lassen,
wie *Einsteins* Formel elegant
es später machte weltbekannt.
Dynamik achtet' sowieso
schon längst aufs Energieniveau.
*Ernst Mach* vertrat die neue Lehre,
daß Entropie sich stets vermehre,
so werd' aus Ordnung und Gestalt
chaotisch' Durcheinander bald,
so daß am Ende uns bedroht
der allgemeine Hitzetod.

Wogegen *Ostwald* dargestellt,
daß es der Zweck der Pflanzenwelt,
die freie Energie zu speichern,
im Organismus anzureichern,
so daß, wo Leben ist, man sehe,
wie Ordnung, Ektropie entstehe.
Erst recht das Tierreich prüft er ganz
auf seine Energiebilanz
und gab dem Menschen höchsten Rang,
weil es am meisten ihm gelang,
durch proliferische Natur
und große Werke der Kultur
das Tierreich darin anzuführen,
die Ektropie zu maximieren.
Der Krieg, zerstörende Gewalten
ihm darum auch als Rückschlag galten,
wodurch die Menschheit fällt zurück
in die entropische Physik.
Auch eine neue Ethik nun
sollt' auf der Energetik ruhn,
ihr neuer Hauptimperativ
den Menschen ins Gewissen rief:
Verschwende niemals Energie,
stets aufbauend benutze sie!

66 Das fand besonders schnell Gehör
beim Ökonom und Ingenieur,
die längst darauf spezialisiert,
wie man Erträge maximiert,
und die schon lange es betrieben,
den Wirkungsgrad hinaufzuschieben.
Kultur und Zivilisation
erschienen da so manchem schon
als planetarische Gestalten

von öko-technischen Gewalten,
gesteuert und geplant mit Ruhm
vom Techno-Unternehmertum.
Als Zeugen wir nur nennen müssen
die *Abbe, Krupp,* die *Benz* und *Thyssen;*
auch *Bosch* und *Siemens, Edison,*
*Bell, Solvay, Rathenau* davon
uns heut noch dieses Ethos künden
durch die Konzerne, die sie gründen.
Olympisch ward so die Moral,
*Graf Coubertin* gab das Signal:
die ganze Welt nun darum ringt,
was schneller-weiter-höher bringt:
Gerechtfertigt war weit und breit
als Ziel und Zweck Fortschrittlichkeit!

67 Den Geist, der solches nach sich zieht,
man dann auch kräftig wehen sieht
in Wiener und Berliner Kreisen,
die heute auch genau so heißen.
Der Wiener Lehrstuhl von *Ernst Mach*
zog eine ganze Schule nach,
vereint im Glauben, daß Physik
der Wissenschaften bestes Stück.
Was sonst noch Wissenschaft wollt' heißen
sollt' gänzlich aus Physik sich speisen,
und alle wirkten fieberhaft
an dieser Einheits-Wissenschaft.
Die Logik, die wir just beschrieben,
ward auch von ihnen streng betrieben
als unabhängiger Bestand,
den man ganz apriorisch fand.
Was sonst noch von Kathedern tönte
man als »Metaphysik« verhöhnte,

als Dichtung und Gefühlsergüsse,
die schnell man überwinden müsse.
So blieb als Rest-Philosophie
nur Wissenschaften-Theorie.
Die *Schlick* und *Neurath*, *Juhos*, *Kraft*
vertraten dies mit Leidenschaft,
auch *Carnap*, *Popper*, *Wittgenstein*
gehörten locker zum Verein
und knüpften die Verbindung ja
zu England und Amerika.
Auch in Berlin fand man das gut
am Kaiser-Wilhelm-Institut,
wo *Einstein*, *Hempel* und *von Mises*,
auch *Reichenbach* vertraten dieses.

68 Sie zogen vor dem Nazigraus
rechtzeitig in die Staaten aus.
Dort und in England gab's ja schon
positivist'sche Tradition,
die nun verstärkt ward vehement
durch Zuzug von dem Kontinent.
Auch Skandinavien bot dort
so manchem Flüchtling sichern Hort.
So fördert' auch noch der Faschismus
den logischen Positivismus,
der bald zu breitem Strom gewachsen
von Finnland zu den Angelsachsen.
Daß die Physik die Basis blieb,
die richtig uns die Welt beschrieb,
ward allgemein vorausgesetzt,
doch widmete man mehr sich jetzt
der Analyse der Methoden,
mit denen Wissen dargeboten.
Das wird durch Sprache sonst bezweckt,

die hat man damals neu entdeckt:
Mathematik und Logik bald
als »ideale Sprache« galt,
und alles, was darin beschlossen,
ward in Grammatik umgegossen.
Der Formalismus mußt' es nun
als »log'sche Syntax« weiter tun,
die, angewandt auf Gegenstände,
»semantische Erfüllung« fände,
was, vom Benutzer her gesehen,
nur als »Pragmatik« konnt' geschehen.
Die meisten stört' es dabei nicht,
daß keiner diese Sprache spricht,
so daß der Zweifel wohl erheblich,
ob dies Bemühen nicht vergeblich.
Indes, man redet von der Sache
nun weiter in der »Meta-Sprache«,
und über diese führt noch weiter
die Meta-Meta-...Stufenleiter,
auf der man, wie man meint', zum Schluß
zur Alltagssprache kommen muß.
Warum nicht gleich so – sagte dann
der echte Common-Language-Mann –,
wohin ihr mühsam euch gequält,
ist doch das einzige, das zählt:
Die Alltagssprache ist mit Recht
das Maß für alles, was ihr sprecht,
und auch für das, was wir verstehen;
was nicht, ist Unsinn, unbesehen!
Das hörte man vorzeiten schon
von *Mauthner* fast im selben Ton,
doch war es damals nicht bekannt
im selbstbewußten Engeland,
denn wirklich trieben sie's so weit

mit ihrer Alltagssprachlichkeit,
daß sie ihr Englisch ungeniert
als einz'ge Sprache nur goutiert.
Doch viel von ihren Analysen
kann man als Einsicht sehr begrüßen,
auch wenn davon so allerhand
in der Rhetorik längst bekannt.
Zum Beispiel, daß man dann und wann
mit Worten Menschen töten kann,
hieß nun »performativer Akt«;
der Richter, der den Dieb verknackt,
der fügt durch seinen Spruch im Nu
der Welt ein neues Faktum zu.
Daß ein Befehl, ein Wunsch, ein Schrei
kein deskriptives Urteil sei,
daß man mit langen Reden häufig
nichts sagt, ist jedermann geläufig;
daß andrerseits die Botschaft wirkt,
die hinter Worten sich verbirgt,
und daß man oft den Sinn gerochen,
der überhaupt nicht ausgesprochen,
das und noch manches andre mehr
beflügelt Analytik sehr
und diente allenthalben schnell
als neues Ockhamsches Skalpell.
Da schabten sie nun emsig los
und legten ein Gerippe bloß,
von dem sie überzeugt dabei,
daß wahrer Commonsense es sei.
Doch haben alle diese Knochen
noch stets nach *Locke* und *Reid* gerochen,
darinnen sich von jeher barg
von *Aristoteles* das Mark.

69 Zum Abfall warfen sie derweil
– die *Moore* und *Austin*, *Ayer*, *Ryle*,
auch *Russell*, *Ludwig Wittgenstein*
und mancher andre im Verein –,
was aus dem Erbe *Platons* kam
und breiten Raum in Anspruch nahm.
Idealismus gab es hier
zuletzt in Hegelscher Manier
von *Bradley* und von *Bosanquet*
– und auch *McTaggart* dafür steht –,
die liquidiert im Augenblick
die analyt'sche Sprachkritik.
Da war auch *Popper* sehr willkommen,
als er sich *Hegel* vorgenommen
und ihn – mit *Marx* und *Platon* – hie
als Feind der Menschheit ganz verschrie.
Kein Wunder, daß in Engeland
man *Berkeley* auch nicht mehr verstand
und *Whitehead*, der den *Platon* schätzte,
alsbald aus diesem Lande grätzte.
Indessen macht die späte Kehre
zu *Platon* unserm *Popper* Ehre:
Sein ideales »Drittes Reich«
erinnert an *Bolzano* gleich,
doch wer hat dabei schon empfunden,
daß er die Richtung überwunden?
Sie lebt' indessen munter fort
– und auch an ihrem Ursprungsort –
und profitierte nach dem Krieg
nicht schlecht vom alliierten Sieg.

70 So mancher Vorkriegsemigrant
kehrt' nun zurück ins Heimatland
und lehrte sie in seinem Fache

als eine gänzlich neue Sache.
Die jungen Leute hörten's gern,
denn englisch war's und ganz modern.
Bald lasen, schrieben, dachten viele
nur noch im angelsächs'schen Stile,
und mancher bildete sich ein,
er sei ein kleiner *Wittgenstein*.
Noch jetzt gibt es zwei Grundgestalten,
die sich bei uns die Waage halten
in ständigen Familienzwisten:
Hier unsre log'schen Empiristen,
um *Wolfgang Stegmüller* geschart,
die *Carnap*s Ansatz treu bewahrt.
Die mathemat'sche Logik hier
ist immer noch das Hauspanier:
Wenn etwas da interessiert
wird's logisch gleich rekonstruiert,
denn immer noch erscheint als Mist
was nicht formalisierbar ist.
Die Theorien der Physik
sind immer noch Paradestück
für die Erkenntnis aller Dinge,
weil Mathematik sie durchdringe.
Der letzte Schrei und wahre Clou
ist jetzo der Non-Statement-View:
Daß Theorien nicht erlaubten,
noch irgend etwas zu behaupten,
dieweil dem strukturellen Kern
Behauptungssinn liegt gänzlich fern.
Das hat nun alle tief getroffen,
die immer noch so gläubig hoffen,
daß mathemat'sche Gleichungsreihen
logisch Behauptungssätze seien,
derweil sie doch nur – logisch klar –

Äquivalenzen stellen dar,
mit denen man nur – logisch – dann
Begriffe definieren kann.
Das hat Herr *Sneed* wohl nur geahnt,
doch dadurch einen Weg gebahnt,
zu dieser Einsicht durchzudringen;
es kann noch reiche Früchte bringen.
Rationalisten, kritisch gar,
nennt sich der Popper-Freunde Schar,
die, mit *Hans Albert* an der Spitze,
noch stets bemüht, mit feinem Witze
uns zu beweisen, daß ein Mann
gar nichts mit Grund beweisen kann
aus Mangel an soliden Gründen,
darauf Beweise sicher stünden:
Meist glaube man nur unbesehen
und bleibt damit bei Dogmen stehen;
oft breche man bei Gründen ab,
für die es selbst noch Gründe gab,
und müßte dann bei solchen Sachen
in infinitum weitermachen;
was dann noch bleibt, sei schließlich die
Petitio principii,
daß etwas als Beweisgrund diene,
was durch sich selbst bewiesen schiene.
Das hatt' auch *Fries* schon so beschrieben
– und ward zum Glauben hingetrieben.
Doch erst *Hans Albert* nunmehr dies
das Münchhausen-Trilemma hieß,
aus dem er sich als kluger Kopf
vermeint' zu ziehn am eignen Schopf,
indem er kritisch weiterschaut
und auf den Skeptizismus baut.

Der war ja schon bei *Popper* auch
als Forschungslogik in Gebrauch,
denn deren eigentliches Wesen
sah er in kühnen Hypothesen:
Die hätten nur Gediegenheit
durch ihre Widerlegbarkeit.
Mit Induktionen, noch so breiten,
gewönn' man nur Wahrscheinlichkeiten,
und diese, meint er vehement,
sind von der Wahrheit ganz getrennt.
Wogegen nun die Deduktion
von einem einz'gen Falle schon,
der nicht so kommt wie man's gedacht,
die Hypothes' zu Fall gebracht.
Hier aber Falschheit zu erkennen,
sollt' eigentlich man Wahrheit nennen.
Doch das will *Popper* so nicht sehen
– und bleibt bei der Vermutung stehen.
Der Skeptizismus – *Herbart* lehrt –
den jungen Philosophen ehrt,
denn nur Bezweifeln aller Dinge
ihn auf das Wesentliche bringe.
Im Alter noch den Zweifel lieben
zeigt nur, daß man zu jung geblieben.

71 Mat'rialismus war auch Grund,
auf dem nun der Marxismus stund.
Da mögen Reiche kommen, gehen,
die sich beriefen auf Ideen,
das reißt sie doch nicht aus den Herzen,
die dran geglaubt mit so viel Schmerzen.
Zu viel an Hoffnung hing daran
vor allem bei dem kleinen Mann,
daß einstens unsre ganze Erde

zum ird'schen Paradies uns werde,
wo Gleichheit und Gerechtigkeit
die Menschen zu sich selbst befreit.
Die Leitideen aus *Hegels* Erbe
nahm sich Marxismus zum Erwerbe:
Enzyklopädisch zeigt sich hie
die Einheits-Ideologie;
die Dialektik man verstand
als das totale Einheitsband,
das Denken leitend Sprung um Sprung
zur Wirklichkeiten-Spiegelung;
dies dann zusammen Grund uns lege
für ständige Bewußtseinspflege.

72 Sein schwacher Punkt dabei nur war
die Dialektik ganz und gar.
Wer ernst nimmt, was ich davon sage,
dem steht das gänzlich außer Frage.
Sie als Methode zu verfügen
heißt, sich und andere betrügen:
Das Denken wird in allen Schritten
auf Widersprüche zugeschnitten;
zu allem, was als wahr man glaubt,
ist auch das Gegenteil erlaubt,
und dies, als Falsches »aufgehoben«,
wird schlicht der Wahrheit unterschoben.
Die Dialektik hat darum
kein Falschheiten-Kriterium.
An seiner Stelle allgemein
setzt man dann die Polemik ein:
Was je ein Nicht-Marxist auch sagt,
ist drum schon falsch, ganz unbefragt,
denn bürgerliche Perspektive
verzerr' sein Denken in der Tiefe,

so daß die Sprache solcher Leute
stets was ganz anderes bedeute.
Wollt ihr Marxisten recht verstehen,
dann wird es euch wie folgt ergehen:
Materie ist in dieser Sicht
Materie – zugleich auch nicht!
Was uns Physik darüber lehrt
ist wahr – und auch zugleich verkehrt,
weil, bürgerlich orientiert,
sie das Bewußtsein ignoriert.
Das aber ist nun allewril
ihr dialektisch' Gegenteil,
der Inbegriff, der das umfaßt,
was nicht zu der Materie paßt
und ihr, der Objektivität,
als »subjektiv« entgegensteht.
Doch dialektisch heißt das schnell:
es ist zugleich materiell
und spiegelt wie ein Spiegel drum
die ganze Welt um sich herum
– wobei der »Spiegel«, wie ihr wißt,
natürlich auch kein Spiegel ist.
Nun sind ja alle diese Thesen
bei andern auch schon nachzulesen,
doch nie so wunderlich vereint
wie's den Marxisten möglich scheint.

73 Wohl kein Begriff, der irgend wert,
ward nicht ins Gegenteil verkehrt,
und keine Handlung, noch so schlecht,
ward nicht rechtfertigt als gerecht
im offiziellen Katechismus
des Marxo-Lenin-Stalinismus.
Revolution ward erste Pflicht

– doch ohne Privilegien nicht!
Die Arbeiter- und Bauernmacht
ward von der Polizei bewacht,
die Freiheit, ständig laut verkündet,
auf Unterdrückung, Zwang gegründet,
denn wahrer Ausdruck sie ja sei
der Disziplin der Staatspartei.
Die Gleichheit existierte nur
durch die Feudal-Nomenklatur,
Demokratie ward ungeniert
als Diktatur exekutiert,
Humanität war Formulierung
für Klassenfeindeliquidierung,
Genossensolidarität
in Spitzelei, Verrat besteht,
die Planwirtschaft in schnellen Kursen
lehrt Großvergeudung von Ressourcen,
Arbeiterparadies-Errichtung
war Umwelt-Lebensraumvernichtung,
die Freizeit zog sich endlos hin
beim Schlangestehn vorm Magazin,
man kämpfte ständig für den Frieden,
doch niemals ward er hier beschieden.
Jetzt, da das klar vor Augen liegt,
so mancher einen Schrecken kriegt,
der schönen Worten blind vertraut,
doch Dialektik nicht durchschaut,
nicht sieht, daß jedes Ding dabei
zugleich sein Gegenteil auch sei.
Doch was ein richtiger Marxist,
dadurch nicht zu beirren ist,
denn schlechte Wirklichkeit beweist,
was eigentlich Marxismus heißt:
dem Jammertal stets beigesellt

die Utopie der bessern Welt.
An Wirklichkeit, so geht der Kult,
ist stets nur der Faschismus schuld.
Nur der gestählte linke Wille
sieht durch die Dialektik-Brille
das Ganze der verkehrten Welt
nun richtig auf den Kopf gestellt:
Die aber war, trotz aller Kosten,
nie Sozialismus in dem Osten,
denn alles litt an Dauerstörung
durch der Faschisten Weltverschwörung.
Was man den freien Westen nennt
natürlich Freiheit gar nicht kennt,
und alles, was da möchte sein,
ist in der Tat nur bloßer Schein,
denn es gerät hier unter Zwänge
verblendender Zusammenhänge:
Euro-Amerikas Embleme
– totalitäre Machtsysteme;
die freien Staaten gut und gerne
– Kartelle ihrer Großkonzerne;
Wohlstand, soziale Sicherung
– fortschreitende Verelendung;
die Sechsunddreißig-Stundenwochen
– Ausbeutung nur bis auf die Knochen;
auch dreißig Tage Urlaub hie
dient nur der Freizeitindustrie;
Gewerkschaftsmitbestimmungsrechte
– man kauft Kapitalistenknechte;
Information in Bild und Ton
– Bewußtseinsmanipulation;
alternativer Mummenschanz
– bloß repressive Toleranz;
die Kunst – ein Panästhetizismus,

obszöner Warenfetischismus;
die Schule und das Abitur
– schafft Klassenselektionen nur;
die Studien, Examen, Noten
– sie liefern nützliche Idioten;
Erkenntnis, Wissenschaft indessen
– dient nur Verwertungsinteressen
des Kapitals, Beherrschung nur
bezweckt von Mensch sie und Natur,
und jeder deutsche Humanist
verkappter Auschwitzmörder ist.
Wer meint, ich hätte überzogen,
der hat sich noch einmal betrogen
und unterschätzt die dritte Regel,
die da entnommen unserm *Hegel*.
Die sollte eigentlich uns lenken,
das Ganze ständig zu durchdenken.
Marxistisch wird sie zur Passion
der permanenten Diskussion,
auf deren letzten Stand fixiert
er sein Bewußtsein agitiert,
denn ein Marxist denkt nie allein
– er müßte denn Sektierer sein.
Ganz jesuitisch treibt er da
Gewissensexerzitia,
und bleibt er nur die Spur zurück,
verfällt er gleich in Selbstkritik,
denn einer, der nicht mitmarschiert,
wird schnellstens exkommuniziert.

74 Nun sei noch einmal festgestellt,
daß Wahr und Falsch zusammenfällt
in dem, was Dialektik meint
und hier im Widerspruch vereint.

Drum ist die eine Hälfte wahr,
und wer dies liest, dem ist das klar;
die andre Hälfte falsch muß sein,
das leuchtet dann von selber ein.
Doch nicht so klar dabei ist, welche
die Rede dialektisch fälsche.
Auf jeden Fall, die Mischung macht,
daß jeder, der mal nachgedacht,
recht viel von dem als wahr erfährt,
was so auch der Marxismus lehrt.
Denkt er dann weiter – logisch sauber –,
entgeht dem Dialektikzauber,
so muß es ihn auch dazu führen,
den Rest als falsch zu kritisieren.
Was aber falsch zu sein erscheint,
ist nur was andres, als man meint,
und keineswegs, was es nicht gibt,
wie man zu glauben oft beliebt:
Auch aus dem Falschen Lehren ziehn
bringt beim Marxismus noch Gewinn.


## Die Lebensphilosophie

Die zweite Strömung offenbar
Philosophie des Lebens war,
die viele Geister nun erfaßte
und gut zu der Moderne paßte.
Als metaphysisches Prinzip
nahm sie den dumpfen Lebenstrieb:
Élan vital bei *Bergson* eben,
in Deutschland hieß es schlicht: das Leben.

75 Ihr Aufstieg auf der Denkerbühne
verdankte sich der Großfortüne,
mit der die Lebenswissenschaften
Erkenntnisse zusammenrafften.
Die Zelle, wie sie *Schleiden* fand,
ward schleunigst überall bekannt,
bei Pflanz' und Tier von gleichem Bau,
wie *Schwann* dann zeigte ganz genau,
ein Mikrokosmos eigner Art,
des großen Kosmos Widerpart.
Darinnen ging's dynamisch zu
– nur Totes schlummert da in Ruh'
und wird, vom Leben abgetrennt,
das, was Materie man nennt.
Lebendig zeugt sie ihresgleichen,
sie reagiert auf Umweltzeichen,
das Äußre sie sich anverwandelt
und stets so zweckvoll dabei handelt,
als wüßte sie mit klugem Sinn,
was für sie schädlich, was Gewinn.
Ganz arbeitsteilig sie sich einen
und dabei solidarisch scheinen,
die eine als Organ der andern;
die einen stehn, die andern wandern,
und alles fügt sich ein ins Ganze
des Organismus Tier und Pflanze.
Vergessen wir nun auch nicht dies,
daß *Schleidens* Lehrer, unser *Fries*,
geglaubt, daß Erd', Planetensphären
auch selber Organismen wären;
und dies ward, anders nur begründet,
auch laut von *Schelling* uns verkündet.
Daß Leben evolutioniert

ward schon von *Leibniz* eingeführt,
für den, was irgend Früchte trägt,
von Anbeginn schon vorgeprägt,
so daß auch das, was jetzt besteht,
mit aller Zukunft schwanger geht.
Seit *Vico, Herder, Schelling, Hegel*
ward es fast allgemeine Regel,
Geist in Geschichte und Kultur
entwickelnd zu betrachten nur.
Da, wo die Rede war vom Geist,
es vielfach schon »das Leben« heißt.
*Linnés* Natursystem alsbald
erhielt historische Gestalt:
Was sich als Artverwandtschaft zeigt
wird nun zum Stammbaum, weit verzweigt.
Vererbung und Veränderung
erschien erklärt mit einem Schwung
durch *Mendels* schöne Erbstatistik
und *Darwins* Militärlogistik.
Daß Leben Kampf und Krieg nur sei,
war *Darwin* evident dabei.
Wer da am besten sei gerüstet
im Kampfe sich als Sieger brüstet.
Nicht Leben, sondern Überleben
mußt' *Darwin* hier den Maßstab geben,
wie Gottes unsichtbare Hand
durch Zuchtwahl stets die Stärksten fand,
die überm Schlachtfeld voller Leichen
die Fortschrittsfackel weiterreichen.
Evolution ward Modethema,
und alles paßte in sein Schema,
doch keiner wußt' und weiß bis heute,
was dieses dunkle Wort bedeute.

76 Am meisten wohl noch imponierte
was *Herbert Spencer* formulierte:
Differenzierung in die Weite,
Integration als Gegenseite!
Um das zu zeigen, schrieb behende
er wohl ein Dutzend dicker Bände,
was dann als Standardwerk auch bald
des Evolutionismus galt.

77 Doch hat von Lebensphilosophen
noch keiner *Nietzsche* übertroffen,
ihn, der Darwinscher Theorie
nun metaphysisch Rang verlieh.
Für ihn in jederlei Gestaltung
ist Leben pure Machtentfaltung,
durch die der Starke, wie er kündet,
die Schwachen siegreich überwindet.
Doch wehe, wenn sich Schwache nun
zu eignem Schutz zusammentun,
so, wie er meint, daß Juden, Christen
dies schon getan mit Hinterlisten,
als sie gelehrt, man soll der Armen,
der Kranken, Schwachen sich erbarmen.
Das – greint er da mit viel Getöse –
sei in der Welt das einzig Böse,
weil es die Macht der Starken mindert
und so Evolution behindert.
Als Neu-Moral er propagiert,
daß Stark-Gesundes triumphiert,
und Schwaches, Krankes da beherzt
mit Stumpf und Stiel wird ausgemerzt.
Evolution erhält die Richtung
der neuen Übermenschen-Züchtung
als eine letzte Adelsklasse

vom Erbgut nur der stärksten Rasse.
Dem Ziele ordnet er dann munter
auch alles, was sonst heilig, unter
und nennt, was er emphatisch lehrte,
Umwertung aller alten Werte.
Vernunft und Rationalität
als Geisteskrankheit er da schmäht,
da doch der Wille nur zur Macht
Evolution vorangebracht,
der Wille, der da alles trägt
– bei *Schopenhauer* vorgeprägt –,
irrationaler Antipode
von wissenschaftlicher Methode.
System und Ordnung – eine Pest,
die Leben nur erstarren läßt!
Nach ihm im alten Griechenland
das große Übel schon entstand,
als klassisch-apollin'sche Formen
das Leben schnürte ein in Normen,
damit der dionys'sche Trieb
nur ja im Untergrunde blieb.
Erkenntnis, Wahrheit wird ihm schon
gewollte Interpretation,
gleich gut wie unverschämte Lüge,
wenn sie dem Leben nur genüge.
»Philister« nennt er rundweg alle,
die nicht erlagen seinem Schwalle
von pretiösen schönen Worten,
die Eindruck machten allerorten.
Und in der Tat, es kostet Mühen,
sich seinem Charme zu entziehen,
mit dem er alles nun besang
als Dichter-Philosoph von Rang.
Wer kein Philister wollte sein,

ließ sich auf seine Botschaft ein,
was dann den braven Bürger machte,
der ohnehin darwinisch dachte.
Bald lag der vor Verdun im Dreck
mit »Zarathustra« im Gepäck
und meint', daß aus dem Stahlbad eh'
der neue Übermensch entsteh'.
Der ließ zwar vorerst auf sich warten,
bis Tausende dann seiner harrten,
dann trat als Führer er hervor,
bejubelt von der Jünger Chor,
und setzte auch alsbald in Gang,
wozu der »neue Gott« ihn zwang:
Humanität und Menschenwürde
als überholter Zeiten Bürde
durch neue Werte abzulösen,
wodurch das Gute wird zum Bösen
und alles Böse sich verkehrt
zum schicksalhaften neuen Wert:
Das ganze Volk als Hammelherde
Gefolgschaft seines Führers werde,
wer nicht zur Volksgemeinschaft paßt
wird von der Gestapo erfaßt;
von »reiner Rasse« wird geheuchelt,
»unwertes Leben« hingemeuchelt,
der »Arier« wird aufgenordet,
Zigeuner, Juden hingemordet;
des ganzen Staates Energie
geht in die Rüstungsindustrie,
die in den letzten Weltkrieg münde,
ein tausendjährig' Reich begründe.
Als Neu-Moral macht sich nun breit
Total-Gewissenlosigkeit:
Verrat wird erste Bürgerpflicht,

verschont Geschwister, Eltern nicht,
die Sippenhaft, Mord in KZen
läßt keinem Chancen, sich zu retten.
Als die Idee dann umgesetzt,
da lag Europa auch zerfetzt;
gestrandet' Schiff, aus dessen Planken
der Tod und die Verwesung stanken.
Da hieß es, rette sich wer kann!
Wer überlebt' sogleich begann
sich eine Existenz zu zimmern
aus dem, was er erhascht aus Trümmern.
Und es verbreitet sich allhie
die Existenzphilosophie.

78 Sie stand entwickelt zu der Zeit
schon seit den Dreißigern bereit,
als *Helmut Plessner, Arnold Gehlen*
– und auch *Max Scheler* darf nicht fehlen –
gezeichnet uns ein Menschenbild,
das seither noch als klassisch gilt.
Sie zeigten, wie aus der Struktur
der biologischen Natur
bei einem umweltoffnen Tier
Vernunft und Handlung emergier'.
Der Kampf ums Dasein ältrer Art
wird nun im »Dasein« aufbewahrt,
dem es rundum in seinem Seine
nur geht ausschließlich ums Je-Meine.
Hineingeworfen in die Welt,
ist es nun ganz auf sich gestellt.
Es sorgt sich um das täglich' Brot
– kein Wunder bei der großen Not! –,
es nutzt die Zeuge, die zuhanden,
und späht, ob sich noch andre fanden;

stets sich vorweg bei anderm schon,
ob Dienlichkeit ihm innewohn'
für seine Zwecke, die als Sinn
die Sorge um das Dasein spinn'.
Da stößt es auch an seine Grenze,
die allem Dasein nun zur Gänze
verschafft die wesentliche Wendung:
Es ist der Tod als die Vollendung!
Enthusiastisch aufgenommen
von denen, die davongekommen,
dem Tod so oft ins Aug' geschaut
und doch dem Leben noch vertraut,
tönt Existenzphilosophie
als große Nachkriegsmelodie.

79 Da man das »Man« hier nur verachtet
und bloß das eigne Ich betrachtet,
Gemeinsinn, Solidarität
jetzt nicht mehr hoch im Kurse steht,
und als die neue Ichlichkeit
macht Egoismus sich nun breit.
Und dieser liefert reichlich Zunder
für unser deutsches Wirtschaftswunder!
Zuerst wird mal der Bauch gefüllt,
sodann man sich in Pelze hüllt,
dann will man auch noch schöner wohnen
– das Häuslebauen sollt' sich lohnen –,
ein Auto mußte schnellstens her
für alle Arten von Verkehr,
und dieses war dann der Beginn
von weitrem Reiselustgewinn,
der als Tourismus ungehemmt
die fremden Länder überschwemmt.
Für den »Pursuit of happiness«

erhöhte man den Arbeitsstreß,
wogegen dann das Mittel klar
die Arbeitszeitverkürzung war,
denn wirklich unbeschwerte Freiheit
genießt der Deutsche nur als Freizeit.

80 Da zeigt' sich denn die Konsequenz
der ich-zentrierten Existenz:
in dieser Freizeit, endlos langen,
noch etwas mit sich anzufangen.
Und es ertönt als Lösungswort
der Körperkult, mithin der Sport.
Es gilt bei vielen nun als Trumpf
der Bodybuilding-Einheitsrumpf:
Wer bei der Arbeit nie geschwitzt,
der joggt und stemmt und radelt itzt,
und wer nicht sportelt am Gerät,
der lebt zumindest auf Diät,
und wem auch dieses noch zuviel
hockt vor dem Fernseh-Fußballspiel.

81 Doch geht's beim Sport ja ganz bewußt
nur um die körperliche Lust.
Die ist, erlebt mit allen Sinnen,
nur im Orgasmus zu gewinnen,
den, im Geschlechte konzentriert,
der Sport nun funktionalisiert.
Die Selbsterfahrung der Geschlechter
zwar konsterniert die Tugendwächter,
doch gibt's in Sachen Sex im Nu
nicht mehr das mindeste Tabu.
Daß Sport und Spiel und Tod und Leben
sich kräftig durcheinander weben,
erkennt man leicht an der Gefahr,

die jedem mitgegeben war:
Obwohl die Todesseuche dräut,
wird da kein Risiko gescheut,
und keimet neues Leben auch,
so heißt's zuerst: das ist mein Bauch!
Man kalkuliert die Kosten scharf,
ob's wirklich überleben darf.
Genauso ist es Sport und Spiel,
wenn man der Drogensucht verfiel:
Der eigne Körper wird zum Pfand
für'n Trip ins Phantasialand.
Zuerst ist frei noch der Entschluß,
dann folgt zwangsläufig Schuß auf Schuß;
den einen deckt dann früh das Grab,
der andre geht als Krüppel ab.
Kaputte Körper, fade Seelen!

82 Da kann's nicht am Gewerbe fehlen,
das da verspricht ohne Bedenken,
die Schäden wieder einzurenken.
Die Medizin wächst ohne Schranken
– und damit auch das Heer der Kranken.
Gesundheit und Normalität
wird kuriose Rarität.
Wer auf sich hält, hält als Berater
sich einen Arzt und Psychiater,
und wer gesund zu leben meint
als Hypochonder fast erscheint.
Man sieht an solchen Signaturen
des Existentialismus' Spuren,
die – ichzentriert und körpernah –
sich überall nun zeigen da.

83 Die so geprägte Lebenswelt
nun ihrerseits die Brille stellt,
durch die die Katastrophenzeugen
so gern die ganze Welt beäugen.
Natur, als ganze so besehen,
läßt nur als kranke sich verstehen,
und wo sie einst Gesundheit stiftet',
da ist sie überall vergiftet.
Der Tod, der als natürlich galt,
verdankt sich nur noch der Gewalt
der Technik, die als Krebsgeschwür
zum kollektiven Selbstmord führ'.
Tschernobyl ist jetzt allerwegen,
der Wald stirbt unterm sauren Regen,
FCKW frißt das Ozon,
das uns vor Sonnenstrahlung schon',
der Pole Kappen schmelzen nieder,
die Meere werden Sintflut wieder,
und wilde Stürme, losgelassen,
verwüsten ganze Ländermassen.
Die Angst geht um – als deutsches Wort
klingt sie in allen Sprachen fort.
Da jammert's nun an jedem Ende
so kurz vor der Jahrtausendwende,
zu der die Christen voller Zittern
seit je Apokalypse wittern.
Ein Weltreich geht da ruhmlos unter,
Nationen werden wieder munter,
die längst gesittet man gemeint,
nur noch im Fremdenhaß geeint,
wie tolle Ratten sich zerfleischen,
die völk'sche Reinheit zu erreichen.
Nicht Nachbar noch den Freund man schont,
der friedlich nebenan gewohnt.

Vertreibung, Folterung und Mord
wird da zum abgefeimten Sport,
und Frauenschänden läßt man währen,
damit sie Bastarde gebären.
Wo noch der Krieg nicht ausgebrochen,
wird doch die Lunte schon gerochen,
die nahe glimmt beim Pulverfaß,
randvoll gefüllt mit Rassenhaß.
Doch ist die Hoffnung nicht verfehlt,
daß er nicht jedermann beseelt;
fixiert auf Pedigree und Rasse
war vormals nur die Adelsklasse,
republikanisch zeugt's apart
noch von feudaler Lebensart,
doch massenwirksam ward's genutzt,
biologistisch aufgestutzt:
Den Lebensphilosophen wichtig,
ist das für alle andern nichtig.
So geht's mit manchem Unterschied,
den sonsten man fast übersieht,
indes die Schwärmer unverweilt
die ganze Welt so eingeteilt,
als gut und wertvoll dieses fassend
und jenes als das Böse hassend.

84  Nehmt auch als Beispiel in Betracht,
was man aus Mann und Frau gemacht,
denn das Geschlecht ist, wie bekannt,
fürs Leben äußerst relevant.
Zum ganzen Menschentum vereint
ein jedes gleichgewichtig scheint,
und wo sie sich gar innig lieben,
da ist die Welt noch heil geblieben.
Doch wenn die Liebe dann gestorben,

ist Glück und Segen schnell verdorben:
Nur noch dem Hasse hingegeben,
macht man zur Hölle sich das Leben.
Da hört man nunmehr mit Erstaunen
so oft sein Unglück ausposaunen,
nicht: diesem Mann und jener Frau
man jetzo keineswegs mehr trau',
nein: Klassenkampf ist angesagt,
wo sein Geschlecht nun einen plagt!
Es träumt die Feministin schon
von Sexual-Revolution,
die alle Macht den Frau'n verheißt,
Patriarchate niederreißt.
So stürmen denn die Amazonen
nun alle Macho-Machtbastionen.
Zuerst zieht frau sich Hosen an,
wie es schon *George Sand* getan;
die Lockenpracht wird kurz gestutzt
als Männer-Mimikry benutzt;
das Oben-Reiten wie *Lucinde*
sich mit Triumphgefühl verbinde,
Empfängnis und die Fruchtbarkeit
sei reine Frauenangelegenheit,
nicht Pille und Pessar allein
soll Waffe in dem Kampfe sein,
auch Abtreibung sei freigestellt
in dieser schönen Frauenwelt.
An allen Männern ganz und gar
läßt man dabei kein gutes Haar:
Führt einer auf sich als Galan,
heißt's gleich: Der Kerl macht mich nur an!
Und keine Talkshow auf dem Sender
versäumt das Thema Kinderschänder;
Notzucht, Gewalt, Brutalität

da allgemein für »männlich« steht,
und jeder auch von daher kennt
das sexuelle Harassment.
Nicht, daß es dies nicht gäbe wo,
doch potentiell sind alle so!
Es trägt nun jeder Mann darum
ein schlecht' Gewissen mit herum.
So mancher tut – wer mag's verdenken –
die Libido auf anders lenken:
Genoß er einst mit Stolz und Schwung
verstohlene Bewunderung,
die einer schönen Frau gebührte,
die er zur Promenade führte,
so macht dies alles heute wett
die Vorfahrt im Kabriolett.
Die Psychoanalyse lehrte,
der Mann die Frau darum begehrte,
weil er in jedem Weibe bloß
zurückwill in den Mutterschoß.
Das kann der Fall jetzt nicht mehr sein,
steigt er erst in sein Auto ein.
Da sitzt er wohlig und gemütlich,
tut sich am Radioklange gütlich,
das Leder schmeichelt seiner Wange,
nichts auf der Welt macht ihm mehr bange.

Bei frau jedoch ist der beliebt,
der sich bei ihr als Softie gibt,
weil diese übernehmen wollen
die aufgelaßnen Frauenrollen.
Vom Kindbett an macht er Couvade,
denn dafür ist die Frau zu schade,
weil vierzehn Tage Mutterglück
wirft sie beruflich weit zurück.

Er nähret sie mit Hausmanns-Kost,
spült das Geschirr, stellt's auf den Rost,
schrubbt Böden, wäscht und macht die Betten,
holt ihr dann noch die Zigaretten,
bringt Kinder in den Kindergarten,
besorgt, was nötig aller Arten,
dieweil sie Karriere macht
von morgens früh bis in die Nacht
in oder außerhalb der Quote,
die ihr dafür steht zu Gebote.

Sich so mit Männern dauernd messend,
der Frauendinge bald vergessend,
erhebt den Mann sie noch einmal
zum neuen Frauen-Ideal.
Daß ebenbürtig sie dem Mann,
frau längst an denen sehen kann,
die in Geschäften, auf dem Thron
bewiesen dies genügend schon.
Genug der Beispiele man find't,
daß sie zu allem fähig sind.
Nur das Geschäft der Kinderpflege
ward nie zu einem Königswege
zu Status, Anerkennung, Geld
in der modernen Männerwelt,
obwohl doch jedem klar müßt' werden,
daß dies das Wichtigste auf Erden.
Die Mutter mit dem Kinde wohl
war einst ein göttliches Symbol,
doch wer noch redet von Marien,
wird als reaktionär verschrien.
Ich würd euch raten, macht es schnell
zum Karrierefrau-Modell.
Ihr habt das Monopol doch wahrlich,

nur seid auch endlich solidarisch.
Schließt ab Verträge, macht euch teuer,
so wächst die Achtung ungeheuer!

Die Männerwelt, man sieht es klar,
darauf nicht vorbereitet war.
Teils schaut sie nur in stummer Ruh'
dem sonderbaren Treiben zu,
teils wartet sie, wie's oft sich gab,
geduldig beßre Zeiten ab,
indes die ganz gerißnen Buben
die Hoffnung darauf längst begruben
und sich bedienen an verstärkten
rein sexuellen Arbeitsmärkten.
Darüber schwindet jede Lust,
es wächst der sexuelle Frust,
man greint, vereinigend die Truppen,
sein Leid in Selbsterfahrungsgruppen.
Das Mannsbild kennt die Frau nicht mehr,
das Männer-Bild der Frau wird leer,
das tiefe Unverständnis aber
krönt Kommunikationsgelaber.
Den andern suchend, kenntnislos,
zieht man/frau aus sich nackt und bloß
anbiedernd sich dem fremden Triebe,
und dies verwechselnd mit der Liebe:
Theater, Film und Glanzpapiere
entbieten bloß noch nackte Tiere.
Jetzt sieht darum ein jedes leider
das andre nackend durch die Kleider
und meint im Ernst, Totalentblößung
sei des Problemes schlichte Lösung.

85 Dieweil die Schwachen und die Starken
sich im Geschlechterkrieg beharken,

fragt sich's, ob sich Geschlecht noch lohnt,
wenn man den Menschen einfach klont,
in vitro längst schon genbereinigt
die Samen nach Bedarf vereinigt
und folglich dann erhalten muß
den technischen Homunkulus.
Sieht der nicht aus wie man es will,
so kippt man einfach ihn zum Müll,
und hat man's oft genug getan,
stehn andre schon zum Wegwurf an,
die wegen sonstiger Gebrechen
dem Einheitstypus nicht entsprechen.
So bastelt hominid' Geschlecht
die Evolution zurecht!

86 Und wieder stellt sich ein auch hie
die passende Philosophie,
sie nennt sich Evolutionäre
– bescheiden klingt's – Erkenntnislehre,
ein Neo-Darwinismus eben,
der wieder schwärmt vom Überleben.
Und nochmals wird dadurch geheiligt
was sich am Lebenskampf beteiligt:
Was überlebend existiert
ist schon als wahr und gut prämiert.
Recht kurios ist's offenbar,
die Theorie sei deshalb wahr,
weil einem Hirne sie entsprang,
dem glatte Anpassung gelang
an selbsterkannte Wirklichkeiten,
die andre Köpfe schlicht bestreiten.
Auch wenn dabei mit *Engels*-Zungen
das Lied der Passung wird gesungen,
so würd's doch auch bei Täuschung gelten,

durch die wir glauben falsche Welten,
für Wolkenkuckucksheime-Nischen,
in die sich Träumer gern verkriechen.
Der Evolutionismus nun
läßt, was da ist, auf sich beruhn
und will's erklären nur im Lichte
der dahin führenden Geschichte.
Die aber wird allein besprochen
auf Grund des Friedhofs morscher Knochen,
der uns noch in die Gegenwart
verstorbnes Leben aufgespart.
Drum ist's auch grade umgekehrt:
Nicht Gegenwart wird hier erklärt,
vielmehr Vergangenheitsbewahrung
im Licht der Gegenwartserfahrung.
Ist die von Kampf und Haß geprägt,
man's schnell aufs Ganze überträgt,
doch Friedlichkeit und Harmonie
– schaut euch nur um, es gibt auch sie! –
muß da als Lückenbüßer gelten
in evolutionären Welten.
Doch haben wir genug geschildert,
wie dadurch die Kultur verwildert,
und wenden uns in guter Ruh
der dritten großen Strömung zu.

## Die Philosophie des Geistes

Da sehen wir am besten gleich:
Im metaphysischen Bereich
fehlt uns nach jenen beiden doch
der Spiritualismus noch.

87 Wer eine Buchhandlung beäugt
   wird augenscheinlich überzeugt,
   daß, was Philosophie dort heißt,
   nur noch zu tun hat mit dem Geist.
   Das meiste freilich läuft zum Graus
   auf Spiritismus bloß hinaus.
   Doch was davon zu halten war,
   das zeigte längst schon *Dessoir*.
   New Age, Orakel, Offenbarung
   sind des Adepten geist'ge Nahrung,
   der stolz auch zeiget, daß er kenn'
   den großen Atman, Dao und Zen.
   Je mehr verklärt in fremder Sprache,
   der Zeitgeist macht's zu seiner Sache
   und läßt so seine Sehnsucht spüren,
   bequem ins Geist'ge einzuführen.
   Das leistet auch, nur etwas feiner,
   die Anthroposophie von *Steiner*:
   ein neuplatonisch' Potpourri,
   verrührt mit indischem Genie.
   Das zeigt ein Defizit uns an,
   daß nicht genug dafür getan,
   Idealismus auszubauen
   und seiner Wahrheit zu vertrauen,
   die auf dem Grundsatz stehet fest,
   daß alles Geist ist ohne Rest.
   Wer sollte dafür schließlich haften
   wenn nicht die Geisteswissenschaften,
   die ja erforschen alle Spuren
   der sinnhaft-geistigen Naturen?

88 Zwar spricht man nicht von Geistern mehr
   – die sind schon längst aus dem Verkehr –,
   und auch von Gott zu reden nun

ist heute nicht mehr opportun.
Nichts will man mehr auf Engel geben,
die körperlos im Äther schweben,
noch glaubt man an den alten Mann,
der einen Sohn sich zeugen kann,
noch an die Jungfrau, die geboren,
vom heil'gen Geist dazu erkoren.

89 Das ist entmythologisiert
und wird jetzt anders buchstabiert.
Statt Äther heißt's jetzt Horizont,
in dem des Sinnes Fülle wohnt;
statt Engeln, die zu tausend sitzen
auf einer einz'gen Nadelspitzen,
enthält ein Mikrochiplein schon
die Megabit-Information,
die wohlgequantelt, lichtgeschwind
gleich überall Verbreitung find't
als Sinngebilde-Gattungsnorm
und neue separate Form.
Da schwärmt der Mathematikus
von Formstrukturen mit Genuß,
von Zahlen, Mengen, »Körpern«, »Ringen«,
die just im Transzendenten hingen
und die kein menschlich' Auge schaut,
dieweil sie geistig aufgebaut.

90 Und auch der rechte Physikus,
der solches Bauzeug nutzen muß,
sieht hinter jedem Phänomen
unsichtbar doch die Kräfte stehn,
die er zwar an der Wirkung mißt,
doch was die Kraft nun selber ist,
darüber gibt's, so kann man's lesen,

seit *Newton* keine Hypothesen.
– Ich bitt' euch, Leute, weil's tabu,
läßt in Physik den Geist man zu!
Was sollte Kraft denn anders sein,
als was konkret mit Geist man mein'?
Auch *Newton* hat's genau gewußt,
so daß er's nicht vermuten mußt',
dem Pantheisten war doch klar,
daß Kraft ein Gottesname war.

91 In einem engern Sinn jedoch
spricht man von Geisteskräften noch
in psychologischem Verstande.
Wer solche Rede noch verwandte,
der meint die Kräfte und Vermögen,
die aufs Bewußtsein sich bezögen.
Wer spricht in witzig-klugen Sätzen,
den wird man stets als geistreich schätzen,
und manch berühmtes Buch beweist:
Es stammt von einem großen Geist.
Ein Innres sich nach außen wendet,
wenn einer seinen Geist verspendet,
doch es bedarf, um dies zu merken,
stets der verwandten Geistesstärken,
die, gleicherweis in uns verborgen,
fürs Merken und Verstehen sorgen.

92 Wie das Bewußtsein hier verfährt
ward von *Brentano* aufgeklärt,
und *Meinong* bringt dies elegant
zur Lehre von dem Gegenstand.
Auch *Husserl* fand sein Thema eben
in solcherart Bewußtseinsleben
und untersucht' mit Bienenfleiße,

was Wahrnehmung und Denken heiße,
wie Phänomene uns gegeben
und wie wir »Wesensschau« erleben;
auch wie der Raum, die Zeit, die Zahl
und Mannigfaltigkeit zumal
entstehen im Bewußtseinsakte,
beschrieb er uns mit feinem Takte.
Für jeden Akt der Noesis
er auch ein Noema bewies
und nennt's geschickt Konstitution,
was das Bewußtsein weiß davon.
Doch wo er selbst nicht weiterwußte,
die Epoché ihm dienen mußte,
schnell einzuklammern die Probleme,
die dann ein andrer übernehme.
Nur eins, mit dem er lange rang
und das zu lösen nicht gelang,
hielt er für seine höchste Sache:
Wie Selbstbewußtsein selbst sich mache.
Transzendental-Egoität
und Reflexion zur Frage steht:
Wie Cogito sich selber spaltet
in Denken und was denkend waltet.
Hier zeigt sich halt als recht inept
das subjektive Geistkonzept,
das, von *Descartes* und *Kant* erworben,
ihm schon den Ansatz hat verdorben,
auch hat's die Grenzen aufgewiesen
der psycholog'schen Analysen.
Doch *Husserls* Deskriptionsmethode
kam überall sogleich in Mode.
Er nannt's Phänomenologie,
und jedermann benutzte sie,
dem alter Theorie-Ballast

erdrückend ward und drum verhaßt,
und meint, er könnt' vorurteilslos
die Lebenswelt beschauen bloß.

93 Wie das Bewußtsein funktioniert
auch Psychiater interessiert
als Ärzte, wie es sich gehört,
jedoch vor allem, wenn's gestört.
Demenzen, Wahnsinn, Aphasien,
Psychosen und Schizophrenien
und vieles andre ward studiert
und emsig katalogisiert.
Auch Gifte, Pharmaka und Drogen
hat man in den Kalkül gezogen,
und aus den Insuffizienzen
schließt man auf Interdependenzen.
Da war die erste Einsichtsquelle
die psycho-phys'sche Parallele.
Wenn wer gesunde Augen hat,
so kann er sehen in der Tat,
und sind die Augen nicht mehr recht,
so sieht vielleicht er noch, doch schlecht.
Das Auge selber kann man sehen,
doch umgekehrt wird das nicht gehen:
Noch keiner hat das Sehn geaugt,
die Parallel' darum nichts taugt.
Noch weiter zur Debatte steht
die Körper-Geist-Identität.
Da sei Bewußtsein immer schon
nichts andres als Organfunktion.
Das ist jedoch recht mißverständlich,
denn ein Organ ist immer endlich,
doch die Funktion, wenn ihr's bedenkt,
ist nicht auf das Organ beschränkt.

Nehmt ihr nun hypothetisch an,
der ganze Leib sei ein Organ,
so hat Bewußtsein unbestritten
des Leibes Grenze überschritten.
Nur wenn euch Leibesschmerzen plagen,
kann man Identität hier sagen.
Drum war die Suche ganz vergeblich,
obwohl der Aufwand recht erheblich,
den Geist im Leibe aufzuspüren,
als könnt' man sehen ihn, berühren.
Das ist ja, mit Verlaub gesagt,
nichts andres als Gespensterjagd.
Viel besser kommt man da zurück
auf eine Art Psycho-Physik
– wie *Fechner* sie schon früh begonnen,
doch zu poetisch ausgesponnen –
und läßt die geistigen Potenzen
auch außerhalb der Körpergrenzen
nur ihre Wirkung recht entfalten.
Nach *Berkeley* schon sind Dinggestalten
nur das Produkt des Perzipierens
und dieses Grund des Existierens.
Die Kraft, die sie hervorgebracht,
wird niemals objektiv gemacht,
drum kann man sie nicht wägen, messen.
Doch nimm es ruhig ernst indessen,
was es bedeutet, wie sich findet,
daß täglich dir die Welt verschwindet,
sobald in tiefem Schlaf erschlafft
die sonderbare Geisteskraft;
und wenn sich noch ein Rest erhält,
dann träumst du deine eigne Welt.
Daß die vielleicht ein bißchen spinnert,
meint man erst, wenn man sich erinnert,

nachdem man wieder aufgewacht
und Ordnung in die Welt gebracht.
Daß du im Totenreich geweilt,
wird dir von andern mitgeteilt,
die währenddes noch kräftig waren,
denn selber hast du's nicht erfahren,
und Nichts nennst du die Stelle jetzt,
wo dein Bewußtsein ausgesetzt.
Den Abendländer füllt's mit Schrecken,
drum liebt er sehr das Auferwecken,
doch für Buddhisten und das Dao
ist es das Gegenteil genau.

94 Den Horror vacui zu bannen,
galt's alle Kräfte anzuspannen.
Zuerst, daß er das Nichts vernichte,
erfand der Geist sich die Geschichte.
Das ist indes schon lange her,
drum sieht man's heute auch nicht mehr,
daß, was vergangen und vorbei,
das Gegenteil von wirklich sei,
und nennt's, als ob es noch besteht,
historische Realität,
und meint, die würde abgebildet
in dem, was uns Geschichte schildert.
Doch ist's allein des Geistes Kraft,
die ständig die Geschichte schafft.
Erinnerung, mit einem Wort,
ist der Geschichte Sein und Hort,
und wäre die nicht allbereit,
so gäb es nicht einmal die Zeit,
und wo's an dieser Kraft gebricht,
da gibt's auch die Geschichte nicht.
Wo wir vergessen, oft mit Glück,

da kehrt sogleich das Nichts zurück.
So hat es *Platon* schon gelehrt,
bei *Hegel* es dann wiederkehrt;
er nennt es insgesamt – du weißt es –
Phänomenologie des Geistes
und zeigt, wie Wissen sich verdichte
in der begriffenen Geschichte.
Von ihm hat's *Croce* übernommen,
doch die, die nachher noch gekommen
und solcher Überzeugung waren,
verbargen dies in Kommentaren.
Zitiert wird da noch *Hegel* gerne,
daß aus Geschichte man nichts lerne.
Man unterschätzt jedoch dabei,
daß dies aus ihr zu lernen sei.
Doch ist es grade umgekehrt,
daß nur Geschichte uns belehrt,
denn ohne die Erinnerungen
ist kein Gedanke je entsprungen.
Was wir erfahren hier und jetzt
wird gleich in Bilder umgesetzt,
und was zu ihnen Anlaß gab
sinkt augenblicks ins Nichts hinab.
Der Geist allein ist's, der erhält
die bunte Bild-Geschichtenwelt;
die Bilder ohne Gegenstand
sind selbst die Bildung, wie bekannt,
des Geistes und auch seine Nahrung
in der historischen Erfahrung.
Vergangenheit, ins Bild gesetzt,
vereint und trennt die Geister jetzt,
denn wer die gleichen Bilder pflegt
ist durch denselben Geist bewegt
und schafft sich Genealogien

von Einigkeit und Sympathien
– was andern Geist dann provoziert,
der andre Bilder kultiviert.

95 Nun ist von den Erinnerungen
auch alles andere durchdrungen,
worin sich Geisteskraft betätigt,
wie uns Philologie bestätigt.
Der Laut des Wortes, das man hört,
sofort Erinnerung beschwört
an das, was man erfahrn, gesehen,
sonst kann den Sinn man nicht verstehen.
Auch Schrift und alle Zeichen dienen
bloß als Erinnerungsmaschinen:
Kaum angeschaut und schon vergessen,
erblickst an ihrer Statt indessen
mit deinem innern Auge du
Sinn und Bedeutung stets hinzu,
und bringst du die nicht selbst herbei,
weißt du nicht, ob's ein Zeichen sei.
Mach nur die Probe aufs Exempel
in einem jener Musentempel,
wo uns die Kunst so raffiniert
Symbole reichlich inszeniert.
Wenn diese Zeichen richtig lenken,
da wirst du dir auch etwas denken,
doch bleibt dein Auge nur gefangen
von dem, was an der Wand gehangen,
vom Lärm erschüttert nur dein Ohr,
dann legst du dir die Frage vor,
ob's überhaupt Symbol gewesen,
woraus du keinen Sinn gelesen.
Sei da nur ehrlich, habe Mut,
vertraue deinem Urteil gut:

Nicht immer decket Sinnes Blöße
das Interpretationsgetöse!
Nimm dies für Sprache allgemein:
Kein Zeichen kann schon Sprache sein,
wenn es den Geist nicht angeregt,
der ihm den Sinn dann zugelegt.
Gleich wie's beim Spiegel uns ergeht,
der in sich zeigt, was vor ihm steht,
so reflektiert auch Laut und Schrift
des Geistes Strahl, der auf sie trifft,
so daß wir hinter ihnen sehen,
was wir doch vorher schon verstehen.

96 *Cassirer*, kantisch inspiriert,
hat sie umfassend vorgeführt,
der Form-Symbole Spiegelkraft
in Sprache, Mythos, Wissenschaft.
So geht's uns auch mit jedem Text,
der uns zunächst einmal verhext,
so daß wir meinen, drin zu lesen,
was doch schon unser Teil gewesen:
Gedanken, die durch Textgestalten
nur ihre Ordnung da erhalten.

In Geisteswissenschaft am meisten
ist Arbeit an dem Text zu leisten,
und jeder Text, den man da kennt,
ist ein historisch' Dokument.
Drum steht auf beiden Säulen sie:
Geschichte und Philologie,
und hermeneutische Methode
ist keine jüngsterfund'ne Mode.
Philosophie, die sich verstand
im Geisteswissenschaftsverband

und wie sie weithin wird betrieben,
ist stets darauf gestützt geblieben.
So schreibt sie emsig auch darum
die eigene Geschichte um
und deutet immer deutlicher
die Werke ihrer Klassiker.
Gewiß im Grab noch *Platon* lachte,
wenn er erführe, was er dachte,
nachdem sich hunderttausend Seiten
jetzt über seine Lehr' verbreiten.
Jedoch, was Deutungen betrifft,
so sind sie selber Spiegel-Schrift,
die läßt, was aktuell wir meinen,
stets als Vergangenheit erscheinen,
die uns – als Echo – nur bekräftigt
die Wahrheit, die uns just beschäftigt.

97 Dies alles in System zu bringen
mocht keinem noch bisher gelingen,
doch war in wohlverstand'nem Sinn
*Heidegger* unterwegs dahin.
Als neu er Sein und Zeit bedachte,
er sich's zum großen Thema machte,
den Sinn des Seins ans Licht zu bringen
und wie er west in allen Dingen.
Geschult an *Aristoteles*
und gut katholisch auch indes,
verschmäht er *Platons* beste Lehre,
daß Sinn nichts als Idee uns wäre,
und sucht auf vielen andern Wegen
Ideen-Sinn uns auszulegen.
Wie er das Dasein konstruiert
ward weiter vorn schon referiert.
Der Zeuge Zeugnis er vernimmt,

wie's Untersuchungsrichtern ziemt:
Cui bono, quando, quomodo
et ubi, quonam, quot, pro quo,
bis ihr Bewandtnis festgestellt
im Horizont der Daseinswelt.
Die Sprache, die die Dinge reden,
war freilich nicht für einen jeden;
man mußte schon ein Lauscher sein
fürs Kuinzige am Feldwegrain.
Cum tacent clamant – sagt der Weise,
den Ruf zu hören Denken heiße!
Nun war das Denken immer schon
durch seinen eigenen Patron
auf Logik und Begriff verpflichtet.
Das hat er gleich zugrund gerichtet.
Da als Prinzip er Sinn nur kennt,
er nun das Denken Sinnen nennt,
womit er freilich meint genau,
daß man nur seinen Sinnen trau,
dieweil, was jeder Sinn uns lehre,
die Sache selbst schon immer wäre.
Hätt' er von *Berkeley* gesprochen,
so hätt' man's früher schon gerochen,
doch den verschmäht' er, unverwandt,
als Platonist und Protestant.
Und doch sagt jener klipp und klar,
daß Sinn und Sein dasselbe war,
und auch, daß Denken nie abstrakt,
vielmehr ganz sinnlich und kompakt,
und auch die Konsequenz nicht scheute,
daß dieses Selbe Geist bedeute.
Doch *Heidegger* hat penetrant
den Geist aus seiner Sprach' verbannt,
obwohl's doch klar wie Sonnenlicht,

daß er von gar nichts anderm spricht.
Setzt an die Stell' von Sein und Sinn
nur den Begriff vom Geiste hin,
so seht ihr schnell, daß seine Thesen
ganz neuplatonisch sind gewesen
und Geisteswissenschaft dabei
nur gibt das neue Konterfei.
Da ward die Hermeneutik schnell
zum Methodologie-Gestell,
zur Interpretationsmaschine,
die dialektisch man bediene,
indem man alles, was man meint,
auch mit dem Gegenteil vereint.
Geschichte und Philologie
verwächst zur Etymonomie,
die alte Weisheit in der Sprache
als Zeig' und Sage fruchtbar mache.
Dafür gilt unserm Meister eins:
Die Sprache ist das Haus des Seins,
so daß auch dessen Grundes Riß
die Ordnung aller Dinge wies.
Es ist möbliert an allen Örtern
mit nobelsten antiken Wörtern:
Aletheia ist ein Tresor
mit einer starken Tür davor,
darin ihr, wenn sie offensteht,
die reine Wahrheit vor euch seht.
Gleich nebenan ist Logos auch
als Telephon noch im Gebrauch:
Wenn laut es schnarrt, wird garantiert
Anwesenheit signalisiert.
Auch gibt es Dao als Schlummerliege,
auf der man sich hinüberwiege
vom Sein der Alltagsphänomene

ins Nichts, das man dahinter wähne.
Habt keine Angst, daß weh es tue,
Gelassenheit schenkt euch die Ruhe.
Ein Krug, dem »Dao De Jing« entwendet,
steht auch dabei, ganz formvollendet,
sein Tonleib zeigt sein seiend Sein,
das rundet Nichts als Höhlung ein.
Auch viel Gestell ist beigebracht,
das euch das Leben leichter macht,
doch stört es sehr die Atmosphäre,
die ohne es gemütlich wäre;
zum Sperrmüll könnt ihr es nur schütten,
haust ihr in einer Schwarzwaldhütten.
Dies Haus der Sprache stehet so
in einer Lichtung irgendwo.
Trittst du hinaus, so endet bald
dein Holzweg irgendwo im Wald.
Vielleicht gelangst du noch zur Vierung
mit der berühmten Wegmarkierung:
»Zum Himmel« zeigt geradeaus,
»Zur Erde« geht's zurück zum Haus,
links »Sterbliche« es einfach heißt,
der rechte Pfeil »die Götter« weist.
Versteht ihr nun dies alles nicht,
so nehmt es halt für ein Gedicht,
denn Dichtung – sagt das Denkgenie –
ist Wesen der Philosophie.
Denkt auch an *Aristoteles*
und die vier Ursachen indes,
die hier bestückt in Dichterschau
mit Chiffren aus »Yi Jing« und *Lao*.
Gewiß ist's dunkel-tief geartet
wie man's von teutschem Geist erwartet,
der so schon zwei Jahrhunderte

die ganze Welt verwunderte.
Als Kunstwerk mag man's wohl genießen,
doch wird's den Philosoph verdrießen,
daß alles hier – ich sag's verkürzt –
mit *Schellings* Pathos ist gewürzt
und ganz durchsäuert ohnehin
mit *Nietzsche* und mit *Hölderlin.*
Und doch hat's Schule auch gemacht
und einen Stil in Flor gebracht,
des Meisters Worte zu beschwören,
statt auf die Sache selbst zu hören.

98 Der Sinn – hier zum Prinzip erkoren –
jedoch hat an Kredit verloren,
und jeder sich ein Häppchen faßt
wie's grade in den Kram ihm paßt.
Da tönt der Ruf nun in die Weite:
Laßt doch den Sinn jetzt ganz beiseite.
Ein großer Text ist alles nur,
Sinnlosigkeit die Signatur!
Der riet da solche Narretei,
ward ziemlich populär dabei,
und überall in Seminaren
bemühen sich nun die Scholaren,
Dekonstruktion von Sinn zu treiben
und dies in Texten aufzuschreiben.
Der letzte Text – die Textheit pur:
Zitate von Zitaten nur –
ist im Computer schon gespeichert,
der automatisch angereichert
und tendenziell schon jetzt enthält
sämtliche Texte dieser Welt.
Da ist, wer solchen Text sich ordert,
durch schieren Umfang überfordert,

genauso wie der Mann am Tresen,
der nie gelernt, ein Buch zu lesen.
Analphabeten, vier Millionen,
schon heute wieder bei uns wohnen,
und wem das Abitur geschenkt,
zur Geisteswissenschaft sich drängt.
Da pflanzt die Wissenschaft sich fort
fast nur noch durchs gesprochne Wort.
Wenn ihr's nicht glaubt, so werft einmal
'nen Blick in einen Lesesaal.
Ein Buch wird fast nur noch entliehn,
um schnell eine Kopie zu ziehn,
die man dann vorzeigt als Beweis
für Regsamkeit und Studienfleiß.
Das Texte-handling wie noch nie
wird nun zu einer Industrie,
es blüht die Dokumentation,
und jede Bücherliste schon
von Texten, die man nicht mehr las,
gilt als Expertenwissensmaß.
Die Geisteswissenschaft, ganz klar,
bleibt da nicht, was sie einmal war.
Der Geist, der nun darinnen waltet,
hält Schriftlichkeit schon für veraltet.
Philologie heißt gut und gerne,
daß man mal eine Sprache lerne,
und der Geschichte Panorama
schrumpft ein zum Fernseh-Dokudrama.
Der Sinn, vom Texte losgebunden,
hat seine Form noch nicht gefunden
und klammert ängstlich sich und wild
an jedes eindrucksvolle Bild.
Die Sinnvermittlung, sagt' ich schon,
geschieht jetzt meist durch Bild und Ton,

und Wissen ohne Formgestalt
wird pure Überzeugung halt.

99 Das ist die Zeit der neuen Weisen,
die allerorten Sinn verheißen,
nur treiben sie die Sinngewinnung
durch stetes Melken der Gesinnung.
Die Milch der frommen Denkungsart
gerinnt zu Gnomen recht apart
und lehrt die Laien hinterlistig
transzendentale Belletristik.
Philosophie in solchen Grenzen,
verlustig ihrer Kompetenzen,
behält nur eine noch davon:
Inkompetenzkompensation!
So freigesetzt und aufgelegt
zu jedem Scherz, wenn er gepflegt,
kann sie sich heiter und gelassen
mit allem noch einmal befassen.

100 Willst du die Wahrheit nur erfühlen,
versuch den Test des Ridikülen,
denn wie schon *Shaftesbury* empfahl,
gilt von der Wahrheit allemal,
daß sie in dem hat ihren Sitz,
was standhält einem guten Witz!
Treibst du geduldig dieses Spiel,
so sei gewiß, es bleibt nicht viel
von dem, was da in ernsten Worten
ertönet heute allerorten.
Leicht trennt sich da die Spreu vom Weizen,
der uns alleine kann noch reizen,
die Körnchen aber halt' in Ehren,
denn wahre Einsicht sie gewähren.

# Nachwort

So schließen wir nun die Berichte
von dem, was uns in der Geschichte
interessant und wichtig schien.
Der Leser hat uns wohl verziehn,
daß wir so manches weggelassen,
was andre lieben oder hassen,
auch daß wir manches ausgeführt,
was uns als Folge nur berührt
von dem, was da die Denker dachten,
auch daß wir keinen Hehl draus machten,
was wir für wahr und falsch da hielten,
und dabei nicht auf Beifall schielten.
Schluckt's runter, wenn es euch belästigt,
auch dadurch sich das Urteil festigt!
Doch sucht ihr zwischen Ernst und Lachen
noch euren Standpunkt festzumachen,
so treibt von selbst euch diese Lage
zuletzt auf die Prinzipienfrage.
Nichts, was erscheint als evident,
noch das Tu-quoque-Argument
kann uns den letzten Grund erbringen,
um den Metaphysiken ringen.
Mein Rat, ich sagte es ja schon,
ist: fachgerechte Induktion,
die im Begriff fixiert und bindet,
was sich in allem wiederfindet.
Nur der Begriff, der allumfassend,
ist uns für diesen Grund auch passend,
und was ihr denkt als Intension
muß jedermann vertraut sein schon,
dieweil's ja immer mit dabei,

wovon auch je die Rede sei.
Längst hat man diesen Grund benannt,
doch heißt das nicht, er ist erkannt,
unheimlich nämlich wirst du's finden,
suchst du den Grund noch zu zergründen.
Materie verwerf' ich schnell
– nicht alles ist materiell;
kein Kandidat ist auch das Leben,
sonst könnt' es ja den Tod nicht geben.
Versuchst du's mit dem Sein derweil,
so bleibt das Nichts sein Gegenteil,
das längst erfahren mancher Tor,
der wirklich einmal stand davor.
Das Sein vom Nichts gar abzuleiten
bringt die bekannten Schwierigkeiten,
das Sein als Schein zu deuten richtig,
doch ist auch Schein mitnichten nichtig.
Versuch's mit Sinn nur allerwegen,
so halt ich Unsinn gleich dagegen,
und bei Idee, da sag ich bloß:
Wie oft war ich ideenlos.
Um, was ich meine, einzugrenzen,
so acht' auf seine Akzidenzen:
Gibt's dir zum Leben frischen Mut,
so nennst du's schlicht vergnügt und gut,
und wenn's dir alles nur vergällt,
nennst du's das Böse in der Welt.
Mal ist es scharf wie Löwensenft,
mal milde und herabgedämpft,
mal trifft man's schäbig an und klein,
doch kann's auch groß und mächtig sein.
Die Zeiten auch begreifst du nur
nach seiner eignen Signatur,
selbst wo es sich ins Un- gewandelt,

erkennst du an, daß es gehandelt,
und es behauptet manchermann,
daß es gar richtig spuken kann.
Doch wollen wir nicht übertreiben.
Ein bißchen braucht man's auch zum Schreiben
und auch zum Lesen! Wenn's gefiel,
gewiß hatt' es die Hand im Spiel.

# Bibliographisches Namenregister

(Ausgew. S. = Ausgewählte Schriften, Ausgew. W. = Ausgewählte Werke, GA = Gesamtausgabe, G. S. = Gesammelte Schriften, G. W. = Gesammelte Werke, Kl. S. = Kleine Schriften, ND = Nachdruck, S. = Schriften, S. S. = Sämtliche Schriften, S. W. = Sämtliche Werke, W. = Werke)

**Abbe, Ernst** (1840–1905), Physiker, mit Carl Zeiss Begründer der optischen Werkstätten in Jena. 184

**Ackermann, Wilhelm** (1896–1962), Mathematiker und Logiker; (mit D. Hilbert) Grundzüge der theoretischen Logik, 1928, 6. Aufl. 1972. 175

**Aenesidem von Knossos** (1. Jh. v. Chr.), Skeptiker; Pyrrhonische Argumente und Fragmente (ital.), in: A. Russo, Scettici antichi, 1978. 46

**Albert, Hans** (geb. 1921); Traktat über kritische Vernunft, 1968; Plädoyer für kritischen Rationalismus, 1971 u. ö.; Kritische Vernunft und menschliche Praxis, 1977; Traktat über rationale Praxis, 1978; Kritik der reinen Hermeneutik, 1994. 190

**Albertus Magnus, Albert von Lauingen, Graf von Bollstädt** (um 1200–80); Summe der Theologie, in: Opera omnia, Bd. 34–35, 1978; Summe über die Geschöpfe, in: Opera omnia, Bd. 34–35, 1890; Metaphysik (lat.-dt., Teilübers.), 1981; Ausgew. S. (lat.-dt.) 1980; Opera omnia, 1651, 1890–99, 1951 ff. 63

**Alembert, Jean le Rond d'** (1717–83); Abhandlung über Dynamik (frz. 1743), dt. 1899; Einleitung zur Enzyklopädie (frz. 1751), frz.-dt. 1975; zusammen mit Diderot Herausgeber der ersten Bände der *Encyclopédie ou Dictionnaire raisonné des sciences, des arts et des métiers*, 35 Bde., 1751–80; Œuvres, 1821–22, ND 1967. 102

**Alexander der Große** (356–323), Schüler des Aristoteles; vgl. J. G. Droysen, Geschichte Alexanders des Großen, 1833, neu 1966; S. Lauffer, Alexander der Große, 1978. 30

**Al Farabi** *siehe* Farabi, al

**Al Kindi** *siehe* Kindi, al

**Ambrosius** (um 340–397), Bischof von Mailand; De Officiis Ministrorum (Über die Amtspflichten der geistlichen Helfer); Opera, 1527, 1568, 1580, 1686–90; Opera, in: Migne, Patrologia Latina, Bd. 14–17; Opera 1875–86 und 1897–1955; dt. in: Bibliothek der Kirchenväter, 1914.  49

**Anaxagoras aus Klazomenai** (um 500–428/427); Über die Natur, Fragmente (griech.-dt.) in: H. Diels / W. Kranz, Fragmente der Vorsokratiker, Bd. 1, 1985.  21, 38, 44

**Anaximander aus Milet** (um 610 – um 550); Über die Natur, daraus erhalten »Der Spruch des Anaximander« über das Apeiron; Fragmente u. Zeugnisse (griech.-dt.), in: H. Diels / W. Kranz, Fragmente der Vorsokratiker, Bd. 1, 1985.  20, 34

**Anaximenes aus Milet** (585–525); Über die Natur, Fragmente (griech.-dt.) in: H. Diels / W. Kranz, Fragmente der Vorsokratiker, Bd. 1, 1985.  20

**Anselm von Canterbury** (1033/34–1109); Selbstgespräch (lat.-dt.), 1964; Anrede (lat.-dt.), 1962; Warum Gott Mensch geworden (lat.-dt.), 1970; Opera omnia, 1491, 1494, 1675, 1721, 1744; Migne, Patrologia Latina, Bd. 158–159; 1853–54, 1938, 1946 bis 1961, ND 1968.  53, 64, 91, 96, 130

**Apelt, Ernst Friedrich** (1812–59); Die Epochen der Geschichte der Menschheit, 2 Bde., 1845–46; Die Theorie der Induktion, 1854; Metaphysik, 1857.  158

**Argens, Jean-Baptiste Boyer, Marquis d'** (1704–71); Philosophie des Gesunden Menschenverstandes (frz.), 1737, 2. Aufl. 1750.  124

**Aristarch von Samos** (Aristarchos, um 310 – um 230), Astronom, Begründer des heliozentrischen Planetenmodells; Über die Größen und Entfernungen der Sonne und des Mondes, dt. von A. Nokk, als Beilagen zum Freiburger Lyceums-Programm, 1854, griech.-engl. in: T. Heath, Aristarch of Samos, the Ancient Copernicus, 1913, neu 1959.  72

**Aristipp von Kyrene** (um 435–365), Sokratesschüler und Gründer der Schule der Kyrenaiker bzw. Hedoniker (Lustphilosophen); Fragmente in: E. Mannebach, Aristippi et Cyrenaicorum fragmenta, 1961; G. Giannantoni, I Cirenaici, 1958.  25

**Ariston von Chios** (3. Jh. v. Chr.), Stoiker; Fragmente in: H. v. Arnim, Stoicorum Veterum Fragmenta, Bd. 1, 1964.   42

**Aristoteles aus Stagira** (384–322); Organon (Logikschriften); dt., 6 Bde., 1968–92; Metaphysik (griech.-dt.), 1989–91; Physik (griech.-dt.), 1987–88; Nikomachische Ethik, 1985; Politik, 1981; Über die Dichtkunst, 1961; Opera (griech.-lat.), 1883–89; Opera cum Averrois Commentariis, 1562–74, ND 1963; Opera (griech. Akad.-Ausg.), 1831–70, ND 1960–61; W. (griech.-dt.) 1853–79; Die Lehrschriften, 1951 ff.; W. 1958 ff.   25, 30, 38, 44, 58 f., 61, 63, 65, 67, 85, 90, 111, 150 f., 172, 187, 225, 228

**Augustinus, Aurelius aus Thagaste** (354–430); Bekenntnisse (lat.-dt.), 1992; Über die Dreieinigkeit, 1951; Vom Gottesstaat, 1982; Selbstgespräche (lat.-dt.), 1986; Opera, 1566–69, 1637, 1679–1700, 1831–38, 1841–62; Migne, Patrologia Latina, Bd. 32–47 (1861–62); 1887 ff., 1955 ff.; Ausgew. W. (dt.) in: Bibliothek der Kirchenväter, 1911–35; W. (dt.) 1940 ff., 1950 ff.   29, 50 f., 65 f., 89 f., 126, 149

**Austin, John Langshaw** (1911–60); Sinn und Sinneserfahrung (engl. 1962), dt. 1976; Zur Theorie der Sprechakte (engl. 1962), dt. 1972.   188

**Averroes** (Ibn Ruschd, 1126–98); Metaphysik, 1912, ND 1960; Widerlegung (der Schrift Tahafut) des Gazali, 1913; Die Harmonie der Religion und Philosophie, in: J. Müller, Averroes, 1875; Drei Abhandlungen über die Konjunktion des separaten Intellekts mit dem Menschen, 1896; Kommentare zu Aristoteles (lat.), 7 Bde., 1949–56; engl. 7 Bde., 1958–69; Werkausgabe des Aristoteles mit Averroes' Kommentaren (lat.), 12 Bde., 1562 bis 1574, ND 1963; Opera (lat.), 1472 u. ö.   60 f.

**Avicenna** (980–1037); Buch der Genesung der Seele, 1907, ND 1960; Metaphysik, 1907–09; Opera (lat.), 1508, ND 1961.   60

**Ayer, Alfred Jules** (1910–94); Sprache, Wahrheit und Logik (engl. 1936), dt. 1970; Die Grundlagen des empirischen Wissens (engl.), 1940/61; Metaphysik und Commonsense (engl.), 1970; Wahrscheinlichkeit und Evidenz (engl.), 1972; Die Hauptfragen der Philosophie (engl. 1973), dt. 1976.   188

## Bibliographisches Namenregister

**Bacon, Francis Lord Verulam** (1561–1626); Über die Würde und den Fortgang der Wissenschaften (engl. 1605), dt. 1783, ND 1966; Neues Organon der Wissenschaften (engl. 1620), dt. 1793, neu 1830, ND 1974; Neu Atlantis (engl. 1627), dt. 1890/1959; Opera omnia, 1665, 1694; The Works, 1803, 1819, 1825 bis 1834, 1857–74, ND 1961–63; Philosophical works, 1733/1905.  80 f., 83, 90, 130

**Bacon, Roger** (um 1214 – um 1292); Über die geheimen Werke der Kunst und Natur (lat.), 1618; Größeres Werk (lat.), 1733, engl. 3 Bde., 1897–1900, ND 1964; Kleineres Werk (lat.), 1859, ND 1965; Opera 1859, ND 1965 u. 1905–40.  56

**Basilius von Cäsarea** (um 330–379), Bischof von Cäsarea; Homilien zum Sechstagewerk (der Schöpfung; lat.), in: Migne, Patrologia Graeca, Bd. 30; Mahnworte an die Jugend über den nützlichen Gebrauch der heidnischen Literatur (lat.), in: Migne, Bd. 31; Opera in: Migne, Bd. 29–32; W. 1776–78.  49

**Bayle, Pierre** (1647–1706); Historisches und kritisches Wörterbuch (frz. 1696 u. ö.), dt. 1741–44, ND 1974–78; u. d. T. Philosophisches Wörterbuch, übers. von L. H. Jakob, 2 Bde., 1797; Œuvres diverses, 4 Bde., 1727–31, ND 1964–68.  102

**Bell, Alexander Graham** (1847–1922), Physiologe und Ingenieur, Erfinder des Telephons.  184

**Benz, Carl** (1844–1929), Ingenieur, Gründer der Automobilfirma Benz (später Daimler-Benz bzw. Mercedes-Benz).  184

**Berengar von Tours** (um 1000–88); Über das heilige Abendmahl gegen Lanfrank (lat.), 1834.  62

**Bergson, Henri** (1859–1941); Materie und Gedächtnis (frz. 1896), dt. 1908; Schöpferische Entwicklung (frz. 1907), dt. 1912; Denken und schöpferisches Werden, Aufsätze und Vorträge, 1993; Œuvres, 1945–46, 1959.  197

**Berkeley, George** (1685–1753); Eine Abhandlung über die Prinzipien der menschlichen Erkenntnis (engl. 1710), dt. 1869, neu 1979; Versuch einer neuen Theorie der Gesichtswahrnehmung (engl. 1709), dt. 1912, neu 1987; The Works, 1784, 1820, 1837, 1843, 1871, 1897–98, 1901, 1948–57, 1994.  112, 114 ff., 123, 125, 144, 188, 220, 226

**Böhme, Jakob** (1575–1624); De Tribus Principiis oder Beschreibung der Drey Prinzipien Göttlichen Wesens, 1660; De Signatura Rerum oder Von der Geburt und Bezeichnung aller Wesen, 1635; S. S. 1730, ND 1955–61; S. W. 1831–47, ND 1922, 1832 bis 1860. 94, 141

**Boethius, Anicius Manlius Severinus** (470–525); Trost der Philosophie (lat.-dt.), 1969; Die theologischen Traktate (lat.-dt.), 1988; Kommentare zu aristotelischen Logikschriften und Übersetzungen (Porphyrios); Opera, 1491–92, 1847; Migne, Patrologia Latina, Bd. 63–64, 1906–34, ND 1966, 1957 ff. 47

**Bolzano, Bernard** (1781–1848); Wissenschaftslehre, 4 Bde., 1837, ND 1929–31, 1981; Auswahl: Grundlegung der Logik, 1978; Paradoxien des Unendlichen, 1851, neu 1975; S. W. 1849 bis 1884; GA 1969 ff. 153, 188

**Boole, George** (1815–64); Eine Untersuchung der Gesetze des Denkens (engl.), 1854, ND 1961; Die mathematische Analyse der Logik (engl.), 1847, ND 1965; Collected logical works, 1916, 1952. 174

**Bosanquet, Bernard** (1848–1923); Wissen und Wirklichkeit (engl.), 1885, ND 1968; Logik oder die Morphologie der Erkenntnis, 2 Bde. (engl.), 1888, ND 1968; Übersetzung der Einleitung von Hegels Vorlesungen über die Ästhetik (engl.), 1886; Drei Kapitel über die Natur des Geistes (engl.), 1923, ND 1971. 188

**Bosch, Robert** (1861–1942), Gründer der Robert Bosch GmbH, Erfinder der Magnetzündung für Verbrennungsmotoren. 184

**Boyle, Robert** (1627–91); Der skeptische Chemiker (engl. 1661, ND 1965), dt. 1929; Der Ursprung der Formen und Eigenschaften gemäß der Korpuskularphilosophie (engl.), 1666; Opera omnia, 1696–97; Philosophical works, 1725; Works, 1744/72, ND 1965–66. 87

**Bradley, Francis Herbert** (1846–1924); Die Prinzipien der Logik (engl.), 1883, ND 1967; Erscheinung und Wirklichkeit (engl.), 1893, ND 1969, dt. 1928; Collected Esssays, 1935, ND 1969. 188

**Brahe, Tycho** (1546–1601), Astronom; Historia coelestis (Himmelskunde), 1610; Neuere Phänomene der ätherischen Welt (lat.), 1588 u. ö.; Opera omnia, 1611/48, neu 1913–29. 73

**Brentano, Franz** (1838–1917); Psychologie vom empirischen Standpunkt, 3 Bde., 1874–1928, neu 1971–74; Untersuchungen zur Sinnespsychologie, 1907, neu 1979; Wahrheit und Evidenz 1930, ND 1974; Aenigmatias. Rätsel, 1878, 5. Aufl. 1962. 217

**Brucker, Johann Jakob** (1696–1770); Kurze Fragen aus der philosophischen Historie, 8 Bde., 1731–37; Kritische Geschichte der Philosophie (lat.), 5 Bde., 1742–44, 2. Aufl. 6 Bde. 1766–67; Lehrbuch der Philosophiegeschichte (lat.), 1747 u. ö. 107, 126

**Bruno, Giordano** (1548–1600); Von der Ursache, dem Prinzip und dem Einen (lat. 1584), dt. 1872, neu 1993; Über die Unendlichkeit des Weltalls und der Welten (lat. 1584), dt. 1824, ND 1968; Über die Monas, die Zahl und die Figur (lat. 1591), dt 1991; Von den heroischen Leidenschaften (lat. 1585), dt. 1989; Opera, 1879–91, ND 1962; Opere (ital.), 1830, 1888, 1907–09 G. W. 1904–09. 56, 78

**Büchner, Ludwig** (1824–99); Kraft und Stoff, 1855, 21. Aufl. 1904; Natur und Geist, 1857; Am Sterbelager des Jahrhunderts 1898; Im Dienste der Wahrheit (Aufsätze), 1900 (Auswahl 1956–58). 181

**Cabanis, Pierre-Jean Georges** (1757–1808); Über die Verbindung des Physischen und Moralischen in dem Menschen (frz. 1802 u. ö.), dt. 2 Bde., 1804; Œuvres, 1823–25; Œuvres philosophiques, 1956. 124

**Calvin, Johann** (1509–64), Reformator; Lehrbuch der christlichen Religion (lat. 1536), frz. 1541, neu 1955, dt. 1887; Opera (im Corpus Reformatorum), 1863–1900; Opera selecta, 1962 bis 1974. 77

**Campanella, Tommaso** (1568–1639); Der Sonnenstaat oder Idee einer philosophischen Republik (ital. 1602, lat. 1612), dt 1900/68; Tutte le opere, 1954 ff. 78

**Cantor, Georg** (1845–1918), Mathematiker; Grundlagen einer

*Bibliographisches Namenregister* 241

allgemeinen Mannigfaltigkeitslehre, 1883; Beiträge zur Begründung der transfiniten Mengenlehre, 1895–97; Ges. Abh. mathematischen und philosophischen Inhalts, 1932, ND 1962. 174

**Carnap, Rudolf** (1891–1970); Der logische Aufbau der Welt, 1928, ND 1974; Scheinprobleme in der Philosophie. Das Fremdpsychische und der Realismusstreit, 1928, neu 1966; Logische Syntax der Sprache, 1934, neu 1968; Grundlagen der Logik und Mathematik (engl. 1939), dt. 1973; Bedeutung und Notwendigkeit (engl. 1947), dt. 1972; Logische Grundlagen der Wahrscheinlichkeit (engl. 1950/62); Einführung in die symbolische Logik, 1954/68, ND 1973; Induktive Logik und Wahrscheinlichkeit, 1959/70; Einführung in die Philosophie der Naturwissenschaft (engl. 1966), dt. 1969. 185, 189

**Cassirer, Ernst** (1874–1945); Philosophie der symbolischen Formen (I. Die Sprache, II. Das mythische Denken, III. Phänomenologie der Erkenntnis), 1923–29, ND 1994; Was ist der Mensch? Versuch einer Philosophie der menschlichen Kultur (engl. 1944), dt. 1960/92; Wesen und Wirkung des Symbolbegriffs, 1956, neu 1994; GA i. Vorb. 224

**Chambers, Ephraim** (1680–1740); Cyclopedia or a Universal Dictionary of Arts and Sciences, 2 Bde., 1728, zuletzt 5 Bde., hrsg. von Abraham Rees, 1778–88; ital. 9 Bde., 1748–49. 103

**Châtelet, Gabrielle Emilie, Marquise du** (1706–49); Lehrbuch der Physik (frz. 1740); Übersetzung von Newtons Mathematischen Prinzipien der Naturphilosophie (frz.), 1759. 119

**Chauvin, Etienne** (1640–1725); Lexicon Philosophicum, 1692, 2. Aufl. 1713, ND 1967. 102

**Chrysippos aus Soloi** (281/277–208/204), Stoiker; Logische, physikalische und moralische Fragmente in: H. v. Arnim, Stoicorum Veterum Fragmenta, Bd. 2–3, 1964. 39, 42

**Chrysostomos, Johannes** (nach 344–407), aus Antiochia, Bischof von Konstantinopel, von seiner Gemeinde »Goldmund« (Chrysostomos) genannt; Über den Priesterstand; Homilien über das Alte und Neue Testament; Opera omnia (griech.-lat.), 1717–38, 1834–40; Ausgew. S., in: Bibliothek der Kirchenväter, 10 Bde., 1869–84, 8 Bde., 1915–36. 49

**Cicero, Marcus Tullius** (106–43); Vier Akademische Bücher; Über die Gesetze, 1969; Über das Wesen der Götter, 1961; Über den Staat, 1993; Tuskulanische Gespräche, 1992; Reden; Briefe; Opera omnia, 1534; (Gruteri) 1618–19 u. ö.; Scripta omnia (Teubner), 1914 ff., neu 1961 ff., ital. (Mondadori), 1963 ff., lat.-frz. (Budé), 1922–76; W. 1878–80.   42

**Clemens von Alexandrien** (2.–3. Jh. n. Chr.); Der Pädagoge; Stromata (Teppiche); Opera omnia, 1566, 1688, 1831–34, in Migne, Patrologia Graeca, Bd. 8–9, 1857, 1869, 1905–09; Ausgew. S., in: Bibliothek der Kirchenväter, R. 2, Bde. 7, 8, 17, 19, 20, 1934–38.   49

**Comte, Auguste** (1798–1857); Plan der wissenschaftlichen Arbeiten, die für eine Reform der Gesellschaft notwendig sind (frz. 1822), dt. 1973, erw. als *System der positiven Politik* (frz. 1924); Die positivistische Bibliothek (frz.), dt. 1831; Lehrgang der positiven Philosophie (frz.), 6 Bde., 1830–42, 6. Aufl. 1908, neu 1975, dt. 1907; Rede über den Geist des Positivismus (frz. 1844), dt. 1994; Ordnung und Fortschritt (frz.) 1848; Positivistischer Kalender (frz.) 1849; System der positiven Politik oder Abhandlung über die Soziologie, welche die Religion der Menschheit begründet (frz.), 4 Bde., 1851–54; Positivistische Katechismus oder summarische Darstellung der universellen Religion (frz.), 1852 u. ö., dt. 1891; System der positiven Logik oder Abhandlung über die mathematische Philosophie (frz.) 1856/76; Œuvres complètes, 1968–71.   169 f.

**Condillac, Etienne Bonnot de** (1714–80); Versuch über den Ursprung der menschlichen Erkenntnis (frz. 1746), dt. 1780; Traité des sensations, 1754; Abhandlung über die Empfindungen, dt. 1868–70, neu 1983; Œuvres, 1798; Œuvres complètes 1803, 1821–22, ND 1970; Œuvres philosophiques, 1795, 1947 bis 1951.   123, 172

**Coubertin, Pierre de, Baron** (1863–1937), Initiator der modernen Olympischen Spiele.   184

**Couturat, Louis** (1868–1914); Die Logik von Leibniz (frz.), 1901, ND 1969; (mit L. Léau) Geschichte der Universalsprache (frz.), 1903; Die philosophischen Prinzipien der Mathematik (frz. 1905), dt. 1908.   174

# Bibliographisches Namenregister

**Croce, Benedetto** (1866–1952); Zur Theorie und Geschichte der Historiographie (ital. 1917), dt. 1915; Lebendiges und Totes in Hegels Philosophie (ital. 1907), dt. 1909; Philosophie als Wissenschaft des Geistes (ital.), 4 Bde., 1908–17; Ges. philosophische Schriften, 1927–30; Saggi Filosofici, 1910–52; Scritti di storia letteraria e politica, 1911–54. 222

**Cusanus, Nikolaus** (Nikolaus Krebs, 1401–64); Über Mutmaßungen (lat.-dt.), 1988; Über die belehrte Unwissenheit (lat.-dt.), 3 Bde., 1977–93; Vom Können-Sein (lat.-dt.), 1991; Vom Nichtanderen (lat.-dt.), 1987; Mathematische Schriften (lat.-dt.), 1980; Opera, 1488, ND 1966–67, 1502, 1514, ND 1962, 1565; Opera omnia, 1932–44, neu 1959 ff.; S. (dt. Übers.) 1936–48, neu 1949 ff. 47, 54, 56, 68, 70, 96, 130

**Darwin, Charles Robert** (1809–82); Die Entstehung der Arten durch die natürliche Zuchtwahl oder die Erhaltung der begünstigten Rassen im Kampf ums Dasein (engl. 1859), dt. 1860, neu 1963; Die Abstammung des Menschen und die geschlechtliche Zuchtwahl (engl. 1871), dt. 1871, neu 1966; Works, 1910, 1986 bis 1989; G. W. 1875–88, 1899. 199 f.

**Demokrit aus Abdera** (2. Hälfte 5. Jh. v. Chr.); Fragmente (griech.-dt.) in: H. Diels / W. Kranz, Fragmente der Vorsokratiker, Bd. 2, 1985, dt. in: W. Capelle, Die Vorsokratiker, 1968, ². 392–470; F. Enriques / M. Mazziotti, Le dottrine di Democrito di Abdera, Testi e commenti, 1948. 25, 27, 34, 37

**Derrida, Jacques** (geb. 1930); Die Schrift und die Differenz (frz. 1967), dt. 1967; Grammatologie (frz. 1967), dt. 1974; Randgänge der Philosophie (frz. 1972); Die Postkarte. Von Sokrates bis an Freud und jenseits (frz. 1980); Vom Geist. Heidegger und die Frage, 1992. 229

**Descartes, René** (1596–1650); Abhandlung über die Methode, seine Vernunft richtig zu leiten (frz. 1637), dt. 1863, frz.-dt. 1990; Meditationen über die Grundlagen der Philosophie (frz. 1641), dt. 1915, neu 1972, lat.-dt. 1992; Prinzipien der Philosophie (frz. 1644), dt. 1863, neu 1992; Opera omnia, 1670–83; Opera philosophica, 1692; Œuvres, 1824–26, 1897–1963; Philosophische Werke, 1870–91 u. ö. 88, 90 f., 102, 120, 166, 218

**Dessoir, Max** (1867–1947); Vom Jenseits der Seele. Die Geheimwissenschaften in kritischer Betrachtung, 1917 u. ö.  215

**Destutt de Tracy, Antoine Louis Claude, Comte** (1754–1836); Elemente der Ideologie (frz.), 5 Bde., 1801–15, ND 1977.  12

**Deussen, Paul** (1845–1919); Das System des Vedanta, 1883; Allgemeine Geschichte der Philosophie, 7 Bde., 1894–1917; Die Geheimlehre des Veda, 1907–09; Übersetzung: Sechzig Upanishads des Veda, 1897, ND 1963.  152

**de Wette** siehe Wette, Wilhelm Martin Leberecht de

**Diderot, Denis** (1713–84), zuerst mit d'Alembert, später Alleinherausgeber der *Encyclopédie ou Dictionnaire raisonné des sciences, des arts et des métiers*, 35 Bde., 1751–80; Œuvres 1773/98; Œuvres complètes, 1875–80, ND 1966; Philosophische Schriften, 1961/67.  102

**Dilthey, Wilhelm** (1833–1911); Einleitung in die Geisteswissenschaften, 1883, neu 1973; Der Aufbau der Geschichtlichen Welt in den Geisteswissenschaften, 1910, neu 1974; Die Typen der Weltanschauung und ihre Ausbildung in den metaphysischen Systemen, 1911; G. S. 1914 ff.  171

**Diocletianus, Gaius Aurelius Valerius** (Diokletian, um 243 bis 313/316), Römischer Kaiser, 284–305.  119

**Diodoros Kronos** (2. Hälfte 4. / 1. Hälfte 3. Jh. v. Chr.), Megarischer Logiker; über sein »königliches Argument« vgl. P.-M. Schuhl, Le dominateur et les possibles, 1960.  24

**Diogenes Laertios** (1. Hälfte 3. Jh. n. Chr.); Leben und Meinungen berühmter Philosophen (griech.-lat.), hrsg. von Marcus Meibom, 1698, lat., hrsg. von H. S. Long, 1964, ital., hrsg. von M. Gigante, 1962/76, dt. 1806, 1809, übers. von O. Apelt, neu hrsg. von K. Reich, 1990.  58

**Diogenes von Sinope** (4. Jh. v. Chr.), Kyniker; Fragmente in F. W. A. Mullach, Fragmenta Philosophorum Graecorum, Bd. 2, 1867, S. 295–330; C. W. Weber, Diogenes, 1987; E. Müseler (Hrsg.), Die Kynikerbriefe, 2 Bde., 1994.  24, 122

**Dionysius (Pseudo-) Areopagita**, angeblicher Schüler des Apostels Paulus und Bischof von Athen, aber auch der 2. Hälfte des

. Jh. n. Chr. zugeschrieben; das *Corpus Dionysianum* umfaßt chriften *Über die himmlische Hierarchie* und *Über die kirchliche Hierarchie*, dt. 1955; Über die göttlichen Namen; Mystische Theologie (griech.-lat.), 1615; Opera (griech.-lat.), in: J. P. Migne, Patrologia Graeco-latina, Bd. 3–4, dt. 1823, Bibliothek der Kirchenväter, 1911–33. 51

Dörpfeld, Friedrich Wilhelm (1824–93), Pädagoge; Beitrag zur Leidensgeschichte der Volksschule nebst Vorschlägen zur Reform der Schulverwaltung, 1880 u. ö. 162

Droysen, Johann Gustav (1808–84), Historiker; Historik, 1868 u. ö., neu 1978–80; Geschichte des Hellenismus, 2 Bde., 1836–43; Texte zur Geschichtstheorie, 1972. 153

DuBois-Raymond, Emil (1818–96), Physiologe; Über die Grenzen des Naturerkennens, 1872 u. ö.; Vorträge über Philosophie und Gesellschaft, 1974. 181

Dühring, Karl Eugen (1833–1921); Natürliche Dialektik, 1865, ND 1975; Kritische Grundlegung der Volkswirtschaftslehre, 1866; Kritische Geschichte der allgemeinen Prinzipien der Mechanik, 1873 u. ö.; Gesamtcursus der Philosophie als streng wissenschaftlicher Weltanschauung, 3 Bde., 1869–95, ND 1975; Sache, Leben und Feinde (Hauptwerk und Schlüssel zu seinen sämtlichen Schriften), 1882, 2. Aufl. 1903. 181

Duns Scotus, Johannes (1266–1308); Abhandlung über das erste Prinzip (lat.-dt.), 1974; Scharfsinnigste Fragen zu den Büchern der Metaphysik des Aristoteles (lat.), 1639; Opera omnia, 1639, ND 1968–69, 1853, 1891–95, 1950 ff.; Obras (lat.-span.), 1960 ff.; Philosophical Writings, 1962–64. 54

Du Perron *siehe* Descartes, René 88

Edison, Thomas Alva (1847–1931), amerikanischer Erfinder, Chef des ersten Elektrizitätswerks in New York. 184

Einstein, Albert (1879–1955); Über die spezielle und die allgemeine Relativitätstheorie, 1917 u. ö.; Geometrie und Erfahrung, 1921; Mein Weltbild, 1934 u. ö.; Über den Frieden, Weltordnung oder Weltuntergang (engl. 1960), dt. 1975. 182, 185

Empedokles aus Akragas (um 490 – um 430); Über die Natur;

Reinigungen (Katharmoi, Lehrgedicht; griech.-dt.), in: H
Diels / W. Kranz, Fragmente der Vorsokratiker, Bd. 1, 1985, d
in: W. Capelle, Die Vorsokratiker, 1973; J. Zafiropulo, Empe
docles, i frammenti, 1935.   21, 25, 36, 58

**Engels, Eve-Marie** (geb. 1951); Erkenntnis als Anpassung
1989.   213

**Engels, Friedrich** (1820–95); Die deutsche Ideologie (zus. mi
Karl Marx, verf. 1845–46), 1932; Die heilige Familie oder Kriti
der kritischen Kritik (zus. mit K. Marx), 1845; Dialektik de
Natur (verf. 1873–83), 1925; Anti-Dühring, 1878; Die Entwick
lung des Sozialismus von der Utopie zur Wissenschaft (frz
1880), dt. 1882, Marx-Engels Werke (MEGA), 1927–35; MEV
1957–68.   181

**Epiktet aus Hierapolis in Phrygien** (um 50 – um 138); Hand
büchlein der Moral (Encheiridion; griech.-dt.), 1938, u. d. 1
Wege zum glücklichen Handeln, 1992; Opera, 1799–1800, NI
1977, 1916, 1965; Complete Writings (einschließlich Lukre
und Mark Aurel), 1957.   42

**Epikur** (342/341–271/270); Über die Natur, Hauptlehren (Ky
riai doxai); Opere (griech.-ital.), 1973; Epicurea, hrsg. von H
Usener, 1887, ND 1966; E. Bignone, Epicuro, opere, framment
testimonianze, 1920; S. (dt., übers. von O. Gigon) 1949.   2(
34, 37, 58, 88

**Erasmus von Rotterdam, Desiderius** (um 1469–1536); Wisser
schaftliche Unterredung über den freien Willen, 1524, dt. 196
Lob der Torheit, 1534, neu 1929; Neues Testament (griech.
1516; Kirchenväterausgaben von Cyprian, Arnobius, Ambro
sius, Origines, Augustinus, 1521–29; Opera omnia, 1539–5
1703–06, ND 1961–62, 1969 ff.; Collected works, 1974 ff.; Aus
gew. S. (lat.-dt.) 1967 ff.; Ausgew. W. 1933.   76

**Erdmann, Johann Eduard** (1805–92); Versuch einer wisser
schaftlichen Darstellung der neueren Philosophie, 6 Bde., 183
bis 1853, ND 7 Bde., 1978–79; Grundriß der Geschichte de
Philosophie, 2 Bde., 1866 u. ö.; Die deutsche Philosophie se
Hegels Tode, 1896, neu 1964.   147

**Eriugena** *siehe* Johannes Scotus Eriugena   52

**Euklid von Alexandria** (3. Jh. v. Chr.); Elemente (der Geometrie bzw. Mathematik, griech.: Stoicheia, 1655, 1824–25), dt. 1532–62, neu 1933–37, ND 1962; Opera omnia (griech.-lat.), 1893–1916, neu 1969–73. 84 f., 95, 172

**Euklid von Megara** (um 450 – um 370), Sokratesschüler und Begründer der Logik-Schule von Megara; Fragmente in: K. Döring, Die Megariker, kommentierte Sammlung der Testimonien, 1972. 24

**Farabi, al** (um 870–950); Über den Intellekt und das Intelligible; Über den Ursprung der Wissenschaften (dt. hrsg. von Cl. Baeumker), 1916; Der Musterstaat (dt. von F. Dieterici), 1900; Übersetzungen und Kommentare zu Platon und Aristoteles; Philosophische Abhandlungen (arab.-dt.), 1890–96, ND 1977; Opera omnia, 1638, ND 1973. 60

**Fechner, Gustav Theodor** (1801–87); Das Büchlein vom Leben nach dem Tode, 1836; Nanna oder über das Seelenleben der Pflanzen, 1848 u. ö.; Elemente der Psychophysik, 2 Bde., 1860 u. ö., ND 1964; Revision der Hauptpunkte der Psychophysik, 1882, ND 1965; Die Tagesansicht gegenüber der Nachtansicht, 1879, 1904. 220

**Feder, Johann Georg Heinrich** (1740–1821); Grundriß der philosophischen Wissenschaften, 1767; Logik und Metaphysik, 1769 u. ö. (lat. 1777); Lehrbuch der praktischen Philosophie, 1770 u. ö.; W. in: Aetas Kantiana, Bd. 59–72, 1968. 124

**Feuerbach, Ludwig** (1804–72); Geschichte der neueren Philosophie, 3 Bde., 1833–38; Das Wesen des Christentums, 1841; S. W. 1846–83, 1903–11, neu 1959–64; G. W. 1967 ff.; W. bis 1976. 147

**Feyerabend, Paul Karl** (1924–94); Wider den Methodenzwang. Skizze einer anarchistischen Erkenntnistheorie (engl. 1970), dt. 1976; Erkenntnis für freie Menschen (engl. 1978), dt. 1979; Wissenschaft als Kunst, 1984. 179

**Fichte, Johann Gottlieb** (1762–1814); Über den Begriff der Wissenschaftslehre oder der sog. Philosophie, 1792, neu 1972; Grundlage der gesamten Wissenschaftslehre, 1794, neu 1988;

Der geschlossene Handelsstaat, 1800, neu 1979; Die Grundzüge des gegenwärtigen Zeitalters, 1806, neu 1979; S. W. 1845–62, ND 1965; Nachgel. Werke, 1834–35, ND 1962; GA 1962 ff. Werke in Auswahl, 1910–12, ND 1962.  136 ff., 144

**Fischer, Kuno** (1824–1907); Geschichte der neueren Philosophie, 8 Bde., 1852–93, 10 Bde., 1897–1904; Philosophische Schriften, 6 Bde., 1891–92 u. ö.  147

**Flacius Illyricus, Matthias** (Vlacich, 1520–75); Schlüssel zur Heiligen Schrift (Clavis Scripturae Sacrae, Ein Bibel-Lexikon), 1567 u. ö., zuletzt 1719 (Auszug u. Übers. der Abhandlung: De ratione cognoscendi sacras literas / Über den Erkenntnisgrund der Heiligen Schrift, 1968); Hrsg. der *Magdeburger Centurien* (Protestantische Dogmen- u. Kirchengeschichte), 1559–74.  7

**Francke, August Hermann** (1663–1727), Prof. für Orientalische Sprachen und Begründer des Halleschen Waisenhauses; Kurzer einfältiger Unterricht, wie die Kinder zur wahren Gottseligkeit und christlichen Klugheit anzuführen sind, 1702 u. ö.; Pädagogische Schriften, 1876, 1885, neu 1964; Ausgew. W. 1969.  106

**Franklin, Benjamin** (1706–90); Bostoner Selfmademan, Politiker und erster Gesandter der Vereinigten Staaten von Nordamerika in Paris, auch Erfinder des Blitzableiters; Autobiographie (engl. 1771–90), neu 1986; Works, 2 Bde., 1793, 3 Bde. 1806, 1818–19, 10 Bde., 1882, 1887–89; The writings, 1906–09; The Papers, 1959 ff.  122

**Frege, Gottlob** (1848–1925); Begriffsschrift, eine der arithmetischen nachgebildete Formelsprache des reinen Denkens, 1879, neu 1964; Die Grundlagen der Arithmetik, 1884, neu 1934, 1961, 1988; Über Sinn und Bedeutung (1892), in: Funktion, Begriff, Bedeutung, fünf logische Studien, 1962 u. ö.; Nachgel. Schriften, 1969; Schriften zur Logik und Sprachphilosophie 1971.  174 f.

**Freud, Sigmund** (1856–1939); Die Traumdeutung, 1900; Über Psychoanalyse (Vorles.), 1910 u. ö.; Totem und Tabu. Einige Übereinstimmungen im Seelenleben der Wilden und Neurotiker, 1912–13; Das Ich und das Es, 1923; Das Unbehagen in der

Kultur, 1930; G. W. 1940–52; Studien-Ausg., 1969–75; Complete Psychological Works, 1953–66. 161

**Friedrich II. von Brandenburg-Preußen** (der Große, 1712 bis 1786); Antimachiavell, 1740; Geschichte meiner Zeit (verf. 1746); Versuch über die Regierungsformen und die Pflichten des Souveräns (frz.), 1777; Œuvres du philosophe de Sans-Souci, 1740; Œuvres philosophiques, 1985; S. W. 1836–57; W. 1912. 119, 124

**Fries, Jakob Friedrich** (1773–1843); Wissen, Glaube und Ahndung, 1805, neu 1905/31; Neue Kritik der Vernunft, 3 Bde., 1807, 2. Aufl. 1828–31; System der Logik, 1811, 2. Aufl. 1819, 3. Aufl. 1837; Populäre Vorlesungen über die Sternkunde, 1813, 2. Aufl. 1833; Handbuch der psychischen Anthropologie, 2 Bde., 1820–21, 2. Aufl. 1837–39; Mathematische Naturphilosophie, 1822; Vom deutschen Bund und deutscher Staatsverfassung, 1816; Handbuch der praktischen Philosophie, 2 Bde., 1818–32; Die Geschichte der Philosophie, 2 Bde., 1837–40; S. S. 1967 ff. 154 ff., 157 ff., 172, 190, 198

**Froben, Hieronymus** (gest. 1563), Sohn des J. Froben, führte mit seinen Söhnen das Druckgeschäft fort. 76

**Froben, Johannes** (1460–1527), Baseler Buchdrucker. 76

**Galilei, Galileo** (1564–1642); Dialog über die beiden hauptsächlichsten Weltsysteme, das ptolemäische und das kopernikanische (ital. 1632), dt. 1891; Unterredungen und mathematische Demonstrationen über zwei neue Wissenszweige, die Mechanik und die Fallgesetze betreffend (ital. 1638), dt. 1890–91, ND 1973; Le opere, 1842–56, 1890–1909, ND 1929–39, 1964–66, 1968; Auswahlausg. 1965. 56, 72

**Garve, Christian** (1742–98); Versuch über verschiedene Gegenstände aus der Moral, der Literatur und dem gesellschaftlichen Leben, 5 Bde., 1792–1802; Über Gesellschaft und Einsamkeit, 2 Bde., 1797–1800; Rezension von Kants Kritik der reinen Vernunft, in: Zugaben zu den Göttinger Gelehrten Anzeigen, 1782; S. W. 1801–04, ND 1980; Popularphilosophische Schriften, 2 Bde., 1974. 124 f.

**Gassendi, Pierre** (1592–1655); Über Leben, Sitten und Lehre des Epikur (lat.), 1647 u. ö., ND 1968; Systematische Darstellung der Philosophie des Epikur (lat.), 1660; Opera, 1658, ND 1964; 1727.  88

**Gauss, Karl Friedrich** (1777–1855), Mathematiker; Untersuchungen über die höhere Arithmetik (lat. 1801), dt. 1889, ND 1965; W. 1863–1933, ND 1973.  155

**Gehlen, Arnold** (1904–76); Der Mensch, seine Natur und seine Stellung in der Welt, 1940 u. ö.; Urmensch und Spätkultur, 1956; Moral und Hypermoral, 1969; GA 1978 ff.  203

**Geldsetzer, Lutz** (geb. 1937); Die Ideenlehre Jakob Wegelins, 1963; Philosophengalerie, 1967; Die Philosophie der Philosophiegeschichte im 19. Jahrhundert, 1968; Allgemeine Bücher- und Institutionenkunde für das Philosophiestudium, 1971; Die Philosophie in der ersten Hälfte des 19. Jahrhunderts (Neubearb. von K. Vorländer, Geschichte der Philosophie, Bd. 3/1), 1975; Logik, 1987; (mit Hong, Han-ding) Chinesisch-deutsches Lexikon der chinesischen Philosophie, 3 Bde., 1987 ff.; Hrsg., Instrumenta Philosophica, 17 Bde., 1965–72; Hrsg. (mit G. König), J. F. Fries, S. S., 1967 ff., Hrsg. (mit G. König), Zeitschrift für allgemeine Wissenschaftstheorie, 1970 ff.  3

**Gödel, Kurt** (1906–78), Mathematiker; Über formal unentscheidbare Sätze der Principia Mathematica und verwandter Systeme, 1931.  178

**Goethe, Johann Wolfgang von** (1749–1832); Versuch die Metamorphose der Pflanzen zu erklären, 1790; Zur Farbenlehre, 2 Bde., 1810; W. 1815–19; S. W. (Sophien-Ausg.) 1890–1904; (Hamburger Ausg.) 1948–60; S. W. (Propyläen-Ausg.) 1909–32. Schriften zur Naturwissenschaft, 1947 ff.  140

**Gorgias von Leontinoi** (um 480–380), Sophist; Über das Nichtsein bzw. über die Natur, dt. 1828; Reden, Fragmente und Testimonien (griech.-dt.), 1989.  22, 25, 28, 34

**Gottsched, Johann Christoph** (1700–66); Versuch einer kritischen Dichtkunst für die Deutschen, 1730 u. ö., ND 1962/77; Erste Gründe der gesamten Weltweisheit, 1734 u. ö., ND 1965 Herausgeber der deutschen Übersetzung von Pierre Bayles

*Dictionnaire historique et critique*, 4 Bde., 1741–43, ND 1974; Handlexikon oder kurz gefaßtes Lexikon der schönen Wissenschaften und freien Künste, 1760, ND 1970; G. W. 1903–06; Ausgew. W. 1968 ff. 102

**Gottsched, Luise Adelgunde Viktorie** (1713–62), Gattin von Joh. Chr. Gottsched, Dichterin, Literaturtheoretikerin und Übersetzerin, u. a. von Pierre Bayles *Dictionnaire historique et critique*, 4 Bde., 1741–43. 102

**Greathead, Robert** (Robertus Grosseteste, um 1168–1253); Über das Licht oder über den Beginn der Formenbildung (lat. 1514), engl. 1942; Über die physischen Linien, Winkel und Figuren, die allen Naturwirkungen ihre letzte Form verleihen (lat.), 1503; Opuscula, 1514/1690; Philosophische Werke, 1912. 56

**Gutenberg, Johannes** (Gensfleisch zum Gutenberg, um 1394 bis 1468), Erfinder des Buchdrucks mit beweglichen Lettern; sein berühmtestes Werk ist der 42zeilige Bibeldruck von 1453 bis 1456; vgl. H. Presser, Johannes Gutenberg in Zeugnissen und Bilddokumenten, 1979. 76

**Hallier, Ernst** (1831–1904), Botaniker; Die Weltanschauung des Naturforschers, 1875; Kulturgeschichte des 19. Jahrhunderts, 1889. 158

**Hamilton, Sir William** (1788–1856); Lectures on Metaphysics and Logic, 4 Bde., 1859–60/1865–66, ND 1970. 172

**Hartmann, Eduard von** (1842–1906); Philosophie des Unbewußten, Versuch einer Weltanschauung, 1869 u. ö.; Gesammelte philosophische Abhandlungen zur Philosophie des Unbewußten, 1872; Das Unbewußte vom Standpunkt der Physiologie und Deszendenztheorie, 1872/77; Erläuterungen zur Metaphysik des Unbewußten, 1874; Ausgew. W. 1885–1901, 1888–1906. 161

**Hegel, Georg Friedrich Wilhelm** (1770–1831); System der Wissenschaft, 1. Teil: Die Phänomenologie des Geistes, 1807, neu 1988; Wissenschaft der Logik, 2 Bde., 1812–16, neu 1992–93; Enzyklopädie der philosophischen Wissenschaften im Grundrisse, 1817 u. ö., neu 1991; Grundlinien der Philosophie des Rechts oder Naturrecht und Staatswissenschaft im Grundrisse, 1821, neu 1967; Vorlesungen über Naturphilosophie, Philosophie der Geschichte, neu 1988–93; Philosophie der Religion, neu 1993 ff.; Geschichte der Philosophie, neu 1993; W. 1832–1887; Jubiläumsausg., 1927 ff.; G. W. (hist.-krit.) 1968 ff. 142 ff., 146 ff., 178, 188, 192, 196, 199, 222

**Hegesias von Kyrene** (4./3. Jh. v. Chr.), genannt Todesrater (Peisithanatos); Fragmente in: G. Giannantoni, I Cirenaici, 1958. 25

**Heidegger, Martin** (1889–1976); Sein und Zeit, 1927, 17. Aufl. 1993; Kant und das Problem der Metaphysik, 1929; Vom Wesen des Grundes, 1929; Was ist Metaphysik?, 1929; Hölderlin und das Wesen der Dichtung, 1937; Vom Wesen der Wahrheit, 1943; Was heißt Denken?, 1954; Das Wesen der Sprache, 1957; Die Technik und die Kehre, 1962; Sammelschriften: Holzwege, 1950; Unterwegs zur Sprache, 1959; Wegmarken, 1967; GA 1976 ff. 165, 225 f.

**Heinrich VIII.** (1491–1547), englischer König 1509–47, ließ seinen Kanzler Morus hinrichten, weil er als Katholik den Eid auf den Supremat des englischen Königs über die Kirche von England verweigerte; vgl. H. M. Smith, Henry VIII and the Reformation, 1962; Letters and Papers, 22 Bde., 1920–32, ND 1965. 80

**Hempel, Carl Gustav** (geb. 1905); Beiträge zur logischen Analyse des Wahrscheinlichkeitsbegriffs, 1934; Grundzüge der Begriffsbildung in den empirischen Wissenschaften (engl. 1952), dt. 1974; Philosophie der Naturwissenschaften (engl. 1966), dt. 1974; Aspekte wissenschaftlicher Erklärung (und andere Aufsätze zur Wissenschaftsphilosophie; engl. 1965), dt. 1977. 185

**Heraklit von Ephesos** (um 544–483); Über die Natur, Fragmente (griech.-dt.) in: H. Diels / W. Kranz, Fragmente der Vorsokratiker, Bd. 1, 1985. 21, 27, 44

**Herbart, Johann Friedrich** (1776–1841); Lehrbuch zur Einleitung in die Philosophie, 1813, neu 1993; Psychologie als Wissenschaft, neu gegründet auf Erfahrung, Metaphysik und Mathematik, 2 Bde., 1824–25; Allgemeine Metaphysik nebst den Anfängen der philosophischen Naturlehre, 2 Bde., 1828–29; Allgemeine Pädagogik aus dem Zweck der Erziehung abgeleitet, 1806 u. ö., neu 1902; Allgemeine praktische Philosophie, 1808 u. ö.; S. W. 1850–93, 1887–1912, ND 1964/89. 159, 161, 191

**Herder, Johann Gottfried von** (1744–1803); Abhandlung über den Ursprung der Sprache, 1772; Auch eine Philosophie der Geschichte der Menschheit, 1774; Ideen zur Philosophie der Geschichte der Menschheit, 4 Bde., 1784–91 u. ö.; Verstand und Erfahrung, Vernunft und Sprache, eine Metakritik zur Kritik der reinen Vernunft, 1799; S. W. 1805–20, 1827–30, 1852–54, 1869–79, 1877–1913, ND 1967–68. 199

**Hermarchos aus Mytilene** (4./3. Jh. v. Chr.); Fragmente in: K. Krohn, Der Epikureer Hermarchos, 1921. 36

**Hesiod von Askra** (7. Jh. v. Chr.); Theogonie (griech.-dt.), 1983; Werke und Tage, 1962; Fragmente, 1957; S. W. (griech.-lat.) 1658, (dt.) 1936/65. 20

**Hilbert, David** (1862–1943), Mathematiker; Grundlagen der Geometrie, 1899, neu 1977; Grundlagen der Mathematik, 2 Bde., 1934–39, 2. erw. Aufl. 1968–70; (mit W. Ackermann) Grundzüge der theoretischen Logik, 1928, neu 1972; Ges. Abhandlungen, 3 Bde., 1932–35, ND 1970. 175

**Hipparchia aus Maronea** (2. Hälfte 4. Jh. v. Chr.), Kynikerin. 25

**Hippias aus Elis** (2. Hälfte 5. Jh. v. Chr.), Sophist; Fragmente in: M. Untersteiner, Sofisti, Testimonianze e frammenti, Bd. 3, 1967, dt. in: W. Capelle, Die Vorsokratiker, 1973. 22

**Hippokrates aus Kos** (460 – um 377); Hippokratische Schriften (griech.), 1526, lat. 1525, griech.-lat. 1825–27, griech.-frz. 1839 bis 1861, ND 1961–62, dt. 1781–92, 1934–40; Auswahl, 1962. 26

**Hobbes, Thomas** (1588–1679); Elemente der Philosophie, I. Vom Körper (lat. 1655), dt. 1915, neu 1967, II. Vom Menschen (lat. 1658), dt. 1918 u. ö., III. Vom Bürger (lat. 1642), dt. 1873, zus. neu 1977; Leviathan oder von Materie, Form und Gewalt des kirchlichen und bürgerlichen Staates (engl. 1651), dt. 1794 bis

1795, neu 1966; Computatio sive Logica, 1981; Opera, 1839–45, ND 1961; The English Works, 1839–45, ND 1962/92. 85, 87 f., 172

**Hölderlin, Johann Christian Friedrich** (1770–1843), Dichter; Hyperion (Fragment), 1793; Hyperion oder der Eremit in Griechenland, 2 Bde., 1797–99; Empedokles (Fragment), 1797–1800; Philosophische Fragmente, 1981; S. W. 1846, 1912, 1914 ff., 1923, 1943–77, 1976 ff. 140, 229

**Humboldt, Alexander von** (1769–1859), Naturforscher; Kosmos, Entwurf einer physikalischen Weltbeschreibung, 5 Bde., 1845–62, Auszug 1978; G. W. 1889. 155

**Humboldt, Wilhelm von** (1767–1835), Staatsmann und Gelehrter; Über die Verschiedenheit des menschlichen Sprachbaues und ihren Einfluß auf die geistige Entwicklung des Menschengeschlechts (Einl. zu: Über die Kawi-Sprache auf der Insel Java), 1836; Über die innere und äußere Organisation der höheren wissenschaftlichen Anstalten in Berlin (Denkschrift-Entwurf 1810); Ideen zu einem Versuch, die Grenzen der Wirksamkeit des Staates zu bestimmen, 1792; G. W. 1841–52; G. S. 1903–36, ND 1968; W. 1960–81. 162 ff.

**Hume, David** (1711–76); Ein Traktat über die menschliche Natur, 3 Bde. (engl. 1739–40), dt. 1790–91, neu 2 Bde., 1978–89; Eine Untersuchung über den menschlichen Verstand (engl. 1748), dt. 1755, neu 1993; Naturgeschichte der Religion (engl. 1757), dt. 1757, neu 1984; Philosophical Works, 1826, 1836, 1856, 1874–75, 1882–86, ND 1964/92. 112, 116 f., 126

**Hus, Johann** (um 1370–1415), böhmischer Reformator; W. 1903–08; Opera omnia, 1959 ff., 1966. 77 f.

**Husserl, Edmund** (1859–1938); Philosophie der Arithmetik. Psychologische und logische Untersuchungen, 1891, neu 1970; Logische Untersuchungen, 2 Bde., 1900–01, neu 1993; Ideen zu einer reinen Phänomenologie und phänomenologischen Philosophie, 1913, neu 1950–52; Transzendentale und formale Logik, 1929; Cartesianische Meditationen, eine Einleitung in die Phänomenologie (frz. 1931), dt. 1950, neu 1977; G. W. 1950 ff.; G. S. 1992. 217 f.

**Irenäus** (um 140 – um 202), Bischof von Lyon; Gegen die Häretiker (lat.), hrsg. von A. Stieren, 2 Bde., 1851–53, ND 1948–53, dt. 1874, 1912.  49

**Jablonski, Johann Theodor** (1665–1731); Allgemeines Lexicon der Künste und Wissenschaften, 1723, 2. Aufl. 2 Bde., 1767.  103

**Jamblichos aus Chalkis in Syrien** (geb. um 330 n. Chr.), Neuplatoniker; Über das Leben des Pythagoras (lat. 1975), griech.-dt. 1963; Ermahnung zur Philosophie (lat.), 1967; Über die Mysterien (lat.) 1965, frz. 1966, dt. 1922; Kommentarfragmente zu Platons Dialogen (griech.-engl.), 1973.  47

**Johannes Scotus Eriugena** (um 810 – um 877), aus Irland; Über die Einteilung der Natur (lat.) 1581, ND 1964, dt. 1870 bis 1874 u. ö., 1968 ff., 1983; lat. Übersetzung des Dionysios Areopagita; Opera, in: J. P. Migne, Patrologia Latina, Bd. 122.  52

**Juhos, Bela von** (1901–71); Erkenntnisformen in Natur- und Geisteswissenschaften, 1940; Die Erkenntnis und ihre Leistung. Die naturwissenschaftliche Methode, 1950; Elemente der neuen Logik, 1954; Das Wertgeschehen und seine Erfassung, 1956; Die erkenntnislogischen Grundlagen der modernen Physik, 1967; (mit W. Katzenberger) Wahrscheinlichkeit als Erkenntnisform, 1970; Selected Papers on Epistemology and Physics, 1976.  185

**Justinus (Martyr), Flavius** (um 105 – um 166), aus Palästina; Apologien (dt.), 1871; Dialog mit Tryphon; Opera (griech.-lat.), 1615, lat. 1842–48, 1876–81.  49

**Kant, Immanuel** (1724–1804); Kritik der reinen Vernunft, 1781, 2. Aufl. 1787, neu 1993; Prolegomena zu einer jeden künftigen Metaphysik, die als Wissenschaft wird auftreten können, 1783, neu 1993; Kritik der praktischen Vernunft, 1788, neu 1993; Kritik der Urteilskraft, 1790, neu 1993; Beantwortung der Frage: Was ist Aufklärung?, 1784, neu in: Ausgew. kl. S. 1969; S. W. (Rosenkranz/Schubert) 1838–40; W. (Hartenstein) 1838, 1867–68; G. S. (Akademie-Ausgabe) 1910 ff., ND 1968; W. (E. Cassirer) 1912–13, 1959 ff., 1956–64, ND 1968.  108, 112, 124 ff., 127 ff., 130 ff., 133, 135, 154 f., 163, 166, 178, 218

**Karl August** (1757–1828), Herzog, seit 1815 Großherzog von Sachsen-Weimar; Briefwechsel des Großherzogs Carl August mit J. W. von Goethe, hrsg. von H. Wahl, 3 Bde., 1915–18, ND 1971; vgl. U. Crämer, C. A. v. Weimar und der Deutsche Fürstenbund 1783–1790, 1961. 158

**Karneades von Kyrene** (um 214 – um 129), Skeptiker, Schulhaupt der mittleren platon. Akademie; Fragmente, Text und Kommentar, hrsg. von B. Wisniewski, 1970. 46

**Kepler, Johannes** (1571–1630); Das Weltgeheimnis über das wunderbare Zuordnungsverhältnis der himmlischen Kugelschalen (lat. 1596), dt. 1923/36; Neue Astronomie oder Physik des Himmels (lat.) 1609, dt. 1929; Opera omnia, 1858–71, ND 1971; G. W. 1937 ff. 72

**Kindi, al** (gest. 873); Über den Intellekt (arab.-engl.), in: Islam. Studies 3, 1964; Über die erste Philosophie (engl.), 1974/78; Philosophische Abhandlungen, 1897; W. (arab.), hrsg. von Abu Ridah, 2 Bde., 1950–53. 60

**Kleanthes von Assos** (331 – um 233), Stoiker; Fragmente von Zenon u. Kleanthes, hrsg. von A. C. Pearson, 1891, ND 1973. 42

**Kleist, Heinrich von** (1777–1811); Dichter; Michael Kohlhaas, 1808; Der zerbrochene Krug, 1811; Prinz Friedrich von Homburg, 1821; Über die allmähliche Verfertigung der Gedanken beim Reden, 1805; S. W. 1897 ff., 1982, 1988 ff. 140

**König, Gert** (geb. 1938); Der Begriff des Exakten, 1966; Die Metatheorie der Naturwissenschaften im 19. Jh. (Habil.-Schrift), 1969; Was heißt Wissenschaftstheorie?, 1971; Das Problem einer modellhaften Orientierung über das Feld »Wissenschaftstheorie« – Modelle der allgemeinen Wissenschaftstheorie, in: Wissenschaftstheorie in der Lehrerfortbildung, 1977; Hrsg. (mit L. Geldsetzer), Zeitschrift für allgemeine Wissenschaftstheorie, 1970 ff.; Hrsg. (mit L. Geldsetzer), J. F. Fries, S. S., 1967 ff. 147

**Köster, Heinrich Martin Gottfried** (1734–1802); Hauptherausgeber der *Deutschen Encyklopädie oder Allg. Real-Wörterbuch aller Künste und Wissenschaften* (genannt »Frankfurter En-

cyklopädie«), 23 Bde., Frankfurt a. M. 1778–1804, Suppl.-Bd.: Tafeln, 1807; Über die Philosophie der Historie, 1775.  103.
**Kopernikus, Nikolaus** (1473–1543), Astronom; Über die Kreisbewegungen der Weltkörper (lat. 1543), dt. 1879, ND 1939, neu 1993; Opera omnia, 1973 ff.; GA 1974 ff.  56, 72
**Kotzebue, August Friedrich Ferdinand von** (1761–1819), Schriftsteller. Zog sich durch seine reaktionären Schriften, bes. auch durch sein einflußreiches *Literarisches Wochenblatt* den Haß der deutschen Liberalen zu. Seine *Geschichte des Deutschen Reichs*, 2 Bde., 1814–15, wurde beim Wartburgfest 1817 verbrannt, er selbst durch Karl Ludwig Sand am 23. März 1819 ermordet. Sämtl. dramatischen Werke, 1797–1823, 1827–29, 1840–41; Auswahl, 1868/73; Schauspiele, 1972.  157
**Kraft, Viktor** (1880–1975); Die Grundlagen einer wissenschaftlichen Wertlehre, 1937, 2. Aufl. 1951; Mathematik, Logik und Erfahrung, 1947, 2. Aufl. 1970; Der Wiener Kreis, 1950, 2. Aufl. 1968; Erkenntnislehre, 1960; Die Grundlagen der Erkenntnis und der Moral, 1968.  185
**Krates aus Theben** (2. Hälfte 4. – 1. Hälfte 3. Jh.), Sokratesschüler und Kyniker; Fragmente in: W. Nestle, Die Sokratiker, 1922, ND 1968, S. 111–115.  25
**Krünitz, Johann Georg** (1728–96), Arzt und Privatgelehrter; Hrsg., Ökonomisch-technologische Enzyklopädie, 242 Bde., 1773–1858.  103
**Krupp, Alfred** (1812–87), Industrieller, Begründer des Stahlkonzerns.  184

**LaMettrie, Julien Offray de** (1709–51); L'homme machine, 1748, frz.-dt.: Die Maschine Mensch, 1991; L'homme plante (Die Pflanze Mensch), 1748; Naturgeschichte der Seele (frz.), 1745; Œuvres philosophiques, 1751, 1775, ND 1970.  124
**Lange, Friedrich Albert** (1828–75); Geschichte des Materialismus und Kritik seiner Bedeutung in der Gegenwart, 1866, 10. Aufl. 1921, ND 1974.  182
**Lao Zi** (um 571–480), chinesischer Philosoph; Verfasser des *Dao De Jing*; dt. Übers. von R. Wilhelm, Das Buch vom Sinn und Leben, 1978.  228

**Lazarus, Moritz** (1824–1903); Über den Begriff und die Möglichkeit einer Völkerpsychologie, 1851; Das Leben der Seele, 2 Bde., 1856–57 u. ö.; Über die Ideen in der Geschichte, 1865 u. ö.; Sprüche von Lazarus, 1899; Hrsg. (mit H. Steinthal), Zeitschrift für Völkerpsychologie und Sprachwissenschaft, 1859–90.   164

**Leibniz, Gottfried Wilhelm, Freiherr von** (1646–1716); Metaphysische Abhandlung (frz. verf. 1686), dt. 1846, frz.-dt. 1985; Monadologie, 1720, frz.-dt. 1982; Neue Abhandlungen über den menschlichen Verstand (frz. verf. 1704, hrsg. 1765), neu 1994; In der Vernunft begründete Prinzipien der Natur und der Gnade (frz. verf. 1714, hrsg. 1718), neu 1982; Neues System der Natur und der Verbindung der Substanzen sowie der Vereinigung zwischen Seele und Körper (frz. 1695), dt. 1778, neu in: Fünf Schriften zur Logik und Metaphysik, 1982; Œuvres, 1859 bis 1875; Opera omnia, 1768–89; Opera philosophica, 1840, ND 1959; S. S. (Akademie-Ausgabe) 1923 ff.; G. W. 1843–63, ND 1966; Deutsche Schriften, 1838–40, ND 1966; Philosophische Schriften, 1875–90, ND 1960–61, 1978; Philosophische Werke, 1994.   68, 93 f., 103, 112, 116, 119, 125, 139, 152, 159, 172, 199

**Lenin, Wladimir Iljitsch Uljanow** (1870–1924); Materialismus und Empiriokritizismus (russ. 1909), dt. 1927; Der Imperialismus als historisches Stadium des Kapitalismus (russ.), 1917; S. W. (russ.) 1920–26, 1958–65; S. W. 1927–34, neu 1940 ff.; Ausgew. W. 1970.   193

**Leonardo da Vinci** (1452–1519); Das Buch von der Malerei (ital. 1651), dt. 3 Bde., 1882, ND 1970; Anatomische Zeichnungen, 6 Bde., 1911–16; Wissenschaftliche und technische Zeichnungen (frz.), 1962; Tagebücher und Aufzeichnungen, 2 Bde., 1940, 2. Aufl. 1952; Auszug (ital.-dt.), 1958; Œuvres, 1880–92, Auswahl u. Übers. in: M. Herzfeld, Leonardo da Vinci, der Denker, Forscher und Poet, 1904 u. ö.   70

**Lessing, Gotthold Ephraim** (1729–81), Dramaturg, Kritiker, Philosoph; Die Erziehung des Menschengeschlechts, 1780, neu 1980; Nathan der Weise, 1779; S. S. 1791–94, 1825–28, 1838–40 u. ö., ND 1968; W. 1971–79.   119

**Levasseur, Thérèse** (1723–1803), Wäscherin und Lebenspartnerin von Rousseau.   122

**Lichtenberg, Georg Christoph** (1742–99); Über die Physiognomik wider die Physiognomen, 1778; Aphorismen, 5 Bde., 1902–08, ND 1968; Vermischte Schriften, 9 Bde., 1800–05, 1853 (mit Sudelbüchern und Aphorismen), ND 1971, 14 Bde., 1844 bis 1853; Schriften und Briefe, 1967–72, 1983.   124

**Linné, Karl von** (1707–78); System der Natur oder systematische Darstellung der drei Naturreiche, 7 Bde. (lat. 1735), dt. 11 Bde., 1773–1800; Botanische Philosophie (lat. 1751, ND 1966), dt. 1787; S. (schwed.) 1905–13.   199

**Locke, John** (1632–1704); Versuch über den menschlichen Verstand (engl. 1690), dt. 1795–97 u. ö., neu 1981–88; Gedanken über die Erziehung (engl. 1693), dt. 1729, neu 1980; Die Vernünftigkeit des Christentums (engl. 1695), dt. 1733 u. ö., zuletzt 1914; Zwei Abhandlungen über die Regierung (engl. 1690), dt. 1718 u. ö., neu 1974; The Works, 1704 u. ö., 1823, ND 1963.   105, 112 ff., 116, 119, 123 f., 187

**Lucinde**, Idealtyp der emanzipierten Frau in Friedrich v. Schlegels fragmentarischem Roman *Lucinde*, 1799; vgl. G. Hotz-Steinmeyer, Fr. Schlegels Lucinde als »Neue Mythologie«, 1985.   209

**Lukrez** (Titus Lucretius Carus, 96–55), Epikureer; Von der Natur der Dinge (lat.-dt.), hrsg. von H. Diels, 2 Bde., 1923–24, zahlreiche weitere Ausgaben, u. a. De rerum natura – Welt aus Atomen, 1977.   36

**Lullus, Raimundus** (Ramon Llull, um 1235–1315); Die neue Logik (lat. verf. 1303), 1744, ND 1971, lat.-dt. 1985; Große Kunst (Ars magna; d. h. kombinatorische Logik), in mehreren Fassungen, u. a. Ars generalis ultima (lat. verf. 1303–08, hrsg. 1480), 1645, ND 1970; Opera omnia, 1721–42, ND 1965; Opera latina, 1959–67; Obras completas, 1906 ff.   67 f.

**Luther, Martin** (1483–1546), Reformator; Vom unfreien Willen (lat. 1525), dt. 1526; Von der Freiheit eines Christenmenschen, 1520; Werkausgaben seit 1539, 115 Bde., 1826–1903; GA 1883 bis 1912, ND 1964; S. S. (dt. u. lat. Werke), 1740–53, neu 1904 bis 1906; Luther Deutsch, 1974–83; Ausgew. S. 1982.   77

**Mach, Ernst** (1838–1916); Die Mechanik in ihrer Entwicklung historisch-kritisch dargestellt, 1883, ND 1981; Die Prinzipien der Wärmelehre historisch-kritisch entwickelt, 1896 u. ö., ND 1981; Beiträge zur Analyse der Empfindungen, 1886 u. ö.; Erkenntnis und Irrtum, Skizzen zur Psychologie der Forschung, 1905 u. ö., ND 1980. 182, 184

**Machiavelli, Niccolo** (Macchiavelli, 1469–1527); Il principe (ital. 1532), dt.: Der Fürst, 1756, neu 1978; Discorsi, Gedanken über Politik und Staatsführung (ital. 1531), dt. 1977; Opere, 1550 u. ö., 1857, 1878, 1963, 1960–65, 1968 ff.; S. W. 1832 bis 1841. 97

**McTaggart, John Ellis** (1866–1925); Studien über Hegels Dialektik (engl.), 1896, ND 1964; Ein Kommentar zu Hegels Logik (engl.), 1910, ND 1964; Die Natur der Existenz (engl.), 1921, ND 1968; Ein ontologischer Idealismus (engl.), 1924. 188

**Maimun, Moses ben** (Maimon oder Maimonides, auch Rambam, 1135–1204); Führer der Unschlüssigen, 1923–24, ND 1972, neu 1994, hebr.: Sefer more hanebukim (1551), 1866, 3 Bde., 1959, lat.: Dux seu director dubitantium aut perplexorum, 1520, ND 1964, arab.-frz. 1856–66; Eine Abhandlung zur jüdischen Ethik und Gotteserkenntnis (arab. [in hebr. Umschr.] - dt.), 1992; vgl. N. N. Glatzer (Hrsg. u. Übers.), Rabbi Mosche Ben Maimon. Ein systematischer Querschnitt durch sein Werk, 1935, ND 1966. 60

**Maine de Biran, François-Pierre** (1766–1824); Über den Einfluß der Gewohnheit auf das Denkvermögen (frz.), 1802, neu 1954; Versuch über die Grundlagen der Psychologie und ihre Beziehungen zum Studium der Natur (frz. verf. 1813–22, hrsg. 1859); Tagebuch (frz. 1954–57), dt. 1977; Œuvres, 1920–49, ND 1982; Œuvres philosophiques, 1841; Œuvres inédites, 1859. 124

**Malebranche, Nicolas** (1638–1715); Abhandlung von der Natur und der Gnade (frz. 1680 u. ö.), dt. 1993; Über die Suche nach der Wahrheit (frz. 1674–78 u. ö.), dt. 1776–80, 3. Buch neu 1968; Œuvres, 1837, 1842, 1871, 1958–70, 1979 ff. 92, 116

**Manutius, Aldus** (1450–1515), Begründer der aldinischen Druckerei in Venedig, aus der vorbildliche griechische und lateinische Klassikerdrucke (Aldinen) hervorgingen; Griech. Wörterbuch, 1497; ebenso berühmt als Drucker sein Sohn Paul (1512–74) und Enkel Aldin d. J. (1547–97), Leiter der vatikanischen Druckwerkstätten. 76

**Mark Aurel** (Marcus Aurelius Antoninus, 121–180), römischer Kaiser, 161–180, Stoiker; Selbstbetrachtungen, dt. 1701 u. ö., neu 1973, griech.-dt. 1973; vgl. A. Birley, Mark Aurel, Kaiser und Philosoph, 2. Aufl. 1977. 43, 124

**Marx, Karl** (1818–83); Differenz der demokritischen und epikureischen Naturphilosophie, (Diss. 1841) 1902; (mit F. Engels) Die deutsche Ideologie (verf. 1845–46), 1932; (mit F. Engels) Die heilige Familie oder Kritik der kritischen Kritik, 1845; (mit F. Engels) Manifest der Kommunistischen Partei, 1848; Das Elend der Philosophie (frz. 1847), dt. 1885; Ökonomisch-philosophische Manuskripte (verf. 1844), 1932; Thesen über Feuerbach (verf. 1844–47), 1888; Das Kapital, Kritik der politischen Ökonomie, 3 Bde., 1867–93; Marx-Engels Werke (MEGA), 1927–35; MEW 1957–68; Studienausg., 1966 u. ö. 148, 181, 188, 193

**Mauthner, Fritz** (1849–1923); Beiträge zu einer Kritik der Sprache, 3 Bde., 1901–03 u. ö., ND 1967–69; Wörterbuch der Philosophie, 2 Bde., 1910, ND 1980, 3 Bde., 1923–24; Ausgew. S. 1919. 164, 186

**Meier, Georg Friedrich** (1718–77); Gründliche Anweisung wie jemand ein neumodischer Weltweiser werden könne, 1745; Anfangsgründe aller schönen Künste und Wissenschaften, 1748 bis 1750, 1754–59, ND 1976; Vernunftlehre, 1752; Metaphysik, 4 Bde., 1755–59 u. ö.; Versuch einer allgemeinen Auslegungskunst, 1757, ND 1965, Neuausg. 1994. 124

**Meinong, Alexius Ritter von Handschuchsheim** (1853–1920); Beiträge zur Theorie der psychischen Analyse, 1893; Über Annahmen, 1902 u. ö.; Untersuchungen zur Gegenstandstheorie und Psychologie, 1904; Über die Stellung der Gegenstandstheorie im System der Wissenschaften, 1907; Über Gegenstandstheorie. Selbstdarstellung, 1988; Ges. Abh., 1913–14, 1929. 217

**Mendel, Johannes Gregor** (1822–84), Botaniker; Versuch über Pflanzenhybriden, 1865. 199

**Mendelssohn, Moses** (1729–86); Abhandlung über die Evidenz in den metaphysischen Wissenschaften, 1764, ND 1968; Phädon oder Über die Unsterblichkeit der Seele, 1767, ND 1979; Jerusalem oder Über die religiöse Macht des Judentums, 1783, ND 1968; Morgenstunden oder Vorlesungen über das Dasein Gottes, 1785, ND 1968; Philosophische Schriften, 2 Bde., 1761 u. ö., ND 1968; G. S. 1843–45, ND 1972–75, 1929–38, 1971 ff.   124

**Metrodoros aus Lampsakos** (geb. um 330 v. Chr.), Epikureer; A. Körte, Metrodori Epicurei Fragmenta, 1890; Fragmente (griech.-dt.) in: H. Diels / W. Kranz, Fragmente der Vorsokratiker, Bd. 2, 1985.   36

**Metternich, Klemens Lothar Wenzel, Fürst von** (1773–1859), österreichischer Kanzler, setzte mit seiner Devise, »daß es den Fürsten allein zustehe, die Geschicke der Völker zu leiten, und daß die Fürsten für ihre Handlungen niemand außer Gott verantwortlich seien«, die Karlsbader Beschlüsse von 1819 durch, die die Unterdrückung aller revolutionären Bewegungen in Europa bezweckten. Er galt als die Verkörperung des Geistes der Reaktion und Tyrannei; vgl. H. von Srbik, Metternich, der Staatsmann und der Mensch, 3 Bde., 1925–45, ND 1979–85; Nachgel. Papiere, 8 Bde., 1880–84.   157

**Mill, James** (1773–1836); Analyse der Phänomene des menschlichen Geistes (engl.), 1829, 1869–78; Collected Works, 1992. 117

**Mill, John Stuart** (1806–73); System der deduktiven und induktiven Logik, 2 Bde. (engl. 1843), dt. 1849 u. ö.; Eine Prüfung der Philosophie Sir William Hamiltons (engl. 1865), dt. 1908; Grundsätze der politischen Ökonomie, 2 Bde. (engl. 1848), dt. 1913–21; Der Utilitarismus (engl. 1861), dt. 1976; Auguste Comte und der Positivismus (engl. 1865 u. ö.), dt. 1874; Collected works 1965–91; G. W. 1869–81 u. ö., ND 1968.   172

**Mirbt, Ernst Sigismund** (1799–1847); Was heißt Philosophie und was ist Philosophie?, 1839; Kant und seine Nachfolger oder Geschichte des Ursprungs und der Fortbildung der neueren deutschen Philosophie, 1841.   158

**Mises, Richard Martin, Edler von** (1883–1953), Mathematiker;

Wahrscheinlichkeit, Statistik und Wahrheit, 1928 u. ö.; Kleines Lehrbuch des Positivismus, 1939; Selected Papers, 1963–64.  185

**Mohammed** (Abdul Kasim Muhammad Ibn Abdallah, um 570–632), Stifter des Islam; Der heilige Qur-an (arab.-dt.), 1959.  49

**Moleschott, Jakob** (1822–93); Der Kreislauf des Lebens, 1852 u. ö.; Für meine Freunde, Lebens-Erinnerungen, 1894/1901.  181

**Montaigne, Michel Eyquem de** (1533–92); Essais, frz. 1580 bis 1588, neu 1962–63, ND 1980, dt.: Versuche, 3 Bde., 1753–54, ND 1992; Gedanken und Meinungen, 7 Bde., 1793, zahlreiche Neuausg., z. B. 1992; Œuvres complètes, 1924–41, 1962, 1967, 1976; G. S. 1908–11.  76

**Moore, George Edward** (1873–1958); Principia Ethica (engl. 1903), dt. 1970; Die Widerlegung des Idealismus (engl. 1903), dt. 1969; Eine Verteidigung des Common Sense (engl. 1924), dt. 1969; Philosophische Schriften (engl. 1959/63); Selected Writings, 1993.  188

**Morhof, Daniel Georg** (1639–91); Polyhistor oder Kommentare zur Kenntnis der Autoren und Sachen, in denen verschiedene Ratschläge und Hilfsmittel für alle Disziplinen vorgetragen werden (lat. 1688–92 u. ö.), zuletzt hrsg. von J. J. Schwabe, 2 Bde., 1747, ND 1970.  110

**Morus, Thomas** (Sir Thomas More, 1478–1535); Über den besten Zustand des Staates oder über die neue Insel Utopia (lat. 1516), dt. 1524, neu 1992; Opera omnia latina, 1689, ND 1963; The complete works, 1963 ff.  79 f.

**Mose ben Maimun** *siehe* Maimun, Moses ben

**Moses**, sagenhafter Begründer der jüdischen Religion nach dem Auszug der »Kinder Israels« aus Ägypten (1. Hälfte 14. Jh. v. Chr.).  45

**Napoleon I. Bonaparte** (1769–1821), Kaiser der Franzosen, 1804–14; vgl. J. Tulard, Napoleon oder der Mythos des Retters. Eine Biographie, 2. Aufl. 1979; Œuvres, 5 Bde., 1821–22, 4 Bde., 1887–88, dt. 1822–23; Erinnerungen aus St. Helena, 8 Bde., 1822–25.  101

**Nelson, Leonard** (1882–1927), Begründer der Neufriesischen Schule; Hrsg. der *Abhandlungen der Friesschen Schule*, N. F., 1904–18; Über das sog. Erkenntnisproblem, 1908; Die Rechtswissenschaft ohne Recht, 1917; Die neue Reformation, 2 Bde., 1918; System der philosophischen Rechtslehre und Politik, 1924; System der philosophischen Ethik und Pädagogik, 1932; Beiträge zur Philosophie der Logik und Mathematik, 1959; Fortschritte und Rückschritte der Philosophie. Von Hume und Kant bis Hegel und Fries, 1962; Vom Selbstvertrauen der Vernunft, 1975; G. S. 1970–77.   159

**Nero, Lucius Domitius** (später Claudius Drusus, 37–68), römischer Kaiser, 54–68, Schüler Senecas; vgl. J. Robichon, Nero, 1986.   43

**Neurath, Otto** (1882–1945); Wesen und Weg der Sozialisierung, 1919; Einheitswissenschaft und Psychologie, 1933; Die Entwicklung des Wiener Kreises und die Zukunft des logischen Empirismus (frz.), 1936; Grundlagen der Sozialwissenschaften (engl.), 1944; G. S. 1981.   185

**Newton, Isaak** (1642–1727); Die mathematischen Grundlagen der Naturphilosophie (lat. 1687), dt. 1872, ND 1963, Auswahl 1988; Beobachtungen zu den Weissagungen des Propheten Daniel und die Apokalypse des Johannes, 2 Bde. (engl. 1733), dt. 1765; Opera quae extant omnia, 1779–85, ND 1964; Theologische Manuskripte (engl.), 1950.   87 f., 119, 128, 217

**Nietzsche, Friedrich Wilhelm** (1844–1900); Die Geburt der Tragödie aus dem Geiste der Musik, 1872; Unzeitgemäße Betrachtungen, 1873–76; Menschliches-Allzumenschliches, ein Buch für freie Geister, 1878–79; Morgenröte, Gedanken über moralische Vorurteile, 1881; Die fröhliche Wissenschaft, 1882; Also sprach Zarathustra, 1883–85; Jenseits von Gut und Böse. Vorspiel zu einer Philosophie der Zukunft, 1886; Zur Genealogie der Moral, 1887; Götzendämmerung, 1889; Der Wille zur Macht, 1901; W. 1894–1904, 1901–13, 1954–56, ND 1972; G. W. 1920–29, ND 1964–65; Krit. GA 1967 ff.; Krit. Studienausg., 1980.   150, 200, 229

**Nikolaus von Kues** *siehe* Cusanus, Nikolaus

**Ockham, Wilhelm von** (um 1290 – um 1348); Summe der gesamten Logik (verf. 1324), lat. 1974, engl. 1974–80; Traktat über die Prädestination und das göttliche Vorherwissen über die künftigen Möglichkeiten (lat.), 1978; Opera philosophica et theologica, 1967 ff.; Opera politica, 1940–63; Philosophical writings, a selection (engl.-lat.), 1957. 66 f., 187

**Origenes von Alexandrien** (um 185–254); Gegen Celsus (lat.-frz.), 1967–76; Über die Prinzipien, 1976; Opera omnia, 1733 bis 1759, ND 1960–64, 1831–48; W. 1899–1903, neu 1955; Ausgew. S. 1874–77, 1926–27. 49

**Ostwald, Wilhelm** (1853–1932); Die Überwindung des wissenschaftlichen Materialismus, 1895; Die Energie, 1908; Energetische Grundlagen der Kulturwissenschaften, 1909; Der energetische Imperativ, 1912; Der Monismus als Kulturziel, 1912; A. Comte, 1914; Die Pyramide der Wissenschaften, 1929; Große Männer, Studien zur Biologie des Genies, 1909; Hrsg., Das monistische Jahrhundert, Wochenschrift für wissenschaftliche Weltanschauung und Weltgestaltung, 1912–15. 182 f.

**Otto, Rudolf** (1869–1937); Kantisch-Fries'sche Religionsphilosophie und ihre Anwendung auf die Theologie, 1909; Das Heilige, 1917 u. ö.; Das Gefühl des Überweltlichen, 1931. 158

**Palladio, Andrea** (1518–80), Architekt; Vier Bücher über die Architektur (ital. 1570), dt. 1698; Œuvres 1825–42. 71

**Panaitios von Rhodos** (185 – um 109), Stoiker; Fragmente hrsg. von M. van Straaten, 1962, dt. übers. in: M. Pohlenz, Stoa und Stoiker, 1950. 42

**Parmenides aus Elea** (geb. um 540 v. Chr.); Lehrgedicht (griech.-dt.), hrsg. von U. Hölscher, 1969; M. Untersteiner, Parmenides, Testimonianze e frammenti, 1958. 21 f., 27, 90

**Paulus aus Tarsos** (gest. 64 n. Chr. od. später), Apostel; Briefe an verschiedene Persönlichkeiten und christliche Gemeinden im Kanon des Neuen Testaments. 42, 49, 51, 75

**Peano, Giuseppe** (1858–1932), Mathematiker; Prinzipien der Arithmetik nach neuer Methode (lat.), 1889; Die Prinzipien der Geometrie logisch dargestellt (ital.), 1889; Das geometrische

Kalkül nach der Ausdehnungslehre H. Grassmanns (ital.), 1886; Elemente des geometrischen Kalküls (ital.), 1891; Mathematisches Formelwerk, 5 Bde. (ital.), 1892–1908; Opere scelte, 1957–59; Selected works, 1973. 174

**Perron, du** *siehe* Descartes, René  88

**Petrus Hispanus** (um 1220–77), Papst Johannes XXI; Kleine logische Summen (lat. 1474 u. ö.), lat.-dt. hrsg. von W. Degen / B. Pabst 1987  62

**Petrus Ramus** *siehe* Ramée, Pierre de la

**Philipp II.** (um 382–336), König von Makedonien, Vater Alexanders d. Gr.; vgl. H. Bengtson, Philipp und Alexander der Große, die Begründer der hellenistischen Welt, 1985.  30

**Philon von Alexandrien** (Philo Judaeus, um 25 v. Chr. – um 50 n. Chr.); Über die Ewigkeit der Welt (griech. 1552), dt. 1876; Über die Vorsehung (lat. 1822), dt. 1964; Opera, 1691, 1828–30, 1896–1930; dt. Übers. in: W. 1909–38, ND 1962–64.  48

**Pico della Mirandola, Giovanni** (1463–94); Über die Würde des Menschen (lat. 1496), dt. 1905, neu (lat.-dt.) 1990; Philosophische, kabbalistische und theologische Schlußfolgerungen (lat.), 1486; Opera, 1601; (J. et J. F. Pici), 1557–73, ND 1969; Ausgew. S. 1904.  70

**Platon** (427–347); Dialoge; Verteidigung des Sokrates; Das Gastmahl; Der Staat; Die Gesetze; Briefe, 1920–22, neu 1994; GA (Henricus Stephanus, griech.), 3 Bde., 1578; Opera omnia graece et lat., 1819–32, 1880–82; Krit. Ausg. von J. Burnet, 1899–1906, ND 1924; dt. übers. von F. Schleiermacher, 1804 bis 1810, 1817–28, 1850–66; S. W. 1850–73, 1966–68; W. 1908–20, 1955.  25 f., 28 ff., 31, 33, 44, 46, 56, 58 f., 61, 66, 75 f., 90, 114, 126, 143, 188, 222, 225

**Plessner, Helmuth** (1892–1985); Die Stufen des Organischen und der Mensch, 1928 u. ö.; Die Aufgaben der philosophischen Anthropologie, 1937; Lachen und Weinen, 1941; Die verspätete Nation, 1935/59; Diesseits der Utopie, 1966.  203

**Plotin aus Lykopolis** (in Ägypten, 205–270), Neuplatoniker; Enneaden (54 Schriften in Neunergruppen); Opera, 1835, 1856, (griech.) 1951–73; S. (griech.-dt.) 1956–71, dt. 1930–37.  47, 51, 60, 94

**Plutarch aus Chaironeia** (um 46 – um 125); Moralische Schriften (78 Abhandlungen über die verschiedensten Bildungstopoi seiner Zeit, lat.), 1795–1830, 1888–96, griech. 1925–67, dt. 1926/28 ff.; Parallel-Leben (großer Griechen und Römer, griech. 1969–1973), dt. 1927; Opera (Xylander), 1560; (Cruser), 1580.  47

**Polyän (Polyainos) aus Lampsakos** (3. Jh. v. Chr.), Epikureer; Fragmente in: H. Usener, Epicurea, 1887, ND 1966.  36

**Popper, Sir Karl Raimund** (1902–94); Die Logik der Forschung, 1935 u. ö.; Das Elend des Historizismus (engl. 1944 bis 1945), dt. 1965; Die offene Gesellschaft und ihre Feinde, Bd. 1: Der Zauber Platons, Bd. 2: Falsche Propheten. Hegel, Marx und die Folgen (engl. 1945), dt. 1957; Vermutungen und Widerlegungen. Das Wachstum wissenschaftlicher Erkenntnis (engl.), 1963; Objektive Erkenntnis, ein evolutionärer Entwurf (engl. 1972), dt. 1973 u. ö.  185, 188, 191

**Porphyrios aus Tyros** (um 232 – um 304), Neuplatoniker; Einleitung (in die aristotelischen Logikschriften, lat. von Boethius), dt. 1974; Leben des Plotin; Leben des Pythagoras; Kommentare zu Homer, Parmenides und zu Schriften Platons; keine GA; Opuscula selecta, 1886, ND 1963.  47

**Poseidonios aus Apameia in Syrien** (um 135–50), Stoiker; Hinterlassene Schriften (griech.-lat.), 1810, ND 1972; Fragmente (engl., griech.-lat.), 1972, dt. in: M. Pohlenz, Stoa und Stoiker, 1950.  42

**Prantl, Karl von** (1820–88); Geschichte der Logik im Abendlande, 4 Bde., 1855–85, ND 1926/55.  147, 171

**Proklos aus Konstantinopel** (410–485), Neuplatoniker; Kommentare zu Platon, Plotin, Euklid; Abhandlungen zur Mathematik und Astronomie; Opera (Cousin), 1820–64, ND 1962; engl. Auswahl übers. von K. S. Guthrie, 1925.  47, 51, 60

**Protagoras aus Abdera** (um 485 – um 415), Sophist und Rhetor, berühmt durch seinen Homo-mensura-Satz; Fragmente (griech.-dt.) in: H. Diels / W. Kranz, Fragmente der Vorsokratiker, Bd. 2, 1985; A. Capizzi, Protagora, Le testimonianze e i frammenti, 1955.  22 f.

**Pythagoras aus Samos** (um 582–496), Begründer des pythagoreischen Bundes; seine philosophische Lehre nur aus Schriften der Schule erschließbar, Zeugnisse (griech.-dt.) in: H. Diels / W. Kranz, Fragmente der Vorsokratiker, Bd. 1, 1985; W. Capelle, Die Vorsokratiker, 1968; A. Maddalena, I Pitagorici, 1954.  21, 27 f., 45

**Raimundus Lullus** *siehe* Lullus, Raimundus

**Rambam** *siehe* Maimun, Moses ben  60

**Ramée, Pierre de la** (Petrus Ramus, 1515–72); Dialektische Unterweisungen (lat. 1543 u. ö.), dt. 1964; Rhetorische Untersuchungen (lat.), 1549; Dialektik (lat.), 1555; Bemerkungen zu Aristoteles' Logik (lat.), 1543; Schullehrbücher der Mathematik (lat.), 1557/69, der Physik (lat.), 1557, der Metaphysik (lat.), 1566; keine Werkausgaben.  78

**Rathenau, Emil** (1838–1915), Unternehmer, gründete 1883 die Deutsche Edison-Gesellschaft für angewandte Electrizität, seit 1887 Allgemeine Electrizitätsgesellschaft (AEG), 1903 zus. mit W. v. Siemens die Telefunken Gesellschaft für drahtlose Telegraphie.  184

**Rees, Abraham** (1743–1825), Herausgeber von Chambers *Cyclopedia*, 1778–88; Rees's *Cyclopedia*, 45 Bde., 1819–20.  103

**Reichenbach, Hans** (1891–1953); Relativitätstheorie und Erkenntnis a priori, 1920; Axiomatik der relativistischen Raum-Zeit-Lehre, 1924; Philosophie der Raum-Zeit-Lehre, 1928; Wahrscheinlichkeitslehre, 1935; Der Aufstieg der wissenschaftlichen Philosophie (engl. 1951), dt. 1953; G. W. 1977 ff.  185

**Reid, Thomas** (1710–96); Untersuchungen über den menschlichen Geist nach den Grundsätzen des gemeinen Menschenverstandes (engl. 1764), dt. 1782; Versuch über die intellektuellen Kräfte des Menschen (engl.), 1785; Versuch über die aktiven Kräfte des Menschen (engl.), 1788; zus. als: Versuche über die Kräfte des menschlichen Geistes (engl.), 3 Bde., 1803/41; Works, 1804/46, 8. Aufl. 1895, ND 1983; Œuvres complètes, 1828–36.  117, 187

**Rein, Wilhelm** (1847–1929), Pädagoge; Theorie und Praxis des Volksschulunterrichts, 3 Bde., 1879–85 u. ö.; System der Pädagogik im Grundriß, 1891 u. ö.; Grundriß der Ethik, 1902 u. ö.; Encyklopäd. Handbuch der Pädagogik, 10 Bde., 1895 bis 1911. 162

**Reinhold, Karl Leonhard** (1758–1823); Briefe über die Kantische Philosophie, 1786–87, ND 1923; Versuch einer neuen Theorie des menschlichen Vorstellungsvermögens, 1789, 2. Aufl. 1795, ND 1963; Über das Fundament des philosophischen Wissens, 1791, neu 1978. 134 f.

**Reuchlin, Johannes** (Capnio, 1455–1522); Über das wundertätige Werk (lat.), 1484, ND 1864; Über die kabbalistische Kunst (lat.), 1494, 1517, ND 1964, frz. übers. von F. Secret, 1973; Rudimenta hebraica, 1506; Über Akzente und Rechtschreibung der Hebräer (lat.), 1518. 75

**Ritter, Heinrich** (1791–1869); Über die Bildung des Philosophen durch die Geschichte der Philosophie, 1817; Geschichte der Philosophie, 12 Bde., 1829–53; Die christliche Philosophie bis auf die neuesten Zeiten, 2 Bde., 1858–59; (mit L. Preller) Historia philosophiae graeco-romanae, 1838 u. ö. 171

**Robert Grosseteste** siehe Greathead, Robert

**Roos, Johann Friedrich** (1757–1804), Mitherausgeber (ab Bd. 18) der *Deutschen Encyklopädie oder Allg. Real-Wörterbuch aller Künste und Wissenschaften* (genannt »Frankfurter Encyklopädie«), 23 Bde., Frankfurt a. M. 1778–1804, Suppl.-Bd.: Tafeln, 1807. 103

**Rousseau, Jean-Jacques** (1712–78); Diskurs (über die Frage) ob der Fortschritt der Wissenschaften und Künste zur Läuterung der Sitten beigetragen habe (frz. 1750), dt. 1752, frz.-dt. 1983; Diskurs über den Ursprung und die Grundlegung der Ungleichheit unter den Menschen (frz. 1755), dt. 1756, frz.-dt. 1984; Vom Gesellschaftsvertrag oder Prinzipien des Staatsrechts (frz. 1762), dt. 1763, 1977; Emil oder Über die Erziehung (frz. 1762), dt. 1762, 1978; Œuvres, 1782, 1817, 1819, 1822, 1823–29, 1864–65; Œuvres complètes, 1855–56, 1959–64; W. (dt.) 1786 bis 1799, 1843–45; Ausgew. W. 1898. 105, 120 f.

**Russell, Bertrand** (1872–1970); (mit A. N. Whitehead) Principia mathematica, 3 Bde., (engl. 1910–13), dt. 1984; Einl. dazu: Einführung in die mathematische Logik, dt. 1932; Unser Wissen von der Außenwelt als einem Gebiet für die Anwendung der wissenschaftlichen Methode in der Philosophie (engl. 1914), dt. 1926; Physik und Erfahrung (engl. 1946), dt. 1948; Einführung in die mathematische Philosophie (engl. 1919), dt. 1953; Philosophie des Abendlandes (engl. 1946), dt. 1950; The Collected Papers, 1983 ff.  174 f., 188

**Ryle, Gilbert** (1900–76); Der Begriff des Geistes (engl. 1949), dt. 1969; Begriffskonflikte (engl. 1953), dt. 1970.  188

**Saint-Simon, Claude Henri, Comte de** (1760–1825); Reorganisation der europäischen Gesellschaft (frz.), 1814; Über das industrielle System (frz.), 1821; Neues Christentum (frz. 1925), dt. 1911; Œuvres (de S. S. et d'Enfantin), 1868–80, ND 1966.  168

**Sand, George** (Aurore Dupin, Baronin Dudevant, 1804–76), frz. Schriftstellerin und Vorkämpferin der Frauenemanzipation; vgl. R. Wiggershaus, George Sand in Selbstzeugnissen und Bilddokumenten, 1991; Œuvres complètes, 1840–1914, ND 1979 bis 1980; S. W. 1847–56.  209

**Sand, Karl Ludwig** (1795–1820), Student der Theologie in Tübingen, nach den Freiheitskriegen in Erlangen, wo er die dortige Burschenschaft gründete, 1817–19 in Jena, wo er auch Fries hörte. Erstach am 23. März 1819 den in russischen Diensten stehenden Staatsrat von Kotzebue, den er als russischen Spion und Drahtzieher der polizeilichen Inkriminierung der Professoren Luden und Oken verdächtigte; vgl. Karl Ludwig Sand, dargestellt durch seine Tagebücher und Briefe von einigen seiner Freunde, 1821; P. Brücker, »Bewahre uns Gott in Deutschland vor irgendeiner Revolution!« Die Ermordung des Staatsrats v. Kotzebue durch den Studenten Sand, 1975.  157

**Sapir, Edward** (1884–1939); Die Sprache (engl. 1921), dt. 1961.  164

**Savonarola, Girolamo** (1452–98); Kompendium der Logik (lat.), 1497 u. ö.; Kompendium der ganzen Philosophie (lat.),

1542; Opera, 1633–40; Opere inedite, 1835; Ausgew. Schriften und Predigten, 1928. 78

**Scheler, Max** (1874–1928); Vom Ewigen im Menschen, 1921 u. ö.; Die Formen des Wissens und die Bildung, 1925; Die Stellung des Menschen im Kosmos, 1928 u. ö.; Die Wissensformen und die Gesellschaft, 1926; G. W. 1955 ff. 203

**Schelling, Friedrich Wilhelm Joseph von** (1775–1854); Ideen zu einer Philosophie der Natur, 1797; Von der Weltseele, eine Hypothese der höheren Physik zur Erklärung des allgemeinen Organismus, 1798; System des transzendentalen Idealismus, 1800, neu 1992; Über das Verhältnis der bildenden Künste zu der Natur, 1807, neu 1983; Philosophische Untersuchungen über das Wesen der menschlichen Freiheit, 1809; Philosophie der Mythologie und Philosophie der Offenbarung, 1856–58, ND 1965–69; Urfassung der Philosophie der Offenbarung, 2 Bde., 1992; S. W. 1856–61, ND 1966–68; Jubiläumsausg., 1927–46, ND 1964; W. (Auswahl-Ausg.) 1907. 137 f., 140 f., 156, 198 f., 229

**Schiller, Friedrich von** (1759–1805); Über Anmut und Würde, 1793; Über naive und sentimentalische Dichtung, 1795–96; Briefe über die ästhetische Erziehung des Menschengeschlechts, 1795; S. W. 1812–15, 1822, 1862, 1895, 1904–05, 1910 ff.; Philosophische Schriften, 1910. 140

**Schleiden, Matthias Jakob** (1804–81); Grundzüge der wissenschaftlichen Botanik, 2 Bde., 1842–43 u. ö.; Die Pflanze und ihr Leben, 1848 u. ö.; Über den Materialismus in der neueren deutschen Naturwissenschaft, 1863; Das Alter des Menschengeschlechts, Entstehung der Arten und die Stellung des Menschen in der Natur, 1863. 158, 198

**Schleiermacher, Friedrich Ernst Daniel** (1768–1834); Über die Religion, Reden an die Gebildeten unter ihren Verächtern, 1799 u. ö., neu 1970; Übersetzung: Platos Werke, 5 Bde., 1804–10; Der christliche Glaube, 2 Bde., 1821–22; Hermeneutik und Kritik mit bes. Beziehung auf das Neue Testament (verf. 1805–33), neu hrsg. von H. Kimmerle, 1959; S. W. 1835–64; GA 1980 ff.; W. (Auswahl) 1910–13, ND 1981. 158

**Schlick, Moritz** (1882–1936); Lebensweisheit, Versuch einer Glückseligkeitslehre, 1908; Das Wesen der Wahrheit nach der modernen Logik, 1910; Raum und Zeit in der gegenwärtigen Physik, 1917; Allgemeine Erkenntnislehre, 1918; Fragen der Ethik, 1930, neu 1984; Ges. Aufsätze, 1926–36.  185

**Schlömilch, Oskar** (1823–1901), Mathematiker; Handbuch der Mathematik, 2 Bde., 1879–81.  158

**Schopenhauer, Arthur** (1788–1860); Über die vierfache Wurzel des Satzes vom zureichenden Grunde, 1813; Die Welt als Wille und Vorstellung, 1819/44; Über den Willen in der Natur, 1836; Die beiden Grundprobleme der Ethik, 1841, neu 1978 bis 1979; Parerga und Paralipomena, 2 Bde., 1851; S. W. 1873–74 u. ö., neu 1937–41, 1947–50, ND 1965; S. W. 1960–65.  134, 148 ff., 151, 201

**Schubert-Soldern, Richard von** (1852–1935); Über Transzendenz des Objekts und Subjekts, 1882; Grundlegung einer Erkenntnistheorie, 1884; Reproduktion, Gefühl und Wille, 1887; Hrsg. (mit Max Kaufmann, später W. Schuppe), Zeitschrift für immanente Philosophie, 1895–99.  166

**Schwann, Theodor** (1810–82), Physiologe; Mikroskopische Untersuchungen über die Übereinstimmung in der Struktur und dem Wachstum der Tiere und Pflanzen, 1839.  198

**Seneca, Lucius Annaeus** (4 v. Chr. – 65 n. Chr.); Dialoge (u. a. Über die Vorsehung, Über die Unerschütterlichkeit des Weisen, Über Zorn, Über das glückliche Leben, Über Muße, Über Gemütsruhe, Über die Kürze des Lebens; dt. 1536 als: Sittliche Zuchtbücher) und Briefe; dt. von O. Apelt, Philosophische Schriften, 4 Bde., 1923–24, neu 1993; Opera philosophica 1827–30, ND 1972–78; Opera omnia, 1590 u. ö., 1842–45, 1905–14; Obras completas, 1943.  43

**Sextus, gen. Empirikus** (Sextus Empiricus, um 200–250), Skeptiker der mittleren Akademie Platons; Pyrrhonische Grundzüge (griech. 1621, lat. 1562), dt. 1801, neu 1877, 1968, 2. Aufl 1985; Gegen die Gelehrten (Adversus mathematicos), 1842 Opera graece et lat., 1718, 1842, 4 Bde., 1912–54, 2. Aufl. 1958 bis 1962; Works (griech.-engl.), 1933–49, neu 1967–71; Auswahl in: W. Nestle, Die Nachsokratiker, 1923.  46

**Shaftesbury, Anthony Ashley Cooper, Earl of** (1671–1713); Charakteristiken von Männern, Meinungen und Zeiten (engl. 3 Bde., 1711), dt. 1776; Die Moralisten (engl. 1705), dt. 1977, neu 1980; Ein Brief über den Enthusiasmus (engl. 1708), dt. 1776, neu (engl.-dt.) 1981; Complete works, 1993 ff.; Philosophische Werke, 1776–79. 231

**Siemens, Werner von** (1816–92), Ingenieur und Industrieller, Gründer der Telegraphenbauanstalt (1847) als Kern des späteren Konzerns. 184

**Sieyès, Emanuel Joseph** (Abbé Sieyès, 1748–1836), Geistlicher, Abgeordneter der französischen Nationalversammlung, Initiator der Erklärung der Menschenrechte, unter Napoleon Bonaparte Senator und Graf, nach 1830 Mitglied des Institut de France; Versuch über die Privilegien (frz.); Was ist der dritte Stand? (frz. 1789), dt. 1876, neu 1988; Anerkennung und Darlegung der Rechte des Menschen und Bürgers (frz.), 1789; Politische Schriften, 1975. 101

**Sigwart, Christoph** (1830–1904); Logik, 2 Bde., 1873, 1878 2. ö.; Die Impersonalien, 1888; Kl. S., 2 Bde., 1881/89. 172

**Sneed, Joseph Donald** (geb. 1938); Die logische Struktur der mathematischen Physik (engl.), 1971. 190

**Sokrates aus Athen** (470–399), Steinmetz und Philosoph. Er selbst hinterließ keine Schriften. Unser S.-Bild geht vor allem auf die Berichte von Xenophon (H. v. Arnim, Xenophons Memorabilien und Apologie des Sokrates, 1923), Platon (V. de Maalhães-Vilhena, Das Problem Sokrates, der historische und Platons Sokrates, frz., 1952) und Aristoteles (T. Deman, Das Zeugnis des Aristoteles über Sokrates, frz., 1942) zurück. Vgl. G. Giannantoni (Hrsg.), Sokrates, alle Zeugnisse von Aristophanes und Xenophon bis zu den Kirchenvätern (ital.), 1971; O. Gigon, Sokrates. Sein Bild in Dichtung und Geschichte, 1947; A. F. Blum, Socrates – the original and its images, 1978. 20, 23, 25 f.

**Solvay, Ernest** (1838–1922), Chemiker und Unternehmer, entwickelte das Ammoniak-Soda-Verfahren zur Herstellung von Soda und gründete in mehreren Ländern Sodafabriken, Stammsitz des 1863 gegründeten Solvay-Konzerns ist Brüssel. Als Sozialreformer brachte er seine Ideen seit 1894 im Brüsseler Institut für Sozialwissenschaften zur Geltung. 184

**Spencer, Herbert** (1820–1903); System der synthetischen Philosophie (engl.), 10 Bde., 1862–92, dt. 1875–79, 1882–97; Die Faktoren der organischen Evolution (engl.), 1886; Die Inadäquatheit der natürlichen Auslese (engl.), 1893; Works, 1861 bis 1902 ND 1966. 200

**Spinoza, Benedikt** (Baruch d'Espinosa, 1632–77); Descartes Prinzipien der Philosophie (lat. 1663), dt. 1871, neu 1987; Theologisch-politischer Traktat (lat. 1670), dt. 1787, neu 1984/9 Politischer Traktat (lat. 1677), lat.-dt. 1994; Kurze Abhandlun von Gott, dem Menschen und dessen Glückseligkeit (holl. ver. um 1660/62), dt. 1869, neu 1991; Ethik, nach der geometrische Methode dargestellt (lat. 1677), dt. 1744, neu 1990; Oper 1802–03, 1843–62, 1882–83, 1895, 1925; Opera (lat.-dt. 1967 ff.; S. W. 1871, 1871–1907, 1922, 1984 ff. 95 ff., 130

**Stagirit** siehe Aristoteles aus Stagira 44

**Stalin, Jossif Wissarionowitsch** (1879–1953), Sowjetischer Diktator; Über den dialektischen und historischen Materialismu: dt. 1946 u. ö.; Der Marxismus und die Fragen der Sprachwissenschaft, dt. 1955 u. ö.; W. 1951–55. 193

**Stegmüller, Wolfgang** (1923–91); Sein, Wahrheit und Wert i der heutigen Philosophie, 1949; Hauptströmungen der Gegenwartsphilosophie, 4 Bde., 1952 ff.; Metaphysik, Wissenschaf Skepsis, 1954; Das Wahrheitsproblem und die Idee der Semantik, 1957; Probleme und Resultate der Wissenschaftstheorie un Analytischen Philosophie, 4 Bde., 1969 ff.; Neue Wege der Wissenschaftsphilosophie, 1980. 189

**Steiner, Rudolf** (1861–1925), Begründer der Anthroposophi als »Geisteswissenschaft«; Theosophie, 1904; Wie erlangt ma Erkenntnisse höherer Welten?, 1909, 20. Aufl. 1961; Die Ge heimwissenschaft im Umriß, 1910, 27. Aufl. 1962; Antworte der Geisteswissenschaft auf die großen Fragen des Dasein fünfzehn Vorträge, 1910–11, neu 1959; Wendepunkte des Geisteslebens. Zarathustra, Hermes, Buddha, Moses, Elias, Chr.

..us, sechs Vorträge, 3. Aufl. 1954; Der Mensch im Lichte von Okkultismus, Theosophie und Philosophie, zehn Vorträge, 1912, 4. Aufl. 1973; Die Aufgabe der Geisteswissenschaft, 1916; Grundlegendes für die Erweiterung der Heilkunst, 1925; Eurythmie als sichtbare Sprache, 1927; Weltenäther, Elementarwesen, Naturreiche. Texte aus der Geisteswissenschaft, hrsg. von E. Hagemann, 1973; GA 1959 ff. 215

**Steinthal, Heymann** (1823–99); Die Sprachwissenschaft Wilhelm von Humboldts und die Hegelsche Philosophie, 1848; Der Ursprung der Sprache im Zusammenhang der letzten Fragen alles Wissens, 1851; Grammatik, Logik und Psychologie, ihre Prinzipien und ihr Verhältnis zueinander, 1855; Geschichte der Sprachwissenschaft bei den Griechen und Römern mit bes. Rücksicht auf die Logik, 1863; Einleitung in die Psychologie und Sprachwissenschaft, 1871. 164

**Stephanus, Henricus** (Henri Estienne II., 1528–98), Enkel des Gründers (Henricus Stephanus I.) des Pariser und später Genfer Druckhauses. Er gab den Großteil der griechischen klassischen Literatur heraus, darunter auch Platon (3 Bde., Paris 1578), von ihm auch: Thesaurus Graecae Linguae, 5 Bde., 1572 u. ö. 76

**Stoy, Karl Volkmar** (1815–85); Encyclopädie, Methodologie und Literatur der Pädagogik, 1861; Die Idee der Erziehungsanstalt, 1885. 162

**Sulzer, Johann Georg** (1720–97); Theorie der angenehmen Empfindungen, 1762; Vorübungen zur Erweckung der Aufmerksamkeit und des Nachdenkens, 3 Bde., 1768; Allgemeine Theorie der schönen Künste, 1771–74, mit Nachträgen, 8 Bde., 1792–1808. 124

**Taggart** *siehe* McTaggart, John Ellis

**Tertullian, Quintus Septimus Florens aus Karthago** (um 155 bis um 222); Apologeticum (Verteidigungsschrift für das Christentum), lat.-dt. 1965; Über die Seele, 1980; Anklage wider die Häretiker (De praescriptione hereticorum), dt. 1837, 1916; Über den Frauenkult; Opera 1770–1825, 1839–41, 1844; auch

in: Migne, Patrologia Latina, Bd. 1–2, 1851–53, 1854, 1890 b
1906; S. S. 1837–38, 1882; Ausgew. S. in: Bibliothek der Kir
chenväter, 1871–72. 46

**Thales von Milet** (um 640 od. 624–546), Begründer der ion
schen Naturphilosophie; Fragmente (griech.-dt.) in: H. Diels
W. Kranz, Fragmente der Vorsokratiker, Bd. 1, 1985. 20

**Thomas von Aquino** (1225–74); Über das Sein und das Weser
dt. 1935, lat.-dt. 1988; Summe gegen die Heiden, dt. 197
Summe der Theologie, dt. 9 Bde., 1886–92, 3 Bde., 1954, NI
1985, lat.-dt. 1934 ff.; Über die Einheit des Verstandes gegen d
Averroisten (lat.), 1957; Kommentare zu einzelnen aristotel
schen Schriften; Prologe dazu (lat.-dt.), 1993; Opera (Editi
Piana), 1570–71; (Editio Leonina), 1882–1903; Opera omni
1852–72, ND 1948 ff., 1876–81; (Editio Vivès), 1871–90; (Editi
Marietti), 1950 ff.; Thomas deutsch, 1934 ff. 63, 66

**Thomasius, Christian** (1655–1728); Einleitung in die Hofph
losophie (lat.: Philosophia aulica), 1688; Einleitung zu der Ve
nunftlehre, 1691, ND 1968; Ausübung der Vernunftlehre, 169
ND 1968; Einleitung zur Sittenlehre, 1692; Ausübung der Sit
tenlehre, 1696; Historie der Weisheit und Torheit, 3 Bde., 169
Grundlagen des Natur- und Völkerrechts (lat.), 1705; Disserta
tiones Academicae, 4 Bde., 1773–80; Kl. deutsche Schriften
1894. 109

**Thyssen, August** (1842–1926), Gründer des Montankor
zerns. 184

**Tribbechovius, Adam** (1641–87); De Doctoribus Scholasticis
corrupta per eos divinarum et humanarum rerum scientia (Übe
die scholastischen Gelehrten und die durch sie verdorbene Wis
senschaft von den göttlichen und menschlichen Dingen), 166
auch 1719. 107

**Tycho Brahe** siehe Brahe, Tycho

**Ueberweg, Friedrich** (1826–71); Grundriß der Geschichte de
Philosophie, 3 Bde., 1863–66, 11. und 12. neu bearb. Ausg
5 Bde., 1923 ff., ND 1951–53, völlig neu bearb. Ausg. 1983 ff
System der Logik und Geschichte der logischen Lehren, 185
5. Aufl. 1882. 171

*Bibliographisches Namenregister* 277

**Vanini, Lucilio** (gen. Julius Caesar Vanini, um 1585–1619); Amphitheater der ewigen Vorsehung (lat.), 1615; Von den wunderbaren Geheimnissen der Königin Natur und der Sterblichen (lat.), 1616; Œuvres philosophiques, 1842; Gespräche (dt. von G. Fülleborn), 1799. 78

**Verulam, Francis Bacon, Lord** *siehe* Bacon, Francis Lord Verulam 80

**Vico, Giambattista** (1668–1744); Über die älteste Weisheit der Italer (lat. 1710), dt. 1979; Über das Prinzip und den einen Zweck des gesamten Rechts (lat. 1720), dt. 1854; Über die Studienmethode unserer Zeit (lat. 1709), dt. 1947; Prinzipien einer neuen Wissenschaft über die gemeinsame Natur der Völker (ital. 1725), dt. 1822, 1924, neu 1992; Opere, 1836–37, 1858–69, 1914–53; Œuvres choisies, 1835. 199

**Viëta, François** (François Viète, 1540–1603), Mathematiker; Einführung in die analytische Kunst (lat.), 1591; Œuvres (hrsg. von François Schoeten), 1646. 174

**Vincenz von Beauvais** (Vincentius Bellovacensis, um 1190 bis um 1264); Speculum maius (Großer Spiegel, abgef. bis 1244 in drei Teilen: Natur-, Lehr-, Geschichtsspiegel, später um einen Moralspiegel ergänzt; lat.), 1473, 1483–86, 1494; als *Speculum quadruplex*, 4 Bde., 1624, ND 1965; Hand- und Lehrbuch für königliche Prinzen und ihre Lehrer (lat. 1476), dt. 1819/87. 63

**Vogt, Gustav** (geb. 1843, Todesdatum unbekannt); Die Kraft, eine realmonistische Weltanschauung, 1878; Entstehen und Vergehen der Welt als kosmischer Kreisprozeß, 1889, 2. Aufl. 1901; Das Empfindungsprinzip und das Protoplasma als Grund eines einheitlichen Substanzbegriffs, 4 Bde., 1891; Die Menschwerdung, 1892; Die Unfreiheit des Willens und die Frage der Verantwortlichkeit für unsere Handlungen, 1892; Der absolute Monismus, eine mechanistische Weltanschauung auf Grund des pyknotischen Substanzbegriffs, 1912. 181

**Voltaire** (François Marie Arouet, 1694–1778); Briefe über die englische Nation (engl. 1733), dt. 1985; Grundzüge der Lehre Newtons, gemeinverständlich dargestellt (frz. 1738), dt. 1741, 1980; Abhandlung zur Metaphysik (frz. 1784), dt. 1986; Das

Zeitalter Ludwigs XIV (frz.), 1751; Versuch über die Weltgeschichte, über die Sitten und den Geist der Völker von Karl dem Großen bis auf unsere Zeit (frz., 7 Bde., 1754–58), dt. 1760–62, 1867–68; Candide oder der Optimismus (frz. 1759), dt. 1776, 1957; Philosophisches Taschenwörterbuch (frz.), 1764, Auszug (dt.), 1918; Philosophie der Geschichte (frz.), 1756/65; Abhandlung über die Toleranz (frz. 1763), dt. 1775, 1986; Œuvres 1784–90, 1819–21, 1829–34, 1877–85; W. (dt.) 1783–91.  118 f, 124

**Wagner, Richard** (1813–83); Kunst und Revolution, 1849; Das Kunstwerk der Zukunft, 1850; Ges. Schriften und Dichtungen 1871–73 u. ö.  150

**Walch, Johann Georg** (1693–1775); Philosophisches Lexikon 1726, 4. Aufl. 1775, ND 1968; Einleitung in die Philosophie 1727 u. ö.; Bibliotheca Patristica, 1770.  103

**Weisgerber, Leo** (1899–1985); Muttersprache und Geistesbildung, 1929; Von den Kräften der deutschen Sprache, 4 Bde., 1949–50; Das Gesetz der Sprache, 1951; Die vier Stufen in der Erforschung der Sprachen, 1963; Die geistige Seite der Sprache und ihre Erforschung, 1971.  164

**Wette, Wilhelm Martin Leberecht de** (1780–1849); Vorlesungen über die Sittenlehre, 2 Bde., 1823–24; Über die Religion, ihr Wesen und ihren Einfluß auf das Leben, 1827.  158

**Whitehead, Alfred North** (1861–1947); (mit B. Russell) Principia Mathematica (engl.), 3 Bde., 1910–13; Wissenschaft und moderne Welt (engl. 1925), dt. 1984; Prozeß und Realität (engl. 1929), dt. 1979; Abenteuer der Ideen (engl. 1933), dt. 1971; Aufsätze zu Wissenschaft und Philosophie (engl.), 1947.  175, 18

**Whorf, Benjamin Lee** (1897–1941); Sprache, Denken, Wirklichkeit (engl. 1956), dt. 1963.  164

**Wilhelm von Ockham** siehe Ockham, Wilhelm von

**Windelband, Wilhelm** (1848–1915); Geschichte der neueren Philosophie, 2 Bde., 1878–80, 12. Aufl. 1928; Lehrbuch der Geschichte der Philosophie, 1892, 15. Aufl. bearb. von H. Heimsoeth, 1957; Die Philosophie im deutschen Geistesleben de

9. Jahrhunderts, 3. Aufl. 1927, ND 1992; Präludien, Aufsätze und Reden, 1894, 4. Aufl. 1911.   171

**Wittgenstein, Ludwig** (1889–1951); Tractatus logico-philosophicus, 1921, engl.-dt. 1922; Philosophische Untersuchungen (engl. 1953), engl.-dt. 1958; Das Blaue Buch – Das Braune Buch engl. 1958), dt. 1970; W. 1984 ff.; (Wiener Ausgabe, engl.-dt.), 1993 ff.   165 f., 185, 188 f.

**Wolff, Christian** (1679–1754); Anfangsgründe sämtlicher mathematischer Wissenschaften, 1710; Mathematisches Lexikon, 1716; Vernünftige Gedanken von den Kräften des menschlichen Verstandes, 1712, 10. Aufl. 1754 (lat. Fassung 1728 u. ö.); Vernünftige Gedanken von Gott, der Welt und der Seele, 1719, . Aufl. 1741; Vernünftige Gedanken von der Menschen Tun und Lassen, 1720 (lat. erw.: Philosophia practica universalis, Bde., 1738–39); Vernünftige Gedanken von dem gesellschaftlichen Leben der Menschen, 1721, 5. Aufl. 1740; Vernünftige Gedanken von den Wirkungen der Natur, 3 Bde., 1723–25; Vernünftige Gedanken von den Absichten der natürlichen Dinge, 1723; Ges. kleinere Schriften, 6 Bde., 1736–40; G. W. (dt. u. lat.) 1962 ff.   110 ff., 125 f.

**Wundt, Wilhelm** (1832–1920); Logik, 2 Bde., 1880–83, 4. und . Aufl. 3 Bde., 1919–24; System der Philosophie, 1889, 4. Aufl. 1919; Grundriß der Psychologie, 1896, 15. Aufl. 1922; Völkerpsychologie, 10 Bde., 1900–20; Kl. S. 3 Bde., 1910–21.   172

**Xenophanes aus Kolophon** (um 580 – um 485); Fragmente (griech.-dt.) in: H. Diels / W. Kranz, Fragmente der Vorsokratiker, Bd. 1, 1985.   20

**Zedler, Johann Heinrich** (1706–60), Verleger; Großes vollständiges Universallexikon aller Wissenschaften und Künste, 64 Bde., 1731–50, Supplemente 4 Bde., 1751–54, ND 1961 bis 1964.   102

**Zeller, Eduard** (1814–1908); Die Philosophie der Griechen, Bde., 1844–52, 4.–6. Aufl. 6 Bde., 1919–23, ND 1963; Geschichte der deutschen Philosophie seit Leibniz, 1872, 2. Aufl. 1875; Grundriß der Geschichte der griechischen Philosophie, 1883, 13. Aufl. 1928; Kl. S. 3 Bde., 1910–11.   147, 171

**Zenon aus Kition** (um 333–262), Begründer der Stoa; Fragmente (griech.) in: H. von Arnim, Stoicorum Veterum Fragmenta, Bd. 1, 1903, ND 1964, dt. in: W. Nestle, Die Nachsokratiker, 1923. 37, 42

**Zenon aus Tarsos** (2. Hälfte 3. / 1. Hälfte 2. Jh. v. Chr.), Stoiker; Fragmente (griech.) in: H. von Arnim, Stoicorum Veterum Fragmenta, Bd. 3, 1924, ND 1964. 42

**Ziehen, Theodor** (1862–1950); Erkenntnistheorie auf psychophysiologischer und physikalischer Grundlage, 1913, 2. Aufl. 1934–39; Grundlagen der Psychologie, 1915; Das Verhältnis der Logik zur Mengenlehre, 1918; Lehrbuch der Logik auf positivistischer Grundlage mit Berücksichtigung der Geschichte der Logik, 1920; Vorlesungen über Ästhetik, 1925. 172

**Ziller, Tuiskon** (1817–82); Einleitung in die allgemeine Pädagogik, 1856, 2. Aufl. 1901; Grundlegung zur Lehre vom erziehenden Unterricht, 1865, 2. Aufl. 1884; Herbartsche Reliquien, 1871. 162

**Zwingli, Ulrich** (1484–1531), Reformator; Kommentar über die wahre und die falsche Religion (lat. 1525), dt. 1526, neu 1941; Darlegung des christlichen Glaubens (lat.), 1531; Erinnerung an die Predigt von der Vorsehung Gottes (lat. 1530), dt. 1535, neu 1941; W. 1545–81, 1828–42, 1904–11; Hauptschriften 1940 ff. 77

# Sachregister

A 98
Abbild 27, 54, 82, 113
Abdera 25
Abendländer 221
Abendland 19, 33, 58, 67, 104
Aberglaube 35, 41
Abitur 196, 230
abstrakt 116
Abstraktion 85, 115, 144
Abszisse 88
Abtreibung 209
Adam 123
Addieren 85
Adel 101, 109
Adelsklasse 208
Advokat 22
Ägypten 19
Äquivalenz 190
Ärzte 58, 138, 219
Ärztestand 26, 37
Ärztevater 26
Ästhetik 150
Äther 216
Ahndung 154, 158
Akademie 25, 30, 37
Akademie, mittlere platonische 46
Akademie, Preußische 125
Akademien 83
Akt 32, 115, 218
Akt des Geistes 115
Akt, performativer 187
Aktivität 161
Akzidenz 32, 85, 96, 233
Aletheia (Wahrheit) 227
Alexandrien 49, 58

All 38, 48
All-Perfektibilität 106
alle (logisch) 173, 176
Allegorie 48
Allgemeines 54, 66, 82, 115, 130
Alltagssprache 186
Alphabet 56, 98
Alte 106, 157
Alter 106, 109, 191
Altes 108
Altes Testament 75
Amazonen 209
Amerika 122, 185
An sich 166
Analogia entis (Seinsabstufung) 64
Analphabeten 230
Analyse, psychologische 155, 218
Analytik 187
Anamnesis (Erinnerung) 28
Ananke (Schicksalsgöttin) 38, 41, 85
Andacht 146
Andachtsformen 146
Ander-Sein 141
Anerkennung 211
Angelsachsen 185
Angst 33, 207, 228
Anonymus (unbekannter Autor) 57
Anschauung 115, 139
Anstand 109
Anthropologie, psychische 155
Anthroposophie 215

Antike 19, 57, 71, 107
Antlitz 41
Anwalt 118
Anwesenheit 227
Aostatal 53
Apameia 42
Apeiron (Unbestimmtes, Infinites) 20, 34, 55
Aphasie 219
Apokalypse 207
Apokatástasis pantôn (ewige Wiederkehr aller Dinge) 41
Apriori / a priori / apriorisch 126, 128, 130, 154, 179, 184
Araber 59
Arbeit 79, 144, 156, 159, 205
Arbeiter- und Bauernmacht 194
Arbeiterparadies 194
Arbeitskraft 79
Arbeitsmarkt, sexueller 212
Arbeitsstreß 205
Arbeitsstunden 79
Arché 20
Architekt 70
Archiv 80
Areopag 51
Argument, königliches 24
Argument, Tu-quoque (»Auch für Dich« geltend) 232
Arier 202
Aristokratie 142
Aristoteles (als Titel) 60
Aristotelismus 57, 66
Arithmetik 31
Arme 200
Armut 156
Ars combinatoria 67
Art 23, 47, 81, 84, 136
Artismus 140

Artverwandtschaft 199
Arzt 22
Assoziationsgesetze 117, 160
Astronomie 169
Asyl der Ignoranz 114
Atheist 96
Athen 25, 37, 42, 51
Atlantis 80
Atman 215
Atom 25, 35, 94, 159
Atomismus 88
Auferstehung 45
Auferweckung 221
Aufhebung 143
Aufklärung 99, 101, 105, 107 f., 110, 120, 125, 142
Aufklärungsbegeisterung 132
Auge 219, 223
Auge, geistiges 46 f., 114, 216, 223
Augustiner 77
Auschwitzmörder 196
Auslandsbünde 158
Aussagenlogik 175
Außenwelt 90, 92, 113, 117, 129, 154, 159, 165
Ausübung der Vernunft 109
Auto 122, 204
Automat 92
Axiomatik 181

Band, inneres 117
Band, soziales 36, 145
Barbarei 122
Baskenland 163
Bastarde 208
Bastille 118
Baukunst 146
Bedeutung 135, 153, 164, 223
Befehl 187

# Sachregister

Beginn 20
Begriff 23, 26 f., 31, 53 f., 66, 82, 85, 102, 115, 129, 136, 190, 193, 232
Begriff, Rechnen mit 85
Begriffsschrift 175
Begründung, apriorische 129
Behauptungssätze 189
Behauptungssinn 189
Beiseiteschaffen 144
Beispiel 115
Belletristik, transzendentale 231
Beobachtung 31
Berlin 185
Berliner Kreis 184
Beruf 40 f., 79
Besitz 86, 156
Beständigkeit 115
Bettel 156
Bewahren 143 f.
Bewandtnis 226
Bewegung 21, 32, 113
Bewegungsgrund 38
Bewegungsziel 38
Beweis, ontologischer (für das Dasein Gottes) 90
Bewußtsein 50, 90, 117, 123, 126, 135, 139, 142, 144, 160, 166, 193, 196, 217 ff., 220
Bewußtsein, Einheit des 50, 94
Bewußtseinsakt 218
Bewußtseinsleben 217
Bewußtseinsmanipulation 195
Bewußtseinspflege 108
Bewußtseinsschwelle 160
Bewußtseinsspaltung 62
Bewußtseinstheorie 135

bewußtseinstranszendent 165
Bibel 75, 87, 105
Bilanzen (der Lust) 25
Bild 47 f., 116, 141, 144, 164, 222 f., 230
Bild-Geschichtenwelt 222
Bilder, schwache (faint images) 116
Bildner, eigener 162
Bildung 104, 106, 109, 144, 222
Bildung, lateinische 42
Bildungsplaner 162
Biologie 169
Blasphemie 92
Bodybuilding 205
Böse, das 29, 92, 200, 202, 208, 233
Bösewichter, absolute 170
Botschaft, frohe 49
Britannica (Enzyklopädie) 103
Britannien 19
Briten 85, 87
Brot 74
Brutalität 209
Buch der Gründe 60
Buch der Natur 55 f., 73, 74
Buch lesen 163
Buchverlag 76
Buddhismus 151
Buddhist 22, 221
Bücher 57, 217, 230
Bücher, heilige 49, 75
Bücherliste 230
Bücherschatz, bürgerlicher 149
Bühne 118
Bürger 86, 101, 202
Bürgerkrieg 87
Bund, Deutscher 156

Bundle of perceptions (Wahrnehmungsbündel) 117
Byzanz 47, 49, 69

Caesarea 49
Canaille 104
Candide 119
Canterbury 53
Carolina (USA) 158
Cartesianisches System 89
Chance 176
Chaos 38
Chemie 87, 155, 169
Chiffren 228
Chios 42
Choral 146
Christen 200, 207
Codex 75
Cogito 126, 218
Commonsense 118, 124, 187
Computer 229
Contrat social 120
Córdoba 43
Credo 119
Credo ut intelligam (ich glaube um zu verstehen) 51
Cui bono (wem zum Vorteil) 226
Cum tacent clamant (ihr Schweigen ist ein Schrei) 226
Cyclopedia 103

Dao 215, 221, 227
Dao De Jing (Buch vom Dao und seiner Kraft des Lao Zi) 228
Dasein 203 f., 225
Daseinswelt 226

Daten 180
Decorum 109
Deduktion 191
Deismus 119
Dekonstruktion 229
Demenz 219
Demokratie 194
Denken 21, 35, 85, 90, 115 f., 126, 148, 172, 192, 218, 226
Denken, abstraktes 115
Denker 19, 232
Deputierte 101
Deskriptionsmethode (phänomenologische) 218
Despot 142
Deutlichkeit 90, 102
Deutsche 156, 205
Deutschland 93, 109, 119, 124, 148
Deutschtumsdenker 158
Deutung 225
Diät 205
Dialektik 62, 143, 149, 178, 179, 192, 194, 196
Dialektik-Lehrverbot 62
Dialektiker 61
Dialektikzauber 197
Dichter 140
Dichter-Philosoph 201
Dichterschau 228
Dichtung 228
Dictionnaire historique 102
Differenzen 181
Differenzierung 200
Diktatur 79, 142, 194
Dilettanten 83
Dimension 88
Ding 52, 54 f., 66, 97, 114, 117, 127, 144, 154, 165 f., 226

## Sachregister

Ding an sich 154, 159 f., 163 ff., 167
Diskussion, permanente 196
Disziplin 106, 194
Disziplinen 31, 110, 169
Docta ignorantia (gelehrtes Nichtwissen) 55, 176
Doctores scholastici 107
Dogmatismus 126
Dogmen 50, 53, 61 f., 190
Dokument, historisches 224
Dokumentation 230
Dreieck 115
Dreiheit 47
Drei-Stadien-Gesetz 169
Drittes Reich, ideales 188
Drogen 219
Drogensucht 206
Druck 35, 85
Druck-Pamphlet 77
Dynamik 182

Edition 76
Egoismus 204
Egoität 218
Ehrenhaftigkeit 110
Eigenschaften 144
Eigentum 156
ein (logisch) 173
Eindruck 116
Eingeweide 41
Einheit 21, 27, 44, 130
Einheit, höchste 47
Einheitswissenschaft 184
einige (logisch) 173
Einsamkeit 162
Eintracht 24
Einzelgänger 40
Einzelheit 31, 83, 130, 136
Einzelnes 130

Einzelwesen 64
Ekklesia 51
Ektropie 183
Élan vital 197
Eleganz 71
Element, eigentliches 146
Elemente 21, 25, 33, 59, 81, 149
Elemente (Euklids) 85
Ellipse 72
Emanzipation 108
Emil (Rousseaus) 105
Empfängnis 209
Empfindungsstoff 127
Empirie 31
Empirismus 117
Empiristen, logische 189
Encyclopédie 102
Endzeit 143
Endzweck 33
Energeia 164
Energetik 183
Energetismus 182
Energie 69, 74, 94, 183
Energie, freie 183
Energie-Erhaltungssatz 94
Energiebilanz 183
Energiegefälle 64
Energieniveau 182
Energieprinzip 182
Engel 216
England 79 f., 85, 117, 119, 185 f.
Englisch 187, 189
Enlightenment 112, 118
Entäußerung 141
Entelechie 32
Entropie 182
Entstehung 20
Entwicklung 137, 149

Enzyklopädie 146
Epikureer 34
Epizyklen (Kreise, deren Mittelpunkte auf Kreisbahnen laufen) 73
Epoché 218
Erbe, antikes 76
Erbstatistik Mendels 199
Erde 21, 32, 72, 156, 198, 228
Erfahrung 84, 111, 114, 123, 128, 144, 222
Erfahrung, historische 222
Erfindungskunst 68
Erfüllung, semantische 186
Ergon 164
Erhaltungssatz 160
Erinnerung 28, 31, 222 f.
Erkennen 27, 35, 37
Erkenntnis 113, 116, 201
Erkenntnis, nützliche 104
Erkenntnislehre 116
Erkenntnistheorie 112, 172
Ermenon 122
Ernst 150
Erscheinung 27, 154, 165
Erst-Beweger 33
Erstes 39
Erziehung 161
es gibt (logisch) 173
Ethik 31, 33, 110 f., 157, 183
Ethik (Spinozas) 95
Ethos (des Unternehmertums) 184
Etymonomie 227
Euro-Amerika 195
Europa 203
Evolution 137, 141, 199, 200, 201, 213
Evolutionismus 138, 200, 214
Examen 196

Exegese 49
Existentialismus 206
Existenz 131, 203
Existenz, ich-zentrierte 205
Existenzphilosophie 203 f.
Experiment 72
Expertenwissensmaß 230
Extension 174

f 174
Fachberichte 84
Fakten 72, 84, 180, 187
Faktenbasis 31
Fakultät, Philosophische 170
Fall 72, 191
Falschheit 90, 131, 147, 166, 173, 175 ff., 178 f., 192, 196 f.
Falschheitenkriterium 192
Falschscheinlichkeit 177
Falsifizierbarkeit 177
Familie 145
Farben 113
Faschismus 185, 195
Fatum (Schicksal) 41
FCKW 207
Feind 39, 79
Feind der Menschheit 188
Feministin 209
Ferney 120
Fernrohr 69
Fernseh-Dokudrama 230
Fernsehen 205
Feudal-Nomenklatur 194
Feuer 21, 32
Figur 73
Finnland 185
Firmament 55, 59
Flugzeug 71
Förderer 83
Folge 38

## Sachregister

Folterung 208
Form 32, 59, 61, 80, 127
Form, abgetrennte 64
Form, feste 81
Form, höchste 33
Form, normierte 129
Form, schöne 145
Form, separate 216
Form-Symbole 224
Formalismus 186
Formel, physikalische 74
Formstruktur 216
Forschen 59
Forscher 37, 83
Forscher-Geist 73, 80
Forscher-Philosoph 156
Forschungslage 157
Forschungslogik 191
Forschungsprogramm 165
Fortschritt 81, 107 f., 168 f.
Fortschrittlichkeit 184
Frankfurt 151
Frankreich 88, 99, 101, 118 f., 168
Fraternité (Brüderlichkeit) 99
Frau 40 f., 157, 208 ff., 211
Frauen-Ideal 211
Frauenschänden 208
Frauenwelt 209
Freidenkertum 119
Freiheit 35, 85, 99, 136, 142 f., 194 f., 205
Freiheitsdrang 142
Freiheitskriege 143, 157
Freizeit 205
Freizeitindustrie 195
Fremdenhaß 207
Freund 36
Freundschaft 36
Frieden 40, 79, 87, 110, 194

Frömmigkeit 30
Fruchtbarkeit 209
Frust, sexueller 212
Führer 202
Führer der Verirrten 60
Für-sich-werden 141
Fürsten 65
Funktion 174
Furcht 35

Gallien 49
Ganzes 129, 196
Ganzheit 26
Garten 36, 38, 40, 79, 119
Gas, feinstes (Pneuma) 38
Gattung 23, 64, 84
Gattung, höchste 47, 53, 130
Gebrauch, geometrischer (mos geometricus) 85
Gedächtnis 50, 123, 143
Gedanke 152, 222, 224
Gedankennetze 117
Gedicht 228
Gefahren 150
Gefolgschaft 202
Gegen-Art 136
Gegen-Gott 34
Gegensatz, polarer 137
Gegenstand, Lehre vom 217
Gegenteil 194, 221, 227
Gegenwärtiges 133
Gegenwart 168, 214
Geheimnis 72
Gehirn 91, 116
Geist 44 f., 50, 57 f., 91 f., 94 ff., 116, 133 ff., 137, 140 f., 147, 149, 153, 169, 199, 215, 217, 221, 226, 230
Geist, absoluter 140
Geist, cartesianischer 120

Geist der Institutionen 145
Geist der Schulen 58
Geist, großer 217
Geist, heiliger 121, 216
Geist, teutscher 228
Geister 215
Geister, Theorie der reinen 63
Geisterhierarchie 52
Geisterlehre 89
Geisterreich 94, 143, 153
Geisterwelt 52
Geistes, Philosophie des 214
Geistes-Samenkräfte (Logoi spermatikoi) 38
Geistesblick 27
Geisteskraft 21, 217, 220 f., 223
Geistesleben 133, 136, 139
Geistesstärke 217
Geisteswelt 28
Geisteswissenschaft 92, 134, 153, 171, 215, 224, 227, 230
geistig schauen 27
Geistkonzept, subjektives 218
Geistsubstanz 89
Gelassenheit 228
Geld 20 f., 211
Gelehrte 83
Gemeinschaft 144
Genealogie 222
Genf 74
Genie 106, 140
Genossensolidarität 194
Gentleman 105
Geometrie 31, 85, 128
Gerade 54
Gerechtigkeit 109, 118, 192
Gerüche 113

Gesamtausgabe 171
Geschaffenes, nichtschaffendes 52
Geschaffenes, schaffendes 52
Geschichte 28, 102, 119, 133, 139, 145, 147, 149, 169, 199, 214, 221, 224, 227
Geschichte, begriffene 143, 222
Geschichte, Philosophie der 119
Geschichtsphilosophie 119
Geschick 179
Geschlecht 205, 213
Geschlechterkrieg 212
Geschwindigkeit 180
Gesellschaft 36, 105
Gesellschaftshierarchie 65
Gesetz 22 ff., 39, 126, 129, 135, 141
Gesetz, jüdisches 45
Gesetzesförmigkeit 126
Gesetzgebung 137
Gesinnung 231
Gespensterjagd 220
Gestalt 27, 113, 128, 135
Gestapo 202
Gestell 228
Gesundheit 206
Gewalt 207
Gewalten, geistliche 65
Gewerbe 65, 83
Gewissenlosigkeit 202
Gewissensexerzitia 196
Gewißheit 128
Gewöhnung 117
Glaube 46, 51, 60, 62, 74, 77, 117, 154, 190
Glaube und Philosophie 60
Glaube und Wissenschaft 61

Glaubenskämpfe 78
Glaubensstandpunkt 62
Gleiche 101
Gleichheit 99, 192, 194
Gleichheitstabellen 82
Gleichung 72 f., 160, 172 f., 189
Globus 55
Glück 48, 79, 168
Gnomen (Denksprüche) 231
Göttchen 69
Götter 20, 35, 41, 228
Götterbilder 169
Göttererzeugung 20
Göttliches 154
Golgatha 45
Gott 23, 29, 33, 46 ff., 49, 51 ff., 54 f., 61, 69, 72 ff., 77, 91, 92 f., 96 f., 113, 115, 124, 128 f., 134, 146, 152, 199, 215
Gott, neuer 202
Gott (trinitarischer) 50
Gott, unbekannter 45
Gottesbeweis 63, 128
Gottesdienst 29, 41, 73, 146
Gottesferne 29, 50
Gotteshaus 69
Gotteskind 77
Gotteslehre 59
Gottesname 45, 217
Gottesschau 97
Gottessehnsucht 45
Gottessohn 45
Gottesstaat 51
Gotteswissenschaft 44
Gottmensch 50, 53, 61
Grammatik 164, 186
Gravitation 72, 88
Grenze 69, 165, 204

Griechenland 19, 142
Griechisch 75
Großes Wesen (Grand Être) 170
Großkonzerne 195
Großverbände 36
Großvergeudung 194
Gründe, letzte 33, 44, 151, 190, 232
Gründlichkeit 112, 125
Grund 20, 22, 28, 31, 33 f., 38, 59, 149, 151, 169, 190, 232 f.
Grund der Dinge 20, 21
Grund, Satz vom 111
Grundgesetz 157
Grundidee 52, 84
Grundidee, platonische 89
Grundprinzip 161
Grundvertrag 120
Gutes 24, 27, 29, 44, 126, 127, 202

Haecceitas (Diesheit) 54
Häuslebauen 204
Hand 33, 41
Handbuch der Moral 42
Handel 20, 65, 83, 162
Handeln 29, 31, 59, 126
Handlungsdrang 162
Handlungsfreude 162
Handwerk 31, 70
Harassment, sexuelles 210
Harmonie 97, 127
Harmonie, prästabilierte 93
Harvard 163
Haß 21, 214
Hauptimperativ 183
Haus 71, 79, 145
Haus der Sprache 228

Haus des Salomon 80
Haus des Seins 165, 227
Hebräisch 75
Hegelinterpretation 148
Hegelismus 147
Hegelschule 147
Heiligennamen 57
Heimarméne
 (Schicksalsgöttin) 41
Hermeneutik 227
Herrnhuter 158
Herrschaft 20, 81 f., 142
Hier und Jetzt 54, 144
Hierarchie, neuplatonische
 64
Himmel 228
Hintersinn 48
Hinterwelt 167
Historie 31
Historiker 153
Hochkulturen 142
Höchstbegabung 162
Höflichkeit 109
Hoffnung 191
Holzweg 228
Homo sapiens 99
Homunculus 213
Honestum (Ehrenhaftigkeit)
 110
Horizont 216, 226
Horror vacui
 (Zurückschrecken vor dem
 Leeren) 221
Hottentotten 84
Humanist 22, 26, 196
Humanität 202
Hypochonder 206
Hypokeimenon
 (Unterliegendes, Substrat)
 113

Hypophyse
 (Hirnanhangdrüse) 91, 97
Hypothese 88, 176
Hypothese, kühne 191

Ich 90, 166
Ich, absolutes 136
Ich, eigenes 204
Ich bin 90
Ich denke (cogito) 90
Ichlichkeit 204
Ideal 130, 131
Idealismus 114, 134, 148,
 152 f., 166, 215
Idealismus, deutscher 125, 134
Idealisten 30
Idee 26, 28, 46, 54, 81, 90,
 92, 113 f., 123, 133, 143, 152,
 225, 233
Idee, apriorische 129
Idee des Ganzen 129
Idee, eingeborene 90, 126
Idee, selbstgemachte 90
Idee, von außen kommende
 90
Ideen, neuplatonische 63
Ideen, stoische 65
Ideen-Sinn 225
Ideengemeinschaft 26
Identisches 72
Identität 220
Identitätsphilosophie 138
Ideologie 124, 192
Idiot 40
Idiot, nützlicher 196
Idol 26, 81, 90
Ignorabimus (wir werden es
 nicht wissen) 181
Imperativ, energetischer 183
Impression 116

## Sachregister

Inder 151
Indeterminismus 35
Index, Römischer 89
Indien 19
Individualität 64, 163
Individuum 35, 144
Individuum, göttliches 70
Induktion 82, 130, 176, 191, 232
Industrie 162, 168
Infinites 55
Influxus physicus (physischer Einfluß der Seele auf den Körper) 92
Information 195
Ingenieur 22, 71, 183
Ingenium 70
Inhalt 59
Inkompetenzkompensation 231
Innenwelt 154, 159, 166
Instinkt 86
Institutionen-Geist 145
Insuffizienz 219
Integral (mathematisch) 181
Integration 200
Intellekt 50
Intellektueller 104
Intension (Merkmal) 31, 232
Interdependenz 219
Interpretation 201
Interpretationsgetöse 224
Interpretationsmaschine 227
Inzest 161
Irrtum 91, 131
Islam 59 ff.

Java 163
Je-Meines 203
Jena 137, 140
Jerusalem, himmlisches 51

Jesuiten 118, 158
Jezira 56
Journale, philosophische 104
Jude 48 f., 60, 75, 96, 200, 202
Judenschaft 158
Judentum 60 f.
Jugend 106
Junktor (logisch) 173, 175
Jurisprudenz 134
Juristen 39, 58, 100, 126

Kabbala 56, 73, 78, 180
Kaiser-Wilhelm-Institut 185
Kalkül 172
Kampf, revolutionärer 199
Kampf ums Dasein 203
Kanon 146, 170
Kantianer 135, 162
Kapital 196
Kapitalistenknechte 195
Karaiben 122
Karrierefrau-Modell 211
Kartelle 195
Katastrophenzeugen 207
Katechismus 170, 193
Kategorie 113, 117, 129
Katholiken 96
katholisch 66
Kausalgesetz 85
Kausalität 39, 117
Kawi (Sprache in Java) 163
Kenotaph (leeres Grabmal) 170
Kern, struktureller 189
Kilikien 42
Kind 105 f., 121
Kindergarten 106, 211
Kinderpflege 211
Kinderschänder 209
Kindlichkeit 105

Kirche 52, 128, 170
Kirchenphilosoph 66
Kirchenväter 30, 77
Kirchenväteredition 76
Kition 42
Klarheit 90, 102
Klassenfeinde 194
Klassenkampf 209
Klassenmord 101
Klassiker 171, 225
klassisch 146
Klerus 49
Klonen 213
Königsweg 147, 211
Körper 27, 38, 81, 85, 88, 91 ff., 95 f., 206
Körper (mathematisch) 216
Körper-Geist-Identität 219
Körperkult 205
Körperlehre 87, 88, 94, 99
Körperstaat 86
Koinonie (Gemeinschaft) 26
koinzidieren (zusammenfallen) 55
Kollektionen 80
Kolonien 156
Kommentare 49, 60, 75, 222
Kommunikationsgelaber 212
Kompetenz 231
Konjektur (Vermutung) 55
Konkretes 55, 115
Konsequenz 24
Konstanz 117
Konstitution 218
Konzerne 184
Konzert 151
Kopie 230
Kopula 172
Koran 49
Kosmos 20, 27, 65, 198

Kräfte der Natur 41, 137, 216
Kraft 21, 32, 69, 88, 94 f., 97, 135, 180 f., 216 f., 220
Kraft, unbewußte 149
Kraftmotor 71
Kranke 157, 200, 206
Krankheit 26
Kreis 54
Kreisbewegung 32 f.
Kreuzestod 45
Krieg 69, 79, 168, 180, 183, 199
Kristall 156
Kritik 125
Kritik, kynische 24
Kritizismus 126
Künste 70
Künste, freie 70
Künstler 70
Kues 54
Kuinziges (Wispern der Natur) 226
Kult 45
Kultur 22, 35, 122, 149, 168, 183, 199
Kulturgeschichte 141
Kunst 31, 84, 99, 127, 139, 145 f., 149 f., 223
Kunst, schwarze 76
Kunst-Wollen 150
KZ (Konzentrationslager) 203

Labormaschinen 81
Lachse 48
Landgut 20
Langeweile 151
Latein 75
Lauge 138

## Sachregister

Laut 224
Lebemann 37
Leben 26, 36, 38, 48, 197 ff., 200, 233
Leben, gutes 40
Leben, transzendentales 137
Leben, unwertes 202
Lebensformen 155
Lebenskampf 213
Lebenskraft 138
Lebensphilosoph 200, 208
Lebensphilosophie 197
Lebensraumvernichtung 194
Lebenstrieb 197
Lebenswelt 207, 219
Lebenswissenschaften 198
Leeres 25
Legitimität 100
Lehnsrecht 142
Lehrbücher 152
Lehre 162
Lehrer 105, 163
Lehrgedicht 37
Leib 26, 33, 92, 220
Leibesschmerzen 200
Leidenschaften 40 f., 150
Leistung 40 f.
Lernen, forschendes 163
Lesen 234
Leviathan 86
Lexikographie 102
Lexikon 102 f.
Liberale 158
Libido 210
Lichtmetaphysik 102
Lichtung 228
Liebe 21, 208
Linke, hegelsche 148
Links 121
Liquidierung 100, 194

Löwensenft 233
Logik 23 f., 53, 62, 67 f., 85, 111, 129, 136, 141, 144, 152, 172, 174, 178, 180, 184
Logik, mathematische 95, 189
Logik, moderne 180
Logik der Wahrscheinlichkeit 175
Logiker 171
Logos 21, 27, 44, 227
Luft 20, 32
Lust 92, 205, 212
Lyon 49

Machen 162
Macher-Geist 162
Macho 209
Macht 40, 82, 86
Machtsysteme, totalitäre 195
Made in Germany 162
Männer-Bild 212
männlich 138
Magie 71
Maieutik (Geburtshilfe) 23
Mailand 49
Malerei 70, 146
Mann 40, 121, 208 ff., 211
Mann, der kleine 65, 191
Mannigfaltigkeit 21, 31, 218
Manns-Bild 212
Mark Aurel, deutscher 124
Marxismus 191, 197
Marxisten 193 f.
Marxo-Lenin-Stalinismus 193
Maß der Dinge 22
Masse 180 ff.
Materialismus 34, 180 f., 191
Materialist 37
Materie 32, 38, 64, 193, 198, 233

Materie, letzte 34
Mathematik 27, 135, 152, 155, 169, 174 f., 189
Mathematisierung 169
Maximum 54, 74
Meditationen 89
Medizin 138, 206
Megabit-Information 216
Megara 24
Mehrheitswille 121
Meinung 27, 46, 104
Meinung, öffentliche 77
Menge 174, 216
Mengenlehre 174
Mensch 22, 33, 35, 59, 70, 86, 99, 104, 123, 142, 192, 196, 213
Menschenbild, existenzphilosophisches 203
Menschenbild, griechisches 163
Menschenbild, stoisches 39
Menschenbildung 161
Menschenrechte 142
Menschenwürde 157, 159, 202
Menschheit 39, 101, 170, 183
Messe, heilige 77
Messer, Ockhamsches 67
Meßkunst 73
Messung 180
Metaphysik 31, 33, 60, 114, 129, 132, 184, 232
Metaphysik, monistische 182
Metasprache 186
Methode 179
Methode, Analyse der 185
Methode, dialektische 147, 192
Methode, geometrische 95

Methode, hermeneutische 224
Methode, mathematische 160, 172
Methodenzwang 179
Mikrochip 216
Mikrokosmos 198
Mikroskop 69
Mikrowelt 74
Milet 58
Militärlogistik Darwins 199
Millionär 22
Minderheit 121
Mineral 80
Minimum 54, 74
Mißverstand 164
Mitleid 151
Mitte, rechte 33
Mittelalter 57, 68, 107, 142
Mittelalter, Philosophie im 44
Mittelpunkt des Alls 56, 70
Mnemonismus 143
Mode, Euklidische (Mos geometricus) 95
Modell 26
Moderne 107 f.
möglich 24
Möglichkeit 32, 111, 176
Möglichkeit, reine 52
Monade 93 f., 103, 139
Monadologie 93
Monistenbund 182
Moral 137, 151
Moral, olympische 184
Mord 203, 208
Morgenland 60
Moskau 69
Motten 84
Münchhausen-Trilemma 190
Mummenschanz 195
Musentempel 223

## Sachregister

Museum 128
Musik 70, 150
Musiker 150
Mut 223, 233
Mutter 211
Mutterglück 210
Muttersprache 164
Muttersprachen-
  Vorverständnis 164
Mysterium 150
Mystik 152
Mystizismus 167
Mythos 224
Mytilene 36

Nabelschau 144
Namenstag 170
Nationale 158
Nationalversammlung
  (französische) 101
Natur 23, 27, 35, 55, 71, 91,
  96, 105, 122, 133, 136,
  137 ff., 141, 145, 207
Natur der Sache 39
Natur, Herrschaft über die 81
Natur zerschneiden 81
Naturbild 33
Naturen, vier 52
Naturforscher- und
  Ärztebund 138
Naturforschung 72
Naturgesetze 22, 39, 65, 96,
  129, 177
Naturphilosophie 137, 138,
  155
Naturrecht 22, 39, 65, 96
Natursystem Linnés 199
Naturwissenschaft 92, 155,
  170
Naturzustand 87

Nazigraus 185
Negation 136, 144
Neo-Darwinismus 213
Neo-Frisianer 159
Neu-Moral 202
Neuanfang 89
Neues 108
Neues Testament 76
Neugier 73
Neuigkeit 83
Neuzeit 57, 69
New Age 215
nicht (logisch) 173
Nicht-Ich 136
Nicht-Marxist 192
Nichtgeschaffenes,
  nichtschaffendes 52
Nichts 22, 25, 28, 143, 151,
  152, 153, 221, 222, 228, 233
Nichtwissen 23
Niedergang 32
Nihilismus 151
Nihilismuswende 152
Nirgendwo (Utopie) 79
Nobelpreis 182
Noema (Gedanke) 218
Noesis (Denkakt) 218
Nomina (Namen, Wörter) 66
Nominalismus 66
Non-Statement-View
  (Auffassung, daß
  Strukturkerne physikalischer
  Theorien keinen
  Behauptungscharakter
  besitzen) 189
Norm 201
Not 151
Noten 196
Notion (abstrakter Begriff)
  116

## Sachregister

Notwendigkeit 38, 40, 128, 137
Notzucht 209
Nous (Denkkraft, Vernunft) 21, 38, 44

Oberpriester 170
Objekt 114, 135, 153
Objektivität 193
Ockham's razor (Ockhams Rasiermesser, Ökonomieprinzip) 67
oder (logisch) 173
Odyssee des Geistes 138
Ökonom 182
Offenbarung 63, 73, 77, 215
Ohr 223
Ontologie 111
Oper 128
Optimismus 119
Orakel 41, 140, 168, 215
Ordinate 88
Ordnung 38, 127, 182 f., 201, 227
Organ 198, 219, 220
Organfunktion 219
Organismus 137, 183, 198
Organon (Logik des Aristoteles) 172
Orgasmus 205
Orient 152
Ort der Grundideen 50
Ort, rechter 32
Ozon 207

Pädagogik 105
Paläste 57, 69
Palliativ 150
Panästhetizismus 195
Panentheist (behauptet: Alles ist in Gott) 96
Pantheist 217
Papst 69
Paradies 122, 192, 194
Paradigma, idealistisches 166
Paradoxe 179
Paraguai 79
Parallelausgaben 76
Parallele, psycho-physische 219
Paris 119
Parität 141
Park 71
Partei 78
Partei-Ideologen 158
Passung 213
Patristik 76
Pedigree 208
Pendelschwung 72
Penisneid 161
Perfektibilität 106, 111
Perioden 139
Peripatos (Schule des Aristoteles) 37, 66
Persönlichkeit 163
Perspektive, bürgerliche 192
Perzeption 114
Perzipieren 114 f., 220
Pessar 209
Petitio principii 190
Pflanze 35, 59, 80, 92, 149, 198
Pflanzenwelt 183
Pflicht 40, 87, 145, 193
Pflichtenreich 137
Phänomen 46, 82, 216
Phänomen, ästhetisches 128
Phänomen, energetisches 182
Phänomene, Rettung der 44, 59

## Sachregister

Phänomenologie (Husserls) 218
Phänomenologie des Geistes 140, 222
Phantasialand 206
Phantasie 127, 139
Phantasie, kreative 139
Pharmaka 219
Philister 201
Philologie 75, 153, 171, 223 f., 227, 230
Philosoph 60, 105, 139, 171
Philosophen 104, 171
Philosophenkönig 119
Philosophia aulica (Hofphilosophie) 109
Philosophia rationalis 111
Philosophie 19, 123, 170, 224
Philosophie de l'histoire (Geschichtsphilosophie) 119
Philosophie der Sprache 163
Philosophie des Lebens 197
Philosophie des Unbewußten 161
Philosophie, indische 152
Philosophie, positive 170
Philosophiegeschichte 147, 171
Physik 26, 31, 68, 88, 119, 129, 160, 169, 180, 185, 189, 217
Physik, entropische 183
Physik, kabbalistische 56
Physik, mathematische 128
Pille 209
Planeten 156, 198
Planungsdenken 79
Planwirtschaft 194
Plastik 146

Platonismus 30, 44, 52, 54 ff., 65, 73, 114
Platonist 226
Pneuma (Geistesluft) 38, 44
Poesie 70, 138
Polemik 192
Politik 31, 33, 109, 120, 156
Polizei 194
Polizei, Metternichsche 157
Polyhistor (Vielkenner, Enzyklopädist) 110
Polytechnikus 22
Popularphilosophie (deutsche) 124
Pornographie 157
Position 144
Positivismus 169, 185
Positivismus, logischer 185
Potentialität 64
Potenz 32, 181
Potenz, geistige 220
Prädikat 129, 172
Prämisse 129
Prästabilierte Harmonie 93
Prag 153
Pragmatik 186
Pragmatismus 137
Praxislehre 31
Presse 76
Preußen 119, 162
Priesterkonkurrenz 74
Priesterstaat 78
Principia Mathematica 175
Prinzip 31, 67, 96 f., 133, 169
Prinzip, männlich-weibliches 138
Prinzipienfrage 232
Prinzipienlehre 31
Privatheit 36
Privilegien 194

Problem 159
Produkt, logisches 173
Produktion 31, 139
Professoren 148, 182
Prognose 41
Progreß, unendlicher 108
Proportion 74
Protestanten 66, 78, 89, 96, 149, 158, 226
Provinzen, pädagogische 106
Provozieren 24
Prügelschule 106
Psychiater 219
Psychoanalyse 161, 210
Psychologen 160, 172
Psychologismus 172
Psycho-Physik 220
Psychose 219
Pulver 69, 71
Punkt 54
Pursuit of happiness (Glücksstreben) 204
Pyramide (der Begriffe) 47, 136

Quadrivialist 155
Quadrivium 70, 128, 170
Qualität 113
Qualität, okkulte 169
Qualität, primäre 113
Qualität, sekundäre 113
Qualitätenunterschied 14
Quantifikation (logische) 173
Quantität 181
Quelle 48, 75, 153
Quid juris (mit welchem Recht?) 100
Quote 211
Quotient 181

Rasse 201, 208
Rasse, reine 202
Rassenhaß 208
Rat 22
Ratio 126
Rationalisten 190
Rationalité (Vernünftigkeit) 120
Raum 128, 181, 218
Reale 159
Realismus 126, 134, 163, 167
Realismus, deutscher 134, 154
Realität 66
Realität, historische 153, 221
Rechnen 172
Recht 39, 86 f., 96 f., 109, 137, 157
Rechts 121
Rechtsanwälte 101
Rechtsgrund 100
Reden 187
Reflektieren 116
Reflexion 113, 116
Reformation 142
Reformen 156
Regel, goldene 109
Regen, saurer 207
Reich des Menschen 81
Reich, tausendjähriges 202
Reiche 151, 156, 159
Reinheit, völkische 207
Reiselust 204
Rekonstruktion, formale rationale 180
Rekonstruktion, logische 189
Religion 45, 145 f., 170
Religion, beste 61
Religion, neue 170
Renaissance 69, 107

## Sachregister

Res (Sache) 154
Ressourcen 194
Rest-Philosophie 185
Retour à la nature (Zurück zur Natur) 121
Revolution 101, 142, 193
Revolution, französische 142
Rhetorik 187
Rhodos 42
Ring (mathematisch) 216
Risiko 206
Römisch 100
Rom 42 f., 49, 58, 69, 77, 142
Romantik 140
Rüstungsindustrie 202
Ruhe 113, 150

Sachsen 158
Sachsen-Weimar 158
Sänger 19
Säure 138
Sage 227
Salem (Carolina, USA) 158
Samen 213
Samenkräfte 38
Satz 152
Satz vom Grunde 111
Satzung 22
Sauberkeit 106
Savoir pour prévoir (wissen um vorauszusehen) 169
Schaffen 31, 70
Schaffenskraft 81, 136
Scharfsinn 124 f.
Schauspiel 150
Schein 21, 131, 176, 195, 233
Scheiterhaufen 78
Schematismus 127
Scherz 231

Schicksal 41
Schizophrenie 219
Schlacht bei Jena und Auerstedt 140
Schlaf 95, 220
Schlangestehen 194
Schlechtes 29
Schloß 71
Schluß 31, 39, 129 f., 175
Schmerz 92
Schönes 127
Schönheit 146
Schöpfer 70, 127
Schöpferkraft, ungeschaffene 52
Schöpfung 50, 141
Schöpfungsmythos 49
Scholastik 53 f.
Scholastiker 107
Schreckensherrschaft 142
Schrei 187
Schreiben 234
Schrift 223 f.
Schrift, heilige 75
Schriften 20
Schriftlichkeit 230
Schule 105, 196
Schulen, sokratische 24
Schwache 23, 200, 212
Schweres 32
Sechsunddreißig-Stundenwoche 195
Seele 27, 50, 61, 92, 113, 123 f., 129 f., 152, 160
Seelenforschung 123
Seelenfrieden 110
Seelenleben 130
Seelentätigkeit 123
Seelenwanderung 28
Sehen 219

Sein 21 f., 27, 34, 53, 64, 90, 114, 203, 225, 227, 233
Sein, Sinn von 225
Seinshierarchie 52
Selbstbewußtsein 144 f., 218
Selbsterfahrung 205
Selbsterfahrungsgruppen 212
Selbsterhaltung 160
Selbstkritik 196
Selbstmord, kollektiver 207
Selbstorganisierung 138
Selbstverständlichkeit 134
Selbstvertrauen 125
Sensation 113, 123
Sensualismus 37
Sensus mysticus 48
Sex 205
Sexualrevolution 209
Sicherung, soziale 195
Signatur 229, 233
Sinn 126, 150, 153, 187, 216, 223 ff., 227, 229, 230, 233
Sinne 27, 35, 46, 114, 116, 123, 126, 129, 144, 226
Sinnen, das 226
Sinnenschein 27
Sinneseindruck 113
Sinngebilde-Gattungsnorm 216
Sinngewinnung 231
Sinnlichkeit 33, 113, 127
Sinnlosigkeit 229
Sinnvermittlung 230
Sintflut 207
Sippenhaft 203
Sitten 26, 39
Skalpell, Ockhamsches (Ökonomieprinzip) 187
Skandinavien 185
Skepsis 46, 126
Skeptiker 116

Skeptizismus 180, 190 f.
Skizze, intuitive 180
Sklave 65
Slawen 69
Softie 210
Sohn (Gottes) 45
Sokrates, neuer 49
Solidarität 39, 194, 204
Solipsismus 166
Soloi 42
Sonne 29, 56, 72, 122
Sonnenstaat 78
Sophisten 22
Sorge 204
Sozialismus 195
Sozialisten 159
Soziologie 170
SPD-Parteiprogramm 159
Speculum universale (Enzyklopädie) 63
Spiegel 94, 103, 193
Spiegelung 192
Spiel 40, 162, 177, 205, 206, 231, 234
Spiritismus 215
Spiritualismus 44, 214
Spitzelei 194
Spökenkieker 167
Sport 205 f.
Sprache 33, 48, 164 f., 185, 224, 226 f.
Sprache, deutsche 111
Sprache, fremde 164
Sprache, ideale 186
Sprache, lateinische 110
Sprachkritik, analytische 188
Sprachstruktur 164
Sprung 141, 192
Staat 29 f., 33, 36, 39, 78 f., 81, 86, 195, 202

# Sachregister

Staaten, freie 195
Staatsaktion 100
Staatsgesetze 24
Staatsverfassung 101
Staatsvertrag 86
Staatswohl 180
Stadium, positives 169
Stärkste 199
Stagira 30
Stammbaum 199
Stand, letzter 196
Standpunkt 232
Stark-Gesundes 200
Starke 23, 86, 200, 212
Statistik 176
Status 211
Sterne 33, 84
Sternenbotschaft 41
Stift, Tübinger 140
Stimme (des Gewissens) 24
Stoa 26, 37 f., 42 ff., 46, 58, 66, 85, 96, 100, 126
Stoff 61, 127, 145
Stoiker 37, 40
Stoß 35, 85
Streben 29
Struktur, mathematische 155
Student 162
Studien 196
Studienfleiß 230
Subjekt 22, 70, 90, 113 f., 135, 172
Subjekt, logisches 172
Subjekt, transzendentales 135
Subjekt-Prädikatverbindung 129
Subreption (erschlichener Beweisgrund) 90
Substanz 31 f., 91 ff., 113, 117
Substanz, einzige 96

Substanz, geistige 93
Substanz, göttliche 92
Substanzen, zwei (Geist und Körper) 92
Subtrahieren 85
Sünde 50
Summe (logische) 173
Summen (scholastische) 63
Symbol 45, 47, 145, 223 f.
Symbol, geometrisches 56
Symmetrie 74
Symposium (Gelage) 36
Synapsen 116
Synkretismus 44, 66
Syntax, logische 186
Synthese 126, 131, 133, 147
System 59, 84, 201
System, axiomatisches 178
System, cartesianisches 89
System, dynamisches 160
System, klassisches 168
System, Leibniz-Wolffsches 112
System, mathematisches 155
Szienz (Wissenschaft) 67

$t^2$ (Zeitquadrat) 68
Tabu 205
Talent 40
Talkshow 209
Tarsos 42
Tat 50, 92, 145, 148
Tat, böse 92
Tathandlung 136
Tauchboot 71
Tautologie 173
Technik 22, 31, 71, 81, 99, 127, 180, 207
Techno-Unternehmertum 184
Technokraten 80

Teleologie 39, 156
Tempel 57, 74
Terror 101, 121
Test des Ridikülen (Witzprobe) 231
Testament, Altes 75
Testament, Neues 76
Text 135, 153, 164, 224, 229 f.
Texte-handling 230
Textheit 229
Thagaste 50
Theogonie 20
Theo-Logik 141
Theologen 34, 44, 49, 58, 62, 74, 89, 134
Theologie 30
Theologie des Aristoteles 59
Theologie, negative 45
Theologie, positive 45
Theorie 31, 72, 82, 111, 178, 189
Theorie, Darwinische 200
Theorie, korpuskulare 87
Theorie-Ballast 218
Theorie-Modell 26
Theosophie 94
Thomisten 77
Thraker 19
Tier 33, 35, 59, 80, 92, 99, 149, 183, 198, 203
Tier, nacktes 212
Tier, umweltoffenes 203
Tieridole 45
Tierreich 183
To ti en einai (Ge-Wesen, Was war und noch ist) 32
Tod 26 f., 38, 45, 50, 204 f., 233
Todesseuche 206
Töne 113

Ton 230
Tokio 163
Toleranz, repressive 195
Tor 38, 119
Tora 48
Totalität 130
Totenreich 221
Totes 198
Tourismus 204
Tradition 81
Traité des sensations (Traktat über die Sinnesempfindungen) 123
transzendent 166, 216
transzendental 155
Transzendental-Egoität 218
Triaden 52
Trieb 33, 40 f., 201, 212
Trieb, dionysischer 201
Trinität 34, 47, 61, 99
Troas 42
Trug 131
Tschernobyl 207
Tugend 106
Tugendwächter 205
Tu-quoque-Argument (für beide Gesprächspartner gültiges Argument) 232

Überbau, kultureller 145
Überleben 199, 213
Übermensch 202
Übermenschen-Züchtung 200
Übersetzen 76
Uhren 93
Umwelt 26, 194
Umwertung 201
Un- 233
Unbewußtes 138, 160, 161
Unbewußtheitsreich 160

und (logisch) 173
unerkennbar 116
Ungesichertheit 86
Ungleichheit 173
Ungleichung 173
Universalienstreit 54, 66
Universalität 162
Universitätsreformen 162
Unknown support
  (unbekannter Träger) 113
Unsinn 186, 233
Unterart 84, 136
Unterdrückung 194
Unternehmertum 184
Unterricht 162
Unterschiedstabellen 82
Upanishaden 152
Urlaub 195
Ur-Sache 32
Ur-Tathandlung 136
Ursache 31
Ursprung 20
Urteil 31, 91, 172, 187
Urteil, deskriptives 187
Urteil, negatives 173
Urteilsformen 129, 174
Urteilskraft 126
Utopie 79

Variable 174
Vatermord 161
Vedanta 151
Veden 28, 45
Veränderung 32, 199
Verdun 202
Verelendung 195
Vererbung 199
Verfassungsgebung 158
Verfassungsstaat, preußischer
  143

Verfassungswirklichkeit 157
Vergangenheit 28, 133, 143,
  153, 222, 225
Vergessen 144
Vergottung 52
Verkehr 204
Vermögen 95, 135, 148, 217
Vermutung 55, 191
Vernünftige Gedanken 111
Vernunft 33, 38 ff., 50 f., 62,
  77, 86, 99, 100, 120, 129 ff.,
  203
Vernunft, dialektische 131
Vernunft, praktische 126
Vernunft, schaffende 33
Vernunftkritik 117, 125
Vernunftkritik, psychische 155
Verrat 202
Verrückter 40
Verschiedenheit 72
Verseinung 140
Versenkung, mystische 51
Verstand 91, 100, 113
Verstand, mathematischer 70
Verstehen 145
Versuch 80
Vertreibung 208
Verwertungsinteressen 196
Vielheit 21, 27, 44
Vier Ursachen 32, 33, 59, 228
Vierung 228
Völkische 158
Veden 28, 45
Vogelflug 41
Volk 121
Volksaufklärer 105
Volksgemeinschaft 202
Volksnatur 121, 122
Vollendung 204
Volles 25
Vollkommenheit 111

Volonté de tous (Wille aller) 121
Voluntas quippe omnia (der Wille ist alles) 149
Vom Bürger 86
Vom Menschen 86
Vorhof des Glaubens 63
Vorsehung 41
Vorstellung 135, 149
Vorurteil 81
Vorverständnis 164

Wachstum 32
Wagenlenker 25
Wahnsinn 219
Wahres 21, 147, 166, 179, 196
Wahrgenommenwerden 114
Wahrheit 90, 102, 131, 152, 174, 177, 179, 191 f., 201, 225, 227, 231
Wahrheit, doppelte 62
Wahrheitswert 173, 175
Wahrheitswerttabellen 175
Wahrnehmen 218
Wahrscheinlichkeit 175 ff., 178, 191
Wahrscheinlichkeit, statistische 176
Waisenhäuser, Hallesche 106
Wald 207
Warenfetischismus 196
Wartburgfest 157
Wasser 10, 32
Wasserfall 48
weiblich 138
Wein 74
Weiser 36, 38, 231
Weiser, neuer 231
Weisester 23
Weisheit 47

Weiterbildung 107
Welt 34, 38, 54, 65, 111, 114 f., 124, 129 f., 135 f., 139 f., 148 f., 161, 165, 167, 193, 203, 220 f.
Welt, Alte 69
Welt, Neue 69
Welt, verkehrte 195
Weltanschauungspluralismus 164
Weltbild 98, 123, 164, 169
Weltbild, ptolemäisches 72
Welten, infinite 56
Weltenbrand 42
Weltgeschichte, das 25
Weltgeschichte, die 141 f.
Weltkrieg 101, 202
Weltvernunft 49
Weltverschwörung, faschistische 195
Weltweisheit 124
Wende, neuzeitliche 54
Wende zum Subjekt 22, 70, 90
Werk 50
Werke und Tage 20
Wert 157, 175
Wert, höchster 157
Wert, neuer 202
Wesen 20
Wesen, allergrößtes 53
Wesenskern 81
Wesensschau 218
Westen, freier 195
Wetter 41
Wider den Methodenzwang 179
Widerlegbarkeit 191
Widerspruch 111 f., 131 f., 147, 159, 166, 178 f., 192, 196

## Sachregister

Widerspruchs-Entfaltung 142
Widerstand 147
Widerstreit 137
Wiederkehr, ewige 42
Wiener Kreis 184
Wille 29, 50 f., 91, 120 f., 126, 148 ff.
Willensmanifestation 149
Willenswesen 77
Wirk-Ideen 145
wirklich 24
Wirklichkeit 21, 111, 143, 195
Wirklichkeit, geistige 143
Wirklichkeit, schlechte 194
Wirkung 39
Wirkungskraft 31
Wirtschaftswunder 204
Wissen 23, 29, 51, 55, 81, 128 f., 154, 176, 185, 222, 231
Wissen, apriorisches 128
Wissen, deduktives 129
Wissen, hypothetisches 176
Wissenschaft 31, 41, 59, 62, 84, 99, 111, 134, 145 ff., 150, 168 f., 184, 196, 224, 230
Wissenschaft, exakte 180
Wissenschaft, strenge 129
Wissenschaft, System der 140
Wissenschaft, theoretische 81
Wissenschaftler 170
Wissenschaftlichkeit 128
Wissenschaftsjournalist 119
Wissenschaftslehre 136
Wissenschaftstheorie 128, 185
Witz 124, 231
Wochenschriften, moralische 104
woher 32

Wohlstand 79, 159, 168, 195
Wolkenkuckucksheim 214
Wort 164, 223, 230
Wort, heiliges 49, 146
Wortsinn 48
Würde der Person 157
Würde des Menschen 70
Würfel 177
Würfeln 177
Wunsch 187
Wurzel (mathematisch) 181

x 174

y 174
Yi Jing (Buch der Wandlungen) 228

Z 98
Zählen 128
Zahl 21, 27, 73, 88, 113, 128, 135, 152, 176 f., 216, 218
Zahlbegriff 174
Zahlenformel 73
Zahlenlehre 128
Zahlenmannigfaltigkeit 128
Zarathustra 202
Zedler (Lexikon) 102
Zeichen 41, 68, 223 f.
Zeige 227
Zeit 28, 128, 181, 218, 221, 225
Zeiten 233
Zeitgeist 215
Zeitgenosse 133
Zelle 198
Zen 215
Zensur 67
Zentrum 55
Zentrumslosigkeit 56

Zeug 203, 225
Zeugnis 225
Ziel 59
Zigeuner 202
Zitat 229
Zivilisation 121, 183
Zuchtwahl 199
Züchtung 200
Zufall 35, 38
zuhanden 203
Zukunft 28, 78, 117, 199

Zusammenhang, verblendender 195
Zwang 194 f.
Zweck 32, 204
Zweifel 89, 191
Zweites 39
Zwischenwelt, sprachliche 164
Zwischenwelten (Intermundien) 35
Zypern 42

# Deutsche Philosophen der Gegenwart

IN RECLAMS UNIVERSAL-BIBLIOTHEK

---

*D. Birnbacher,* Tun und Unterlassen. 389 S. UB 9392 – Verantwortung für zukünftige Generationen. 297 S. UB 8447

*H. Blumenberg,* Ein mögliches Selbstverständnis. 221 S. UB 9650 – Wirklichkeiten, in denen wir leben. 176 S. UB 7715 – Lebensthemen. 173 S. UB 9651

*F. Fellmann,* Die Angst des Ethiklehrers vor der Klasse. Is Moral lehrbar? 163 S. UB 18033

*G. Figal,* Nietzsche. Eine philosophische Einführung. 293 S. UB 9752 – Der Sinn des Verstehens. 157 S. UB 9492

*K. Flasch,* Augustin. Einführung in sein Denken. 487 S. UB 996. – Das philosophische Denken im Mittelalter. Von Augustin zu Macchiavelli. 809 S. Geb.

*M. Frank,* Selbstbewußtsein und Selbsterkenntnis. Zur analytischen Philosophie der Subjektivität. 485 S. UB 8689

*H.-G. Gadamer,* Die Aktualität des Schönen. Kunst als Spiel, Symbol und Fest. 77 S. UB 9844 – Der Anfang der Philosophie. 175 S. UB 9495 – Der Anfang des Wissens. 181 S. UB 9756

*G. Gamm,* Der Deutsche Idealismus. 274 S. UB 9655

*L. Geldsetzer,* Die Philosophenwelt. In Versen vorgestellt. 306 S. UB 9404

*L. Geldsetzer / Hong Han-ding,* Grundlagen der chinesischen Philosophie. 328 S. UB 9689

*V. Gerhardt,* Pathos und Distanz. Studien zur Philosophie Friedrich Nietzsches. 221 S. UB 8504 – Selbstbestimmung. Das Prinzip der Individualität. 463 S. UB 9761

*J. Habermas,* Politik, Kunst, Religion. 151 S. UB 9902

*D. Henrich,* Bewußtes Leben. 223 S. UB 18010 – Selbstverhältnisse. Grundlagen der klassischen Philosophie. 212 S. UB 7852

*O. Höffe,* Den Staat braucht selbst ein Volk von Teufeln. Philosophische Versuche zur Rechts- und Staatsethik. 174 S. UB 8507

*P. Hoyningen-Huene,* Formale Logik. Eine philosophische Einführung. 335 S. UB 9692

*B. Kanitscheider,* Kosmologie. Geschichte und Systematik in philosophischer Perspektive. 512 S. UB 8025

*R. Knodt,* Ästhetische Korrespondenzen. Denken im technischen Raum. 166 S. UB 8986

*H. Lenk,* Macht und Machbarkeit der Technik. 152 S. UB 8989

*W. Lenzen,* Liebe, Leben, Tod. 324 S. UB 9772

*O. Marquard,* Abschied vom Prinzipiellen. 152 S. UB 7724 – Apologie des Zufälligen. 144 S. UB 8351 – Philosophie des Stattdessen. 144 S. UB 18049 – Skepsis und Zustimmung. 137 S. UB 9334

*E. Martens,* Zwischen Gut und Böse. 222 S. UB 9635 – Die Sache des Sokrates. 160 S. UB 8823 – Philosophieren mit Kindern. 202 S. UB 9778

*G. Patzig,* Tatsachen, Normen, Sätze. 183 S. UB 9986

*R. Raatzsch,* Philosophiephilosophie. 109 S. UB 18051

*N. Schneider,* Erkenntnistheorie im 20. Jahrhundert. 334 S. UB 9702 – Geschichte der Ästhetik von der Aufklärung bis zur Postmoderne. 352 S. UB 9457

*J. Schulte,* Wittgenstein. Eine Einführung. 248 S. UB 8564

*R. Simon-Schaefer,* Kleine Philosophie für Berenike. 263 S. UB 9466

*R. Spaemann,* Philosophische Essays. 264 S. UB 7961

*H. Tetens,* Geist, Gehirn, Maschine. 175 S. UB 8999

*E. Tugendhat,* Probleme der Ethik. 181 S. UB 8250

*E. Tugendhat / U. Wolf,* Logisch-semantische Propädeutik. 268 S. UB 8206

*E. Tugendhat u. a.,* Wie sollen wir handeln? Schülergespräche über Moral. 176 S. UB 18089

*G. Vollmer,* Biophilosophie. 204 S. UB 9396

*C. F. von Weizsäcker,* Ein Blick auf Platon. Ideenlehre, Logik und Physik. 144 S. UB 7731

*W. Welsch,* Ästhetisches Denken. 228 S. 19 Abb. UB 8681 – Grenzgänge der Ästhetik. 350 S. UB 9612

---

Philipp Reclam jun. Stuttgart

# Englische und amerikanische Philosophen

IN RECLAMS UNIVERSAL-BIBLIOTHEK

---

*John Langshaw Austin,* Sinn und Sinneserfahrung (Sense and Sensibilia). 182 S. UB 9803 – Zur Theorie der Sprechakte (How to do things with Words). 219 S. UB 9396

*Donald Davidson,* Der Mythos des Subjektiven. Philosophische Essays. 117 S. UB 8845

*Jan Hacking,* Einführung in die Philosophie der Naturwissenschaften. 477 S. UB 9442

*Thomas Hobbes,* Leviathan. Erster und zweiter Teil. 327 S. UB 8348

*Ted Honderich,* Wie frei sind wir? Das Determinismus-Problem. 208 S. UB 9356

*David Hume,* Dialoge über natürliche Religion. 159 S. UB 7692 – Eine Untersuchung über den menschlichen Verstand. 216 S. UB 5489 – Eine Untersuchung über die Prinzipien der Moral. 304 S. UB 8231

*John Locke,* Gedanken über Erziehung. 294 S. UB 6147 – Über die Regierung. 247 S. UB 9691

*John Leslie Mackie,* Ethik. Die Erfindung des moralisch Richtigen und Falschen. 317 S. UB 7680 – Das Wunder des Theismus. 424 S. UB 8075

*John Stuart Mill,* Über die Freiheit. 184 S. UB 3491 – Der Utilitarismus. 127 S. UB 9821

*George Edward Moore,* Principia Ethica. 387 S. UB 8375

*Thomas Nagel,* Die Grenzen der Objektivität. Philosophische Vorlesungen. 144 S. UB 8721 – Das letzte Wort. 214 S. UB 18021

Was bedeutet das alles? Eine ganz kurze Einführung in die Philosophie. 87 S. UB 8637

*Pragmatismus.* Texte von Charles Sanders Peirce, William James, Ferdinand Canning Scott Schiller und John Dewey. 256 S. UB 9799

*Hilary Putnam,* Für eine Erneuerung der Philosophie 284 S. UB 9660

*Willard Van Orman Quine,* Wort und Gegenstand (Word and Object). 504 S. UB 9987

*Richard Rorty,* Eine Kultur ohne Zentrum. Vier philosophische Essays und ein Vorwort. 148 S. UB 8936 – Solidarität oder Objektivität? Drei philosophische Essays. 127 S. UB 8513

*Bertrand Russell,* Philosophische und politische Aufsätze. 223 S. UB 7970

*Gilbert Ryle,* Der Begriff des Geistes. 464 S. UB 8331

*R. M. Sainsbury,* Paradoxien. 229 S. UB 8881

*Wesley C. Salmon,* Logik. 287 S. UB 7996

*Peter Singer,* Praktische Ethik. Erw. Ausgabe. 487 S. UB 8033

*Peter Frederick Strawson,* Einzelding und logisches Subjekt (Individuals). Ein Beitrag zur deskriptiven Metaphysik. 326 S. UB 9410

*Alfred North Whitehead,* Die Funktion der Vernunft. 79 S. UB 9758

*Bernard Williams,* Der Begriff der Moral. Eine Einführung in die Ethik. 112 S. UB 9882 – Probleme des Selbst (Problems of the Self). Philosophische Aufsätze 1956–1972. 439 S. UB 9891

---

**Philipp Reclam jun. Stuttgart**